Les grandes affaires criminelles en France

44, quai Henri IV – 75004 Paris
ISBN : 978-2-38094-192-0
Dépôt légal : juin 2021

Imprimé en France par CPI Bussière
N° d'impression : 2075968

Les grandes affaires criminelles en France

Sous la direction d'Éric Alary

Nouvelle édition mise à jour

Chronos

Préface

Une grande affaire criminelle tient sa renommée selon Éric Alary, à «la publicité» qui en est faite par la presse et les autres médias. La remarque est incontestable. Reste à savoir pourquoi tel ou tel dossier judiciaire provoque autant l'intérêt du public et devient parfois, au fil du temps, une parcelle de l'histoire de notre pays? Pour la première fois *Les grandes affaires criminelles en France*, livre écrit par un collectif composé de douze historiens et juristes, tente de répondre à cette question que j'ose qualifier de fondamentale lorsqu'il s'agit d'aborder la criminologie. Peut-on, en effet, réprouver et condamner le crime et être à la fois subjugué par celles et ceux qui l'ont commis? Il semblerait que oui; un paradoxe d'autant plus étrange qu'il se confronte à la conscience. Par ailleurs, et il nous faut le remarquer, ce phénomène n'est pas l'apanage de telle ou telle civilisation ou d'une classe sociale particulière: l'intérêt humain pour la chose criminelle est universel! Partout dans le monde, les assassins attisent – et ont toujours attisé – la curiosité populaire et certains d'entre eux s'installent dans la mémoire collective et deviennent parfois des personnages historiques. Par ailleurs et quelle que soit sa forme, la part de mystère toujours présente dans les grandes affaires criminelles, donne au crime une dimension lyrique et accentue sa dramaturgie. D'illustres écrivains ne s'y sont pas trompés et en ont fait l'épicentre de romans célèbres.

Enfin, le crime est un fait divers. Dès lors, comment ne pas s'interroger sur « l'absurde qui s'installe dans l'intelligence pour le gouverner avec une épouvantable logique[1] » selon la définition de Baudelaire ? S'intéresser aux grandes affaires criminelles c'est aussi aimer « la magie des exceptions de la vie » a encore écrit l'auteur des *Fleurs du mal.* Alors, faites-moi l'honneur de me croire : vous serez passionné par les récits rapportés dans *Les grandes affaires criminelles en France*.

Éric Yung

1. Phrase rédigée lors de la première traduction des *Histoires extraordinaires* d'Edgar Poe.

« Surveiller et punir »

Pendant près de deux siècles, sur le territoire métropolitain, mais aussi outre-mer, des juridictions ont été saisies de crimes et de délits, dont l'horreur a parfois dépassé l'entendement. Certains crimes n'ont jamais été élucidés et ont gardé depuis leur part d'ombre et de mystère. Parfois, la démence, une autre fois la passion amoureuse, une autre fois encore la cupidité et le chantage expliquent les agissements des criminels devenus, le temps d'un procès ou d'une enquête, des « vedettes » médiatiques de « grandes affaires criminelles ». Cette dernière expression a été forgée par la presse populaire au XIXe siècle. Depuis, les médias n'ont cessé de se multiplier et d'entretenir corrélativement une mémoire collective autour d'événements violents et sanglants, jamais complètement résolus.

La mémoire collective semble ne retenir que ces événements précis, les plus inimaginables dans leur horreur. Une grande affaire criminelle peut aussi résider dans la condamnation curieuse ou injuste d'innocents. Depuis le milieu du XXe siècle, l'idée qui domine dans les esprits, c'est qu'il y a de plus en plus de « grandes affaires criminelles », ce qui est sans doute une vue déformée par l'accumulation des moyens d'informer la population. Pour autant, au cours des deux derniers siècles, le crime a changé dans ses formes. Il a pris une place grandissante dans l'espace public et les débats citoyens. La société française a dû se montrer très inventive pour l'éradiquer.

Mais le crime ressurgit toujours ; il s'adapte aux innovations techniques et aux mutations économiques et socioculturelles d'une époque. Par exemple, le Milieu a pu se développer grâce aux nouveaux moyens de transport et de communication du premier tiers du XXe siècle. Mais les acteurs de la répression se sont également adaptés ; la science a permis de mettre en évidence l'existence de « tueurs en série », une réalité peu visible aux yeux du plus grand nombre pendant des siècles. La presse a rendu ces tueurs encore plus populaires et monstrueux. Parallèlement, grâce au développement des expertises psychiatriques et psychologiques, la société a parfois eu un regard plus préventif.

Établir une histoire de quelques grandes affaires criminelles oblige aussi à se pencher sur l'ensemble des acteurs, depuis le criminel jusqu'au policier ou au gendarme, en passant par les avocats, les juges, les procureurs et les victimes elles-mêmes. Ce dernier sujet est encore peu exploré. Le XIXe siècle a inventé la police judiciaire, la médecine du crime, la littérature du crime, la statistique criminelle, de nouvelles méthodes d'investigation et de fichage des criminels. Le XXe siècle a permis un perfectionnement de ces nouveautés. La police scientifique n'a cessé de se doter de moyens médicaux performants, capables d'analyses génétiques, par exemple. Le cinéma s'est aussi emparé de ces sujets que la presse à sensation n'a fait qu'amplifier pour inonder les kiosques à journaux de pages souvent sans relief, mais qui attirent nombre de lecteurs en proie à un voyeurisme malsain.

Les crimes sont le plus souvent des événements incompréhensibles, des histoires opaques, que la société essaie de comprendre avec les moyens dont elle dispose à un moment donné de l'histoire. Ce qui fait surtout une « grande » affaire, c'est la publicité qui est faite autour, grâce aux chroniques, aux complaintes, aux journaux, d'abord avec des illustrés, puis avec des photographies saisissantes ; les reportages de la télévision ont fini de rendre encore plus visibles les crimes. De plus, une affaire devient « grande » quand elle semble exceptionnelle en raison de la personnalité de la victime ou de l'assassin, du lieu de son déroulement, de la barbarie des faits, des fautes commises par les policiers et les juges, des demandes de révision de procès, des mystères qui entourent les faits ou encore de la durée trop longue de la procédure.

Pendant deux siècles, des policiers ont enquêté, des acteurs ont témoigné, d'abord des sociologues, puis des juristes, et enfin, plus récemment, des historiens et des journalistes ont effectué des études, parfois très approfondies sur les « grands » crimes. Depuis quelques années, les chroniqueurs judiciaires et les historiens spécialistes du crime et de ses représentations scrutent les affaires non élucidées ou celles qui ne cessent de connaître des rebondissements.

Observer l'histoire de grandes affaires criminelles est donc un exercice délicat qui émeut ou révolte. Le procès est le temps où l'acte criminel est raconté et jugé, mais il appartient à un temps révolu. Cela peut parfois gêner l'expression de la vérité, car des rumeurs ou des informations de dernière minute peuvent entraver la bonne marche de la justice. Le passé rattrape alors le présent ; des histoires changent parfois d'orientation à la lumière d'un nouvel indice. En fait, les enquêtes reconstituent souvent les crimes sans pour autant les révéler toujours complètement. De même, des millions de pages d'instruction contiennent des éléments susceptibles de faire vivre ou de faire mourir des individus au nom de l'État.

Jusqu'en 1981, les juges peuvent envoyer un individu à la guillotine. Les affaires défilent et des vies sont froissées, détruites, mises en lumière, jetées en pâture à l'opinion.

Cet ouvrage collectif, écrit par des historiens et des juristes, est donc le lieu de synthèses autour de drames, de vies brisées, d'enquêtes policières difficiles et minutieuses, d'armes cachées, de silences, de manipulations, de corps ensanglantés, de détresses, d'amours qui tournent mal, de rumeurs, d'expertises ratées ; on y observe une partie de la vie des Français – huissiers, paysans, ouvriers, médecins, vagabonds, etc. Nous avons mis l'accent sur l'histoire de vies à travers plusieurs affaires restées célèbres ou moins connues aujourd'hui, mais qui, à l'époque où elles se sont déroulées, ont passionné les foules et ont constitué des affaires uniques. Certaines sont également représentatives des problèmes rencontrés par la société française.

Selon une approche chronologique, nos textes regardent plusieurs époques, entrecoupées par des coups d'État, deux guerres mondiales, les guerres de décolonisation et des crises économiques. Ils dévoilent des femmes, des hommes, des laids, des beaux gosses avec ou sans code de l'honneur, des grands, des petits, des justes, des domestiques, des tortionnaires, des salauds, des héros, des taciturnes, des cruels. Ces histoires de crimes sont simples et révèlent la vérité nue d'une société qui avance dans un contexte social, culturel et économique spécifique. Les grandes affaires criminelles en disent long sur une époque, une sociologie et sur l'évolution des mentalités. Elles offrent une galerie de portraits parfois édifiants et inquiétants, car elles montrent aussi ce qu'est l'humanité.

Grâce à deux retentissantes affaires réunionnaises, nous abordons en outre, de façon inédite, l'histoire des grandes affaires criminelles dans les contrées d'outre-mer. Dans les îles, ce furent des affaires qui marquèrent les esprits; l'une d'elles a même défrayé la chronique dans les grands journaux de la métropole. Dans le domaine des grandes affaires criminelles outre-mer, il reste encore beaucoup à faire. Nous espérons avoir ouvert des pistes pour une étude plus large et plus poussée à l'échelle de l'empire colonial et des DOM-TOM.

Mais le récit d'une affaire criminelle ne suffit pas toujours à rendre bien compte de cette histoire sensible. L'étude des grandes affaires criminelles d'où jaillissent la vie et la mort ne peut donc pas s'affranchir de l'image. Il nous semblait que l'iconographie était indispensable pour approcher davantage les acteurs de cette histoire des affaires criminelles en France. L'image domine l'ouvrage. La représentation des criminels et de leurs victimes a beaucoup évolué au cours des deux siècles. L'image permet en outre de saisir un peu du déroulement des affaires et de la psychologie de tueurs parfois anormaux; cela dit, elle ne permet pas de scruter l'éventuelle erreur judiciaire. Souvent, le silence de certains a fait d'eux des criminels en puissance aux yeux de l'opinion alors qu'ils n'avaient rien à se reprocher. Des centaines de clichés et de films montrent les arrestations, les interrogatoires, les photographies anthropométriques, les exécutions publiques, les bourreaux, les commissaires héroïsés, les victimes découpées, les assassins tués lors d'un assaut policier, le matériel d'enquête. Mais ne soyons pas dupes: si les photographies peuvent être de bonnes sources historiques, il faut se défier de leur faire dire trop. Chaque cliché est lu avec une certaine ambivalence: pour beaucoup, il représente la réalité, alors qu'il n'est le plus souvent qu'un instantané, la prise de vue d'une seconde ou d'une journée.

Nous avons dû opérer des choix, parfois frustrants, dans le lot de toutes les grandes affaires criminelles des deux derniers siècles, en fonction de l'iconographie disponible et de la prudence qui sied en ce qui concerne les affaires les plus contemporaines. Des encadrés viennent faire le point sur des acteurs, des lieux, des phénomènes criminels atypiques et des événements importants qui constituent le cadre de ces affaires en France sur deux siècles.

Ce livre invite donc à se pencher sur l'histoire de la France. Les grandes affaires criminelles sont très variées, mais revêtent une permanence : le sentiment d'insécurité qui a grandi chez les Français avec les années. À l'entrée du XXIe siècle, elles ne cessent d'alimenter les peurs collectives malgré tous les efforts de la société pour les endiguer.

Éric Alary

Le XIXe siècle

Mutations progressives des grandes affaires criminelles

L'affaire du courrier de Lyon
L'affaire Fualdès
L'affaire du curé Mingrat
L'affaire Lacenaire
L'affaire Lafarge
L'affaire du frère Léotade
Le crime de Pantin

Une victime parfois coupable

Pour comprendre le passage à l'acte qui aboutit au crime, la société a longtemps sous-estimé le rôle de la victime. D'ailleurs dans les dossiers d'instruction criminelle du XIXe siècle et du début du XXe siècle, les informations sur la personne assassinée manquent. On sait souvent peu de choses de la vie du défunt ; les renseignements à son égard ne sont que très rarement une priorité pour le juge d'instruction. Ainsi dans certaines enquêtes, la profession, l'âge, voire le prénom de la victime ne sont pas mentionnés. L'historien est souvent obligé d'éplucher les centaines de pages du dossier d'instruction pour trouver un semblant d'information sur la vie de la personne assassinée.

C'est la preuve qu'à l'époque, les spécialistes du crime ne font pas de l'étude de la victime une priorité pour comprendre le déclenchement de l'homicide. Au XIXe et au début du XXe, la presse est plus loquace à ce sujet, mais la vision des journalistes est pour le moins manichéenne. Si l'assassin est souvent comparé à un monstre, sa victime est présentée comme un être pur et innocent. L'expression « pauvre victime » revient avec une grande régularité dans les colonnes des quotidiens. Dans l'affaire Barataud à Limoges, le chauffeur de taxi assassiné est présenté par Le Populaire du Centre comme « le meilleur et le plus fidèle des époux ». La famille de la victime est magnifiée, notamment la femme et les époux pour qui on organise une quête.

Aujourd'hui, les criminologues, psychologues et autres historiens ont démontré que celui qui se fait agresser précipite parfois son propre sort. L'étude des affaires criminelles ayant le vol pour mobile montre le comportement « provocateur » de certaines victimes. Certains individus, comme l'huissier Gouffé assassiné par Gabrielle Bompard et Michelle Eyraud en 1889, font étalage de leur fortune dans des lieux publics en sortant de grosses sommes d'argent de leur portefeuille. Cet exemple peut être accompagné de bien d'autres. Ainsi dans la communauté villageoise du XIXe siècle, il est de notoriété publique que certains habitants, souvent âgés et donc plus fragiles, cachent de véritables trésors chez eux. D'autres se vantent d'avoir réalisé une excellente vente un jour de marché. Ces comportements, conscients ou inconscients, constituent souvent des éléments déclencheurs lorsque ces victimes en puissance croisent la route d'un homme prêt à tout pour résoudre ses problèmes financiers. Pour le sociologue américain David F. Luckenbill, ces comportements joueraient le rôle de « stimulant ». Pour Ezzat Abdel Fattah, ce sont des « victimes latentes ». Le criminologue ajoute deux catégories à sa typologie. Il y a « la victime née » (qui nuit à sa personne par son attitude masochiste) et « la victime liée, dont le passé affectif empêche l'organisation de défenses actives adaptées aux agressions de l'environnement[1] ». Le cas des femmes battues est donc à placer dans ces deux catégories.

On l'aura compris, l'étude du comportement de la victime dans le déclenchement de l'homicide est un élément capital pour comprendre le crime dans sa globalité. Mais il ne faut pas faire d'elle l'élément central de toutes les affaires criminelles car celui qui a décidé de tuer, notamment pour l'argent, va tout mettre en œuvre pour trouver des victimes potentielles et se créer des situations favorables.

Olivier Goudeau

1. Fattah Ezzat Abdel, *La victime est-elle coupable ? Le rôle de la victime dans le meurtre en vue de vol*, Montréal, Presses de l'université de Montréal, 1971, p. 124.

L'affaire du courrier de Lyon

PAR JEAN-PAUL BOUCHON

Une affaire de sosies ?

Paris, 27 avril 1796, cinq heures et demie de l'après-midi. La France est en révolution depuis bientôt sept années. Tirée par trois chevaux que conduit le postillon Nanteau, la malle de Lyon quitte la poste aux lettres, située alors 326, rue Saint-Martin, et prend la direction de la porte Saint-Antoine.

Une malle volée

Deux personnes sont du voyage : Excoffon, le courrier, chargé de convoyer la malle jusqu'à destination (elle transporte sept millions d'assignats, que la Trésorerie nationale vient de livrer) et un passager pour Lyon.

La route est longue de Paris à Lyon. Animaux et postillons doivent donc régulièrement relayer. À Villeneuve-Saint-Georges, Nanteau cède ainsi sa place à Étienne Audebert, qui doit être remplacé à son tour à Melun.

À Melun, le 28 avril, il est deux heures du matin et la malle de Lyon accuse un retard considérable. Le maître de poste de Melun envoie un postillon à sa rencontre. Ce dernier la trouve non loin, au pont de Pouilly. Deux chevaux, dételés, sont attachés à un arbre. Le troisième a disparu. La malle est abandonnée, un cadavre à proximité. Le postillon s'enfuit aussitôt.

Au pont de Pouilly, à six heures du matin, le juge de paix Beau et l'accusateur public du département de Seine-et-Marne arrivent à leur tour sur les lieux. Ils découvrent en définitive deux morts : le postillon Audebert et le courrier Excoffon. Ils constatent par ailleurs la disparition d'un cheval, du passager pour Lyon et des sept millions d'assignats.

L'enquête avance...

Chargé de l'enquête, le juge Beau détient dans la matinée des éléments intéressants. Bien avant le passage de la malle, vers midi, quatre cavaliers, montés sur des chevaux de louage, selon les témoignages, se sont retrouvés au relais précédent, à Montgeron. Ils ont déjeuné à l'auberge. Puis ils sont repartis vers trois heures en direction de Lieusaint, le relais suivant. Vers sept heures, à Lieusaint, l'un d'eux a demandé à quelle heure arrivait la malle. Elle était très proche, mais ils ne l'ont pas attendue. Ils ont pris aussitôt la direction de Melun.

Pour le juge Beau les choses sont simples : les inconnus ont attaqué la malle avec la complicité du passager. Ils sont repartis ensemble avec les assignats et le cheval manquant que montait le passager. Reste à trouver où…

Le jour même, à Paris, une sentinelle déclare avoir vu rentrer, barrière de Rambouillet, entre quatre et cinq heures du matin, cinq cavaliers aux montures épuisées.

De fait, on retrouve, place des Vosges, abandonné, le cheval manquant de l'attelage. Les brigands sont donc à Paris. Pour les dénicher, la police interroge aussitôt, et systématiquement, tous les loueurs, marchands de chevaux, propriétaires d'écurie de la capitale. De l'un d'eux, elle sait qu'un dénommé Étienne Couriol, vingt-huit ans, natif d'Avignon, demeurant 200, rue du Petit-Reposoir, a mené quatre chevaux chez lui le 28 avril, à quatre heures du matin, et qu'il les y a repris à sept heures. La police se précipite immédiatement à l'adresse indiquée. Elle y apprend que le 28 avril Couriol a brusquement quitté les lieux, en compagnie de sa concubine, Madeleine Bréban, pour s'installer 27, rue de la Bûcherie, chez un certain Richard, bijoutier. D'après ce dernier, quand les policiers s'y présentent, Couriol ne s'y trouve déjà plus. Il est parti à Château-Thierry.

Quelques jours plus tard, Couriol y est arrêté avec sa concubine. Dans un portefeuille, la bagatelle d'un million deux cent mille livres en assignats et autres valeurs est découverte. Ils sont transférés à Paris, avec les papiers d'un certain Guénot, qui habitait également l'immeuble et dont la police n'a pas eu le temps d'approfondir son éventuelle relation avec l'affaire.

Dans la capitale, les billets, examinés, s'avèrent, à hauteur de cent mille livres, porter les mêmes numéros que ceux de la malle de Lyon. Manifestement, la police tient un des attaquants de la malle-poste. Toutefois, les autres manquent. Du coup, le bijoutier Richard, qui a hébergé Couriol, et pourrait être un de leurs complices, est arrêté à son tour.

Deux jours plus tard, Guénot se présente au cabinet du citoyen Daubenton, juge d'instruction désormais chargé du dossier, pour récupérer ses papiers. Il est accompagné d'un de ses amis, originaire de Douai, comme lui. Âgé de trente-trois ans, il s'appelle Lesurques. Ils patientent en compagnie de deux paysannes. Après avoir été introduites dans le bureau du juge, les deux paysannes repartent quelques instants plus tard. Guénot et Lesurques leur succèdent.

Guénot est interrogé sur l'endroit où il descend quand il vient à Paris :

« – Chez Richard, bijoutier, rue de la Bûcherie.

– Pourquoi chez lui ?

– Il est originaire de Douai, comme moi.

– Connaissiez-vous Étienne Couriol, arrêté dans le même immeuble que vous à Château-Thierry ?

– Oui, je l'ai précisément rencontré chez Richard.

– Et vous, citoyen, poursuit le juge à l'adresse de Lesurques. Connaissez-vous également les citoyens Richard et Couriol ?

– Je connais Richard. C'est Guénot qui m'a conduit chez lui, le mois dernier.

– Et Couriol ?

– Je l'ai rencontré chez Richard.

– Eh bien, je vous mets en état d'arrestation avec le citoyen Guénot. Je vous soupçonne d'avoir fait partie de la bande ayant attaqué la poste de Lyon.

– Mais qu'est-ce que c'est que cette histoire? s'exclame Lesurques. J'accompagne un ami qui vient récupérer ici ses papiers. Et on me met en prison en m'accusant d'avoir attaqué une malle!

– C'est tout simple, citoyens. Les deux paysannes qui vous précédaient étaient interrogées dans cette affaire. Elles vous ont formellement reconnus. Vous faisiez partie de la bande qui attendait à Lieusaint le passage de la malle-poste.»

Ils sont rejoints en détention par David Bernard, loueur de chevaux et propriétaire de ceux que conduisait Couriol.

Le procès et le verdict

Le procès s'ouvre dès le 2 août suivant. Lesurques y proteste de son innocence. Cependant, tous les témoins de Montgeron et Lieusaint le reconnaissent formellement:

«Mais c'est impossible, clame Lesurques. Je n'y suis jamais allé!»

De fait, un bijoutier, Legrand, qui déclare le voir régulièrement, affirme que Lesurques a passé une bonne partie de la journée du 27 avril avec lui: de neuf heures et demie du matin à deux heures de l'après-midi.

«Comment pouvez-vous vous souvenir aussi précisément de cette journée alors que vous le voyiez régulièrement? interroge le président.

– J'ai vendu ce jour-là à un collègue, Aldenhoff, une cuiller, et lui m'a vendu deux boucles d'oreilles. Vous pensez si je m'en souviens...

– Montrez-moi votre livre de comptes.»

Mais le livre de comptes s'avère surchargé à la date indiquée... Du coup, le président reproche vertement à Lesurques d'avoir fabriqué un alibi. Après cet esclandre, les autres témoins qu'il produit ensuite sont traités avec suspicion. En revanche, Guénot a davantage de succès. Un policier affirme qu'il a passé la nuit du 27 au 28 avril chez lui.

Le 5 août, le tribunal rend son jugement: si Guénot est acquitté, il prononce une peine de vingt-quatre ans de fers pour Richard, la mort pour Lesurques, Couriol et Bernard.

À l'énoncé du verdict, Couriol se lève et hurle:

«– Lesurques est innocent! Bernard n'a fait qu'assister au partage de l'argent et prêter des chevaux!»

Et de sa prison il indique quels sont en fait les participants à l'attaque: Dubosq, se disant bijoutier, et qui ressemble effectivement à Lesurques, Lafleur, se disant également bijoutier, Rossi, ayant des relations dans l'administration des Postes, et Jean-Baptiste, dit Laborde.

Cette tardive déclaration n'a aucun succès. Couriol a reconnu être un des participants à l'attaque. Lesurques a été formellement reconnu. Quant à Bernard, il a été complice de la préparation, puis du règlement d'une attaque criminelle ayant entraîné la mort de deux innocents. Or, la complicité est punie de la même peine que l'infraction principale.

Leurs pourvois en cassation rejetés, les trois hommes sont exécutés le 31 octobre. Jusqu'au bout, Lesurques clame son innocence que confirme une nouvelle fois Couriol.

Lesurques innocent?

Quelques mois plus tard, Jean-Baptiste Durochat, dit Laborde, cité par Couriol, est arrêté. Il reconnaît être le voyageur de la malle-poste. Interrogé sur ses quatre autres complices, il répond:

«Couriol, Dubosq, Rossi et Lafleur.»

Pas un mot sur Lesurques. Il est condamné et guillotiné à son tour.

Quelque temps plus tard, Lafleur puis Dubosq sont pris. Dubosq est le sosie de Lesurques selon Couriol. Mais il est brun quand Lesurques était blond. Les témoins ne le reconnaissent pas. Cependant, il est condamné à mort, comme complice. Lui aussi connaissait Couriol. Il est venu chercher les chevaux chez Bernard et, après l'attaque, il a rencontré à plusieurs reprises les autres inculpés et condamnés. Il est exécuté, après Lafleur. Aucun d'eux n'a mis en cause Lesurques. Puis Rossi est retrouvé. Après sa condamnation et son exécution, son confesseur produit un billet de sa main qui innocente Lesurques…

Depuis lors, les héritiers Lesurques provoquent de multiples demandes de révision. La dernière a été rejetée en 1868.

Erreur judiciaire ou membre, dans l'ombre, du gang? Le dossier peut se lire éternellement dans les deux sens. Car si aucun des condamnés ne l'a mis en cause, il n'avait aucun emploi, spéculait néanmoins, et connaissait bizarrement bien du monde dans la bande…

L'affaire Fualdès

PAR JEAN-PAUL BOUCHON

Une affaire difficile à classer

À Rodez, le 20 mars 1817, à six heures du matin, un cadavre flotte sur la rivière, près du moulin de Besses, à la sortie de la ville. Repéré par une passante, il est traîné sur la berge. Il est découvert ligoté, une entaille à la gorge. De plus, il est très connu.

Un ancien procureur impérial égorgé

C'est le corps de M. Fualdès, ancien procureur impérial à Rodez. On avait trouvé la veille au soir sa canne, près d'un mouchoir troué, rue des Hebdomadiers. Il laisse une veuve, malade depuis longtemps, et un fils.

De l'enquête menée par le commissaire de police Constans, il s'avère que la veille, en début d'après-midi, M. Fualdès a fait escompter une lettre de change de deux mille francs. Elle lui avait été donnée par M. de Séguret, président du tribunal civil et acheteur de l'un de ses domaines. Il était alors accompagné de son filleul, Charles Bastide-Grammont. À quatre heures, un employé des Postes lui a remis à son domicile un pli. Il l'a décacheté devant son ami Sasmayous. On l'avisait d'un rendez-vous pour le soir, à huit heures. Il y était allé guilleret, avec sa canne et une grosse sacoche de cuir sous le bras.

Sur les conseils pressants de Sasmayous, le commissaire Constans s'intéresse à la rue des Hebdomadiers où a été trouvée la canne du défunt. Et tout particulièrement à la maison Bancal. Selon la rumeur ruthénoise, Bancal, maçon sans emploi, y prostitue au rez-de-chaussée sa femme et sa fille aînée. Cependant, le commissaire ne trouve aucune trace de sang rue des Hebdomadiers ni chez les Bancal.

Le 22 mars, l'enquête a avancé. Le procureur Fualdès a bien été assassiné chez les Bancal. Il a été attiré dans un guet-apens. De nombreux habitants en ont vu la préparation. Car il y a eu beaucoup d'allées et venues rue des Hebdomadiers cet après-midi et ce soir-là. D'autres ont entendu en fin de soirée des joueurs de vielle jouer sans discontinuer à proximité de la rue des Hebdomadiers.

C'était à l'évidence pour masquer les cris du malheureux. D'autres enfin ont vu la troupe de ses meurtriers transporter son corps de la rue des Hebdomadiers à la rivière.

Un juge et des rumeurs

Le juge d'instruction Teulat, saisi du dossier, entend ces rumeurs qui parcourent Rodez. Il reprend donc au début l'enquête de Constans. À son tour, il perquisitionne chez les Bancal. Il découvre une couverture tachée de sang avec quelques petites esquilles d'os. La mère Bancal, interrogée, déclare que c'est la bouchère Palou qui la lui a confiée à laver.

« Ce peut être tout autant une couverture destinée à étancher le sang de M. Fualdès », se dit le juge qui met en détention les trois Bancal.

Son hypothèse de travail s'avère rapidement être la bonne. Selon divers témoins, les trois plus jeunes enfants Bancal ont raconté le meurtre à leurs camarades. Allongé sur une table de la cuisine, le procureur Fualdès a été saigné par le père Bancal tandis que la mère Bancal recueillait son sang dans un seau. Il était destiné aux cochons vivant dans la maison. Mais leurs parents n'étaient pas seuls. Il y avait d'autres personnes dans la cuisine. Et c'était en fait un grand monsieur aux bottes ferrées qui menait l'affaire. Magdeleine Bancal a été vue par l'homme. Troublé, il a proposé quatre cents francs à sa mère pour se débarrasser d'elle. Sa mère a accepté, puis finalement n'a rien fait.

Après les Bancal, le juge arrête ceux que l'on a beaucoup vus circuler aux alentours le soir du 19 mars. Ce sont Bousquier, un journalier, Collard, un ancien soldat, Bach, un contrebandier, Missonnier, l'idiot de la ville. Ils contestent avoir eu un quelconque rôle dans la mort du procureur. Mais on les a vus également ensemble au bistrot voisin. Le juge ajoute la concubine de Collard, Anne Benoît. Tous deux logeaient dans la maison Bancal, au troisième étage. La prise se révèle intéressante. Anne Benoît reconnaît le mouchoir à trous trouvé à côté de la canne du procureur. C'était le sien. Il lui servait à arrimer les paniers sur sa tête. Car elle est lingère et lavandière.

Loin d'arrêter les conversations des Ruthénois, ces arrestations successives les relancent.

«Le juge n'a arrêté que des comparses!»

En effet, chuchote la rumeur, on a vu un très grand et un tout petit dans la bande. Or, à Rodez, il y a un très grand, Bastide-Grammont, filleul de Fualdès, et très riche propriétaire. Et un tout petit, Jausion, très riche usurier et agent de change. Deux beaux-frères, du reste. Et pas très aimés l'un et l'autre. D'innombrables témoins les ont surpris, avant ou après le crime, dans des attitudes et des initiatives étonnantes. Ainsi, le lendemain du meurtre, Bastide a fureté chez son parrain avec une clé. Et Jausion en a fait autant. Convoqué, Bastide-Grammont hausse les épaules. Il était en bons termes avec son parrain. La veille au soir et toute la nuit du meurtre, il était chez lui, dans son domaine, et le matin il est allé rejoindre sa maîtresse, la couturière Charlotte Arlabosse, dans son village. Quelle idée par ailleurs de lui imputer le crime au motif qu'il était le débiteur de son parrain. En fait, c'était lui son créancier: il détenait deux lettres de change à échéance du 19 avril 1817 et du 2 mai suivant. Il est néanmoins incarcéré.

Le 28 mars, Bousquier passe aux aveux. Il n'a pas assisté au meurtre, mais il a aidé Bach au transport du cadavre. En compagnie d'un grand, dont Bach lui a dit que c'était Bastide, d'un petit, et d'une inconnue, belle mais voilée. Il y avait également Collard, Bancal, Anne Benoît et Missonnier dans l'affaire. Le juge Teulat se frotte les mains. Il a vu juste. Sa satisfaction est cependant de courte durée. À la suite d'une querelle de compétence, le dossier lui est retiré pour être confié au prévôt de la Salle.

Une affaire de mœurs ?

Le même jour, un petit homme se présente devant ce dernier. C'est Jausion… Il n'est pas seul. Une sœur de Bastide, Yence, un autre beau-frère de Bastide, viennent avec lui se plaindre de la mauvaise direction donnée au procès. Selon eux, Fualdès était un coureur de jupons. Il s'intéressait à Anne Benoît. Ils pensent que c'est Collard qui a fait le coup.

Cette visite aboutit, quelques jours plus tard, à l'interrogatoire de Jausion, l'homme le plus riche du Rouergue :

« Est-il vrai qu'il a fracturé, comme le rapportent les domestiques de Fualdès, le tiroir d'un secrétaire pour en retirer un sac d'écus, le jour de la mort du défunt ? »

Jausion nie. Il a simplement ouvert un tiroir récalcitrant, pour vérifier si des effets de commerce remis à Fualdès la veille de l'assassinat étaient le mobile du crime. Pour le surplus, il s'élève contre les accusations dont on le crédite, et ce pour les mêmes raisons que son beau-frère Bastide-Grammont. Fualdès était son débiteur pour soixante-dix mille francs. Pourquoi l'aurait-il assassiné ? Si on a vu l'inverse, on n'a jamais vu un créancier assassiner son débiteur !

Ce n'est pas l'avis du prévôt. Le comportement de Jausion est inquiétant, et il n'y a pas trente-six petits hommes à Rodez. Jausion est donc arrêté à son tour.

Mais en définitive les petits hommes abondent dans l'entourage de Bastide-Grammont. Il en va ainsi du notaire Bessière-Veynac, son neveu. Confronté, Bousquier le reconnaît formellement. Il est lui aussi arrêté.

Il a néanmoins un alibi. Il était chez un médecin et ami et a dormi chez lui. Cet alibi paraît solide à la chambre de l'instruction qui le libère après quarante-deux jours de détention.

Le procès à venir prend forme quand un coup dur survient pour l'instruction. Le 5 mai, Bancal est trouvé mort dans sa prison. Sans avoir parlé.

Sans avoir parlé, c'est beaucoup dire. Par chance, il s'était confessé la veille à un ecclésiastique, secondé d'un écrivain anonyme qui a pris en note sa confession. Elle confirme les éléments précédemment recueillis et notamment la présence, lors de l'assassinat, d'une femme inconnue, en châle.

UNE AFFAIRE POLITIQUE ?

« Mais qui donc est cette femme » ? se demande le prévôt. Il ne se le demande pas longtemps. La compétence de la cour prévôtale est annulée par la cour d'appel de Montpellier qui renvoie le dossier devant les assises de l'Aveyron. Certes, la procédure est bâtarde, car il manque toujours la fameuse femme. Mais le gouvernement veut aller vite. Malgré les arrestations pratiquées, et qui prouvent que le meurtre a été commis par une bande à la solde de deux familiers de la victime, court en effet à Rodez un bruit concurrent : le meurtre du procureur serait un coup des royalistes du département, qu'il avait beaucoup fait souffrir après le retour de Napoléon de l'île d'Elbe.

« Mais c'est bien entendu moi, la femme voilée. » C'est ce que déclare en souriant le 29 juin 1817 Clarisse Manzon, fille du président de la cour prévôtale de la ville, au lieutenant Clémendot, aide de camp du général de Vautré, en garnison à Rodez. Et elle explique qu'elle avait rendez-vous dans la maison Bancal avec un jeune homme. Il n'est pas venu, mais elle a tout entendu.

Abasourdi, Clémendot rend compte à son chef qui alerte le parquet. Convoquée le lendemain, Clarisse Manzon conteste les dires de Clémendot ou plutôt leur nature exacte. Clémendot était collant et jaloux. Elle a voulu s'en débarrasser. Mais le 2 août, elle admet avoir été présente chez Bancal. Elle n'y avait aucun rendez-vous mais y a été en fait poussée. Elle s'est évanouie, puis a été relâchée sans rien avoir vu ou entendu. Puis, à l'occasion de nouvelles auditions, elle revient sur ses déclarations. Elle est en fait totalement étrangère à cette histoire.

« Qu'à cela ne tienne ! Elle sera entendue comme témoin au procès. Et la vérité y jaillira peut-être de sa bouche. »

C'est la position à laquelle s'arrête l'accusation.

Trop de témoins à charge !

Le procès s'ouvre le 18 août. Les armes du parquet sont effrayantes ou effarantes selon le côté où l'on se place. Il aligne en effet deux cent quarante-trois témoins à charge dans une ville de six mille habitants. Si on ôte les enfants, une bonne partie de la ville a vu ou su. C'est beaucoup ou beaucoup trop pour être vrai. Un pédagogue judiciaire s'y fait également remarquer. M. de Séguret, président du tribunal civil, et débiteur de Fualdès, raconte ce qu'est selon lui l'histoire : Fualdès était l'homme de paille de Jausion. Il a été assassiné pour faire retomber sur sa succession des dettes qui n'étaient pas les siennes. Il se fonde sur un témoin qui récuse les propos qu'il lui a prêtés.

Outre ces témoins, deux personnes s'y taillent la part du lion : tout d'abord accusé, Bousquier, qui charge ses codétenus, ainsi que Mme Manzon. Entre de nombreux évanouissements, celle-ci désigne implicitement les accusés, bien que la mère Bancal, interrogée, déclare ne l'avoir jamais vue et que Jausion comme Bastide se bornent à déclarer la connaître de vue. Et pour cause : elle est du même monde qu'eux, mais peu fréquentable, en raison de démêlés conjugaux où elle n'a pas eu le beau rôle. Deux absents de marque en revanche : les joueurs de vielle. Ils ont bien été retrouvés, mais pas entendus. Car leurs témoignages ne concordaient pas avec ce qu'en disaient les uns et les autres.

Rebondissements et nouveaux procès

Si l'accusation a le rôle facile, compte tenu du nombre de ses témoins, les plaidoiries de la défense mettent en avant ses nombreuses et visibles carences. Mme Manzon vient du reste lui prêter main-forte. Interrogée une dernière fois, elle indique que c'était l'amie de son frère, qui se trouvait en fait chez Bancal et lui a raconté ce qui s'était passé. Ce nouvel avatar paraît en effet disqualifier ses dires.

C'est cependant une erreur. Le 12 septembre, dans la nuit, Bastide, Jausion, Collard, la mère Bancal, Bach sont reconnus coupables de meurtre avec préméditation, Missonnier et Anne Benoît de meurtre sans préméditation, Bousquier de noyade du cadavre. La mort est prononcée pour les premiers, le bagne pour les deuxièmes, et un an de prison pour Bousquier, dont le concours à l'œuvre de justice a été précieux. Mais la Cour de cassation casse l'arrêt rendu et renvoie le dossier devant la cour d'assises d'Albi.

Entre temps, deux séismes se sont produits dans le dossier. D'une part, Clarisse Manzon a été arrêtée pour faux témoignage et complicité de meurtre. Elle avait dit à Rodez : « Tous les coupables ne sont pas dans les fers. » On veut en savoir plus et une mise en détention semble idéale pour provoquer des éclaircissements de sa part. D'autre part, Constans, qui avait avancé l'heure du couvre-feu, Charlotte Arlabosse et trois notaires : le frère de Bastide, ses neveux Yence et Bessière-Veynac, que Bousquier et Bach prétendaient avoir vus, viennent compléter, mais dans le cadre d'une nouvelle procédure, la bande des assassins de Fualdès. Bach, Mme Manzon, d'autres témoins déclarent en effet les y avoir vus, ou avoir surpris chez eux des indices criminels.

Il y aurait eu en définitive seize personnes et deux cochons dans la minuscule cuisine des époux Bancal pour saigner M. Fualdès, dont une couturière en goguette, un riche propriétaire, un très riche agent de change et trois notaires.

Un nouveau témoignage, essentiel, vient confirmer ces diverses déclarations. Le meunier Théron, qui pêchait la nuit du meurtre, a vu passer une cohorte, dont il a reconnu les membres. C'étaient les accusés et Bancal.

Le procès des assassins de Fualdès s'ouvre le 25 mars 1818 à Albi, mais contre les seuls individus de l'arrêt cassé et Mme Manzon.

L'accusation a amélioré, s'il était possible, ses armes. Cinq cents témoins sont convoqués. Nombre d'entre eux n'étaient pas à Rodez, mais se sont rappelé entre-temps avoir assisté à des moments essentiels de la machination ayant abouti à la mort de M. Fualdès.

Le procès se déroule dans une ambiance étonnante. Tous les soirs, les magistrats du procès ont réunion et lunch à la préfecture. En compagnie du préfet, ils font le point sur les avancées du dossier. Il progresse effectivement à grands pas. Sous les questions incisives du président et de ses assesseurs, les témoins de la défense se troublent ou se rétractent. Certains sont mis en détention pour faux témoignage. D'autres ont la chance d'être simplement méprisés ou tenus pour quantité négligeable. Il en va ainsi des époux Saavedra entendus le 16 avril. Ils habitaient au-dessus des Bancal. Ils déclarent avoir simplement entendu Bancal faire sa prière et la faire réciter à ses enfants. Puis ils se sont couchés à huit heures. Rien ne les a réveillés !

Devant ce flot de vérités et de mensonges, le 13 avril, la mère Bancal passe aux aveux. Mais elle n'a rien vu. Sauf Charlotte Arlabosse et les neveux de Bastide.

La vedette reste ici encore Mme Manzon. Accablée d'évanouissements, elle accuse nommément Bastide d'avoir voulu l'égorger ! En réponse, lors des plaidoiries, Bastide lit un discours. Il stigmatise l'invraisemblance de l'accusation. Mais il est accueilli dans l'indifférence. Il y a trop d'aveux et de témoins contre lui et ses complices.

Le 4 mai, la cour rend son arrêt. Bastide, Jausion, Collard, Bach et Mme Bancal sont condamnés à mort, Anne Benoît aux galères et Missonnier à deux ans de prison. Mme Manzon est acquittée.

Un mois plus tard, Bastide, Jausion, Collard sont exécutés. Bach et la mère Bancal ne sont ni graciés ni exécutés. Ils sont gardés en réserve pour l'autre procès, celui des notaires et de l'ancien commissaire Constans. Ce deuxième procès s'ouvre le 21 décembre 1818. On y retrouve les mêmes, sauf naturellement les morts. Mme Manzon déclare avec abondance avoir vu Yence et Bessière-Veynac parmi les seize personnes qui occupaient avec deux cochons la petite cuisine des Bancal. Bousquier et Bach en font autant. Les témoins précédents également. Mais les alibis des accusés s'avèrent solides. Certains témoins de l'accusation reconnaissent avoir été stipendiés ou se trompent grossièrement. Enfin, tous les ecclésiastiques de la région défilent et se portent garants de Bessière-Veynac et de Yence.

La cour d'assises acquitte en définitive tous les accusés le 15 janvier 1819.

Bousquier, Bach, Mme Manzon ont donc menti… Mais s'ils ont menti pour eux, n'ont-ils pas menti pour les autres, puisque c'est sur leurs déclarations que reposait l'accusation, à savoir leur présence chez les Bancal? C'est la question que commencent à se poser certains…

De fait, sur leur lit de mort, Bousquier, le meunier Théron, la mère Bancal, Mme Manzon se rétractent. Ils n'ont rien vu, rien entendu. Pris dans la tourmente du procès, ils ont hurlé avec les loups, pour ne pas être guillotinés. De Bach on ne saura rien. Il a disparu dans le système pénitentiaire, après avoir demandé à être entendu et, dit-on, sans avoir rien dit quand il a été interrogé.

Une erreur judiciaire?

L'image d'une victime saignée comme un cochon sur la table de cuisine des époux Bancal, au son entêtant de deux vielles, voilà ce qui reste de l'affaire Fualdès. L'analyse froide des données du procès conduit à une tout autre vision, celle d'un délire collectif dans le cercle fermé d'une petite ville de province.

Pour une population totale de six mille trois cents habitants à l'époque, soit de mille huit cents adultes peut-être, cinq cents personnes, soit près d'un tiers de la population adulte, auraient été témoins, d'une manière ou d'une autre, d'un meurtre avec préméditation, associant les hommes les plus riches de la ville ou de la région (un propriétaire terrien, un agent de change, trois notaires) à un contrebandier de passage, à l'idiot de la ville, à un proxénète occasionnel, une lavandière, un ancien soldat, pour mettre à mort, à quelques pas de chez lui, un ancien magistrat, endetté, débiteur de ses assassins présumés. Ceux-ci auraient fait le choix invraisemblable de la cuisine de la maison la plus mal famée de la ville pour le tuer, sans que les voisins du dessus entendent quoi que ce soit, alors que, familiers de la victime, ils pouvaient l'éliminer partout ailleurs, et notamment lors d'un déplacement, si tant est qu'on ait vu un créancier assassiner son débiteur en mesure de régler ses dettes.

Mieux, à l'exception de sa femme et de son plus proche ami, auxquels il n'aurait paradoxalement rien dit, tout le monde aurait su qu'il avait un rendez-vous d'affaires cette nuit-là avec les deux plus riches hommes de la ville ou du département.

Des comparses, recrutés le jour même et qui n'auraient tiré le moindre profit du crime, auraient aidé à le tuer et à précipiter son corps dans la rivière. Le tout en présence d'une fillette et d'une femme de qualité qui aurait choisi pour ses rendez-vous amoureux un taudis à la réputation exécrable.

Alors ? Crime crapuleux ou politique ? Vengeance d'un amant ? L'affaire d'Espalion ? Ou un épisode de la foire de la mi-carême à Rodez ? Bach et Bousquier ?

En tout cas, nonobstant l'autorité de la chose jugée, il est douteux que les choses se soient passées comme cela a été précisément jugé.

Les gendarmes

Figurant parmi les plus anciennes institutions françaises, la Gendarmerie nationale est issue des maréchaussées instituées durant la guerre de Cent Ans. Son nom actuel lui a été donné dès 1791. Cette force militaire de près de 105 000 hommes a pour vocation de veiller à la sûreté publique, en garantissant la protection des biens et des personnes et en assurant le maintien de l'ordre. Son action s'exerce sur l'ensemble du territoire national ainsi qu'aux armées au profit de tous les départements ministériels, et plus spécialement ceux de la Défense, de l'Intérieur et de la Justice.

Parmi les activités exercées, la police judiciaire connaît un véritable essor à partir de la seconde moitié du xxe siècle. Un tel développement est favorisé par l'augmentation du nombre des enquêteurs qualifiés avec l'extension du statut d'OPJ (après examen) aux sous-officiers à partir de 1949. De même, l'Arme multiplie les unités spécialisées telles que les brigades de recherches (1945), les sections de recherches (1975) et les brigades départementales de renseignement judiciaire (1984). Surtout, avec le Service technique de recherches judiciaires et de documentation (STRJD) créé en 1976, les gendarmes disposent d'un système centralisé et actualisé des informations judiciaires relatives aux crimes, délits et aux recherches de personnes et de véhicules. En 1974, le Groupement d'intervention de la Gendarmerie nationale (GIGN) donne à l'Arme un corps d'élite capable d'intervenir n'importe où dans le monde, là où les intérêts français sont en jeu.
En 1985, l'échec de l'affaire Grégory oblige l'institution à revoir ses méthodes d'investigation judiciaire. Ces réflexions conduisent à améliorer l'équipement des brigades pour le recueil d'indices. De

plus, la formation des enquêteurs est renforcée avec la mise en place à Fontainebleau du Centre national de formation à la police judiciaire (CNFPJ). Surtout, l'Arme se dote de son propre laboratoire avec la création au fort de Rosny de l'Institut de recherche criminelle de la Gendarmerie nationale (IRCGN). Dans un avenir proche, il est prévu de créer un pôle PJ en transférant l'IRCGN et le STRJD à Pontoise.

Benoît Haberbusch

L'affaire du curé Mingrat

PAR JEAN-PAUL BOUCHON

Un suicide par morceaux?

Le 8 mai 1822, le hameau du Gît, près de Saint-Quentin, dans l'Isère, est tout bouleversé. Une villageoise, Marie Gérin, épouse Charnalet, a disparu.

UN SUICIDE PAR MORCEAUX ?

On finit néanmoins par retrouver son mouchoir, au bord de l'Isère. Manifestement, Marie s'est suicidée. Le mari, ancien militaire et fort diminué, n'était pas très gai, et la vie de cette belle jeune femme pas très rose...

Amené par la rumeur publique sur les lieux, le nouveau curé du village, l'abbé Mingrat, vingt-huit ans, tire la morale, toute chrétienne, de ce fait divers. On ne doit pas déserter la vie, même quand elle paraît rude. Comme les autres habitants, il regrette simplement de ne pas avoir perçu l'ampleur de la détresse de la jeune femme. Marie s'était en effet rendue au presbytère avant de disparaître. Il l'avait chargée de transmettre une lettre pour son confrère le curé de Veurey. Marie devait assister à une communion.

À Saint-Quentin, le 16 mai, il est sept heures du matin quand des pêcheurs exultent sur la rive de l'Isère. Une ligne vient d'accrocher un poisson de bonne taille. Ils la tirent avec précaution. En fait de poisson, l'hameçon a accroché une jambe humaine... Ils prennent aussitôt la fuite vers le village. Quelques heures plus tard, en présence du juge de paix, de deux médecins et de l'adjoint au maire, les villageois examinent la jambe. C'est manifestement celle d'une jeune femme. Celle de Marie Charnalet ? Tous le prétendent et rapportent la jambe au cimetière où elle est inhumée. Le curé, alerté, proteste. Si c'est celle de Marie Charnalet, elle s'est visiblement suicidée et elle ne peut rester au cimetière.

Peut-on se suicider par morceaux ? L'Isère a-t-elle une force susceptible de disloquer et d'arracher les membres des noyés ? Le maire de Saint-Quentin ne peut que répondre par la négative. D'autant qu'un couteau a été retrouvé à proximité du lieu où Marie a disparu. Et ce couteau ressemble beaucoup, aux dires de certains villageois, à celui de l'abbé Mingrat.

«Mais ils se trompent sûrement, se dit le maire. Que viendrait faire l'abbé Mingrat dans cette affaire?»

Par acquit de conscience, le 17 mai, il prend néanmoins le chemin de Saint-Aupe, sa précédente cure, pour y glaner quelques renseignements.

À Voreppe, où il faut prendre un bac, il a la surprise de rencontrer le curé. Il est jovial. En cette belle journée de printemps, il va précisément rendre visite aux amis qu'il a laissés à Saint-Aupe. Du coup, le maire prétend qu'il va à Voiron. Mais il prend à son tour la direction de Saint-Aupe, une fois l'abbé Mingrat disparu à l'horizon.

Un curé au passé sombre

À Saint-Aupe, pas d'abbé Mingrat, mais des bruits effrayants sur lui. Selon certains, il a été déplacé à Saint-Quentin en raison de ses mœurs. Des avortements ou des décès prématurés de paroissiennes, à la suite de mauvaises couches, lui sont même prêtés!

En hâte, le maire revient à Saint-Quentin pour le faire mettre en état d'arrestation dès son retour. Mais le curé tarde à revenir. Et pour cause: le jour où le maire l'a rencontré, il prenait en fait la direction du royaume de Piémont voisin où il est arrivé. À temps, du reste. Le 20 mai, on retrouve, à une vingtaine de kilomètres de Saint-Quentin, sur une berge de l'Isère, les restes de Marie Charnalet. Son cadavre est nu. Il porte des marques de strangulations. Et des traces laissées par un couteau et un couperet.

Les choses s'éclaircissent encore plus, s'il en était besoin, lors de l'audition de la domestique du curé

Mingrat. Ayant entendu le 8 mai au soir des gémissements prolongés dans un arrière-cabinet où il disposait d'un lit, elle s'était inquiétée, pensant son maître en danger de mort. Elle avait frappé à la porte. Le curé en était sorti, les cheveux en désordre et la soutane déboutonnée, pour la houspiller.

«Tout va très bien, vous êtes une simple, ma pauvre femme!»

Puis il l'avait congédiée, une fois son repas pris, car elle ne vivait pas au presbytère.

Quelque temps plus tard, comme elle avait trouvé dans la cure un chapelet à moitié brûlé, des restes de vêtements, également brûlés, et un couperet nettoyé à neuf, il lui avait fait prêter serment, sur le saint sacrement, de ne jamais révéler ce qu'elle avait vu. Elle avait tenu son serment, jusqu'au jour où un autre prêtre l'en avait relevée.

Condamné à mort par contumace

Poursuivi pour viol et assassinat, devant la cour d'assises de l'Isère, le curé Mingrat est condamné à mort le 9 décembre 1822, uniquement pour assassinat. Le viol n'était pas avéré, et les indications naïves de la domestique du curé pouvaient laisser place à une autre analyse : celle d'une séduction finalement réussie, mais terminée par un assassinat, pour des raisons diverses. Comme celle d'un tardif et mal approprié retour sur lui-même du curé.

Restait à exécuter l'arrêt ou plutôt à le purger. Mingrat avait été en effet condamné par contumace et il devait y avoir un nouveau procès quand il serait interpellé.

C'est là où Gérin, le frère de Marie Charnalet, se heurta à ce qu'il considéra être l'inertie volontaire du gouvernement clérical de la Restauration. Supposant, à tort ou à raison qu'il hésitait à guillotiner un prêtre, fort exigeant sur les mœurs des autres, et plus coulant sur les siennes, il décida, avec son épouse, de le pousser par tous moyens à l'action.

Après qu'une brochure, des pétitions au roi, à la chambre, se furent révélées inefficaces, ils entamèrent une campagne nationale destinée à faire connaître l'injustice flagrante dont ils se pensaient victimes.

Commerçants ambulants, ils installèrent leur boutique sur tous les champs de foire du royaume. Elle était signalée par une étonnante enseigne : « Au frère de la victime du curé Mingrat. » Ils y distribuaient gracieusement une brochure. Intitulée *Précis historique sur le curé Mingrat, assassin de Marie Gérin épouse Charnalet*, elle racontait l'histoire de leur sœur et belle-sœur, en son vivant victime d'un prêtre, et après sa mort du gouvernement.

Leurs efforts ne furent cependant pas couronnés de succès. L'abbé Mingrat ne fut jamais extradé en France. Les époux Gérin, d'aisés qu'ils étaient, devinrent pauvres à la suite de leurs tribulations. Et le remplacement des Bourbons par les Orléans ne changea rien à leur sort ni à celui de Mingrat. Une nouvelle brochure, intitulée *L'Impunité de Mingrat, ou la police de Charles X, mémoire relatif aux persécutions de la famille Gérin, qui depuis huit ans ne cesse de demander justice*, publiée dans la foulée de la révolution de Juillet, n'eut en effet pas davantage de succès que la précédente.

L'affaire Lacenaire

PAR JEAN-MARIE AUGUSTIN

« J'ai horreur du vide… dans ma poche. »

Lacenaire naît en 1803, à Francheville, dans la banlieue lyonnaise, où son père est marchand de fer en gros.

« Un fléau de la société »

Quand il est en âge d'étudier, il est confié à plusieurs institutions jusqu'au moment où il entre au petit séminaire d'Alix, situé à quatre lieues de Lyon. Pour une fois, il trouve là un professeur, M. Reffay de Lusignan, dont il pense le plus grand bien. Il se passionne pour les œuvres de Diderot et Jean-Jacques Rousseau, mais l'établissement lui déplaît et il fait tout son possible pour s'en faire chasser. Il y réussit sans peine et en est renvoyé pour cause d'indiscipline et d'irréligion, comme il le sera des autres collèges qui l'accueilleront par la suite.

Un jour, à Lyon, passant place des Terreaux avec son père, il aperçoit la guillotine. Le père s'arrête et, désignant l'échafaud du bout de sa canne, lui dit : « Tiens regarde, c'est ainsi que tu finiras si tu ne changes pas ! » et Pierre-François écrira plus tard dans ses *Mémoires :* « Dès ce moment, un lien invisible exista entre moi et l'affreuse machine. J'avais un contrat avec l'échafaud ! J'y pensais souvent. »

Son père le place chez un avoué puis chez un notaire, mais il a la bougeotte. À l'automne de 1824, un beau matin, il prend le coche d'eau pour Chalon-sur-Saône puis la diligence jusqu'à Paris. Dans la capitale, il devient un dandy qui fréquente les cabarets louches et les maisons de jeux. Sans ressources et cerné par les créanciers, il contracte un engagement dans l'armée où son caractère indiscipliné l'empêche d'accepter la vie militaire. Il ne tarde pas à s'attirer plusieurs affaires fâcheuses au régiment et déserte pour éviter le conseil de guerre.

Il revient à Lyon, puis retourne à Paris où il fabrique de fausses lettres de change. L'opération lui rapporte dix mille francs, mais la somme ne tarde pas à être dépensée et il contracte un second engagement dans l'armée. À la suite d'une punition qu'il considère comme injuste, il déserte à nouveau et se retrouve dans la capitale. Il est alors dans le plus complet dénuement et prend le parti de réclamer au crime les ressources qu'il est bien résolu à ne pas demander au travail. «Dès ce moment, écrit-il, je devins voleur et assassin d'intention... Je me résolus à devenir le fléau de la société.»

Seul cependant, Lacenaire ne peut rien entreprendre. Il lui faut des associés et, pour en trouver, il cherche à se faire enfermer. Un abus de confiance commis au préjudice d'un commissaire-priseur le conduit à la maison d'arrêt de la Force, puis il est condamné à un an d'emprisonnement et incarcéré à la centrale de Poissy. En prison, il cherche à entrer dans le club très fermé des professionnels du crime, mais ne rencontre que des détenus abrutis par le régime pénitentiaire et résignés à leur sort. Déçu, il apprend à «jaspiner l'argomuche» et se console de sa déconvenue par la poésie.

En sortant de Poissy, sous son vrai nom ou sous le pseudonyme de Gaillard, Lacenaire hante les tavernes, les débits et les bouges fréquentés par la pègre. Chez le Père Soubise, la Mère Gérard, la Belle Olympe, dans les cabarets du Lapin Blanc, des Trois Billards ou de L'Épi-Scié, il paie à boire aux prostituées et aux truands dont il fait sa société ordinaire, tout en les dominant de sa supériorité d'esprit, de manière et de ton. Il se montre aussi charitable et secourable envers les malheureux. «Un voleur, écrit-il, doit être généreux.»

Du vol à l'assassinat

Pour mener cette vie de débauche, il lui faut de l'argent. «J'ai horreur du vide... dans ma poche», écrit-il encore et, comme il ne veut toujours pas travailler, il n'hésite pas à recourir aux actes les plus coupables. Un vol à l'aide de fausses clés chez un marchand de modes lui rapporte six cents francs. Une opération analogue au préjudice d'un joaillier lui en procure près de sept mille. Les sommes sont aussitôt dépensées dans les tripots clandestins où il perd de façon chronique, et très vite il ne lui reste plus rien. Après le vol, l'assassinat. Il envisage avec l'un de ses anciens codétenus de Poissy, de tuer un joueur riche qu'on appelle l'Avocat, parce qu'il a exercé autrefois cette profession. L'affaire est manquée, par la maladresse du complice à qui Lacenaire adresse les plus violents reproches.

Il se rabat momentanément sur de menus larcins, des escroqueries ou le chantage aux homosexuels qu'il surprend dans les bosquets des Champs-Élysées, mais un jour de 1833, il est arrêté et déféré au tribunal correctionnel pour une soustraction de couverts en argent dans un restaurant. Condamné à treize mois de prison, il est incarcéré à la Force avant de rejoindre à nouveau la centrale de Poissy. Dans sa cellule, il compose, à la manière de Béranger, une chanson intitulée *Pétition d'un voleur à Sa Majesté* où il sollicite successivement sa nomination à différentes fonctions jusqu'à prendre la place du roi Louis-Philippe, en énumérant pour réussir les vices et les tares dont il se vante d'être amplement pourvu.

Quand il est libéré, le 11 août 1834, Lacenaire est sans un sou et n'a d'autre ressource que de continuer ses crimes. Au cours d'une de ses sorties nocturnes, il rencontre Jules Bâton qui lui a servi de giton à la prison de Poissy. D'accord avec son ami, il tend, rue de Sartine, un guet-apens à un garçon de recettes de la maison Rothschild qu'il convoque pour toucher le montant d'une lettre de change confectionnée par lui. Une autre fois, rue de la Chanvrerie, c'est un encaisseur de la banque Pillet-Will qu'il projette d'assassiner, après l'avoir attiré dans sa chambre sous le même prétexte. Les deux opérations sont des échecs par suite de circonstances fortuites.

Au mois de septembre, c'est le tour de Javotte, sa maîtresse, dont il désire se débarrasser parce qu'il redoute ses indiscrétions relativement à une tentative d'assassinat, également infructueuse, sur un autre garçon de recettes, mais la fille est solide et courageuse. Elle se défend et réussit à échapper au tiers-point de bourrelier qu'il utilise pour tuer.

Bâton qui, depuis sa libération, est devenu figurant à l'Ambigu Comique, manque cependant de constance et de fermeté. Lacenaire attend avec impatience la sortie d'un autre détenu de Poissy, Victor Avril, dont il s'est entiché pour ses talents de voleur et peut-être son charme particulier. En centrale, tous les deux ont également connu Jean-François Chardon, brocanteur et receleur, que les autres prisonniers désignaient sous le nom de Tante Madeleine en raison de ses mœurs spéciales. Le 14 décembre 1834, Lacenaire et Avril assassinent Chardon et sa mère âgée de soixante-six ans, dans leur logement au premier étage d'une maison située passage du Cheval-Rouge, entre la rue Saint-Martin et la rue du Ponceau. Les meubles sont fracturés et les serrures forcées. Les deux assassins emportent une somme de cinq cents francs et de l'argenterie.

Le 31 décembre, Lacenaire et Martin François, dit le Grand Hippolyte, tendent un guet-apens, au quatrième étage du 66 de la rue Montorgueil, à un employé de la banque Mallet et Cie pour lui prendre sa sacoche. Bien qu'il soit blessé à l'épaule droite, l'encaisseur se débat et réussit à prendre la fuite.

Après ces deux crimes, Avril et François sont arrêtés, mais Lacenaire réussit à s'enfuir pour gagner la

Franche-Comté, pays d'origine de son père. Se trouvant à Beaune, il est à son tour épinglé au moment où il cherche à négocier une fausse lettre de change sous le nom de Jacob Lévi. Il est immédiatement ramené dans la capitale où il est interrogé par Pierre Allard, chef du service de Sûreté de la ville de Paris, et son adjoint Louis Canler.

« Je tue un homme comme je bois un verre »

L'opinion publique ne tarde pas à s'intéresser à cet assassin peu banal, aux manières polies et élégantes, à la réputation d'un poète délicat et tendre. Les femmes en particulier s'enflamment pour lui, certaines demandent à le visiter dans sa prison de la Force, d'autres se contentent de lui écrire des lettres passionnées. Lacenaire est du reste très bien traité. Allard a pour lui une très grande sympathie et les deux hommes, autant que le permet l'antagonisme de leurs situations, entretiennent des rapports excellents.

L'instruction terminée, Lacenaire est transféré à la prison de la Conciergerie où, à peine arrivé, il reçoit une lettre de M. Reffay de Lusignan, son ancien professeur du séminaire d'Alix, qui l'exhorte au courage et lui propose le talent d'un de ses amis du barreau pour présenter sa défense. Lacenaire refuse de choisir un avocat et il lui en sera désigné un d'office en la personne de maître Brochant.

Le procès de Lacenaire, Avril et François se déroule du 12 au 14 novembre 1835 devant la cour d'assises de la Seine. Dans la salle d'audience s'entasse une foule immense où l'élément féminin est largement représenté. On y remarque des notabilités du monde des lettres, du théâtre et des arts ; il y a aussi des hommes de sciences, des médecins, des banquiers. De nombreux avocats en robe se serrent aux premiers rangs. Dans les bancs réservés à la presse, les journalistes s'écrasent. Lacenaire, élégant, moustache taillée à la mode, soigneusement ganté, vêtu d'une redingote bleue à collet de velours et d'un pantalon noir, se montre courtois, vérifie qu'il a fait le plein dans la salle, sourit aux dames et lance des répliques cyniques ou pleines de panache. Lorsqu'il est interrogé sur les faits, il prononce une violente diatribe qui jette le scandale: «Cette société qui n'a pas voulu de moi, cette société à laquelle j'avais déclaré la guerre et que j'ai si longtemps poursuivie de ma haine implacable veut ma tête? Je le sais. Elle m'a vaincu, il est bien juste que je subisse la loi du talion. Vous m'accusez de trois meurtres, mais il y en a d'autres que vous ne savez pas et d'autres que j'ai médités en vain! Je tue un homme comme je bois un verre de vin! Toute ma vie, j'ai subi l'hypocrisie de la famille, de l'instruction dans les collèges, de ce qu'on appelle faussement Dieu! Et quand je revois la malhonnêteté et l'avidité des gens de commerce, la sotte vanité de l'armée, la bêtise du peuple, la médiocrité satisfaite de la bourgeoisie et jusqu'au ridicule du roi Philippe et de ses nobles, je me dis que je n'avais aucune chance de me faire dans la vie la place qui me convenait!»

Après la clôture des débats, le jury prononce une réponse affirmative sur les divers crimes imputés aux trois accusés, en admettant des circonstances atténuantes au bénéfice de Martin François. En conséquence, le président condamne Lacenaire et Avril à la peine de mort et François aux travaux forcés à perpétuité.

Dans la prison de la Conciergerie, Lacenaire reçoit de nombreuses visites, celles d'Allard et de Canler, de M. Reffay de Lusignan, son ancien professeur, de l'écrivain Jacques Arago et du phrénologue Hippolyte Bonnelier qui prend l'empreinte de son crâne. Il écrit aussi ses *Mémoires et révélations* dont il confie le manuscrit à Allard, chef de la Sûreté.

Le 9 janvier 1836, au matin, à la barrière Saint-Jacques, au sud de Paris, Victor Avril et Pierre-François Lacenaire sont décapités. Celui-ci avait composé dans sa prison une *Ode à la guillotine* :

« Salut à toi, ma belle fiancée,
Qui dans tes bras doit m'enlacer bientôt !
À toi ma dernière pensée,
Je fus à toi dès le berceau !…
Salut, ô guillotine, expiation sublime,
Dernier article de la loi,
Qui soustrait l'homme à l'homme et le rend, pur de crime,
Dans le sein du néant, mon espoir et ma foi ! »

L'affaire Pierre Rivière

PAR LISE BURNOL

Qui était Pierre Rivière,
ce «parricide aux yeux roux»?

«Moi, Pierre Rivière, ayant égorgé ma mère, ma sœur et mon frère…». Ainsi débute le manuscrit d'un jeune parricide de 1835, Pierre Rivière, qui, une fois arrêté, rédige un mémoire en prison à la demande du magistrat instructeur. Cette phrase est connue de ceux qui ont parcouru le travail collectif dirigé par le philosophe Michel Foucault sur cette affaire et publié en 1973, ou de ceux qui ont vu le film qu'en a tiré le cinéaste René Allio en 1976.

La première tragédie du monde paysan

Le 3 juin 1835, dans le village de la Faucterie (commune d'Aunay, Normandie), Pierre Rivière, âgé de vingt ans, assassine, au moyen d'une serpe soigneusement affilée quelques jours plus tôt, sa mère, enceinte de sept mois, sa sœur Victoire âgée de dix-huit ans et son frère Jules, âgé de sept ans.

Les descriptions du procès-verbal des médecins ayant constaté les décès laissent deviner une rare sauvagerie, sur la mère en particulier: «une immense quantité de sang se trouve répandue autour de la tête, le cou du côté droit et la partie antérieure ainsi que la face, sont tellement hachés, que les vertèbres cervicales sont entièrement séparées du tronc, la peau et les muscles du côté gauche retenant encore la tête [...]; divers autres coups ont été portés sur toute la face et avec une telle violence que les os et les muscles ne semblent plus faire qu'une bouillie.» Le cerveau et le cervelet du petit frère sont également «entièrement hachés» par de multiples coups; quant à la sœur, les cheveux ont été arrachés, sans doute en réponse à une tragique tentative de résistance à son meurtrier, et «la face est sillonnée en divers sens de larges et profondes blessures, la mâchoire inférieure se trouve presque séparée [...] du menton, la mâchoire supérieure se trouve également séparée par un coup qui, se dirigeant au-dessus des orbites, a presque pénétré au cerveau [et] [...] a séparé entièrement les fosses nasales...»

Le crime a eu des témoins, les voisins, qui, entendant les cris des malheureuses victimes, se sont approchés et ont croisé Pierre Rivière, la serpe ensanglantée à la main. Sortant calmement de la maison, il leur aurait dit: «Je viens de délivrer mon père de tous ses malheurs. Je sais que l'on me fera mourir, mais cela ne me fait rien. »

Puis le meurtrier gagne les bois où il erre, se nourrissant de pain acheté au hasard, de baies et de racines, dormant le jour et se déplaçant la nuit. Il cherche à attirer l'attention, espérant qu'on l'arrête, mais ce n'est qu'au bout d'un mois, le 2 juillet, qu'un brigadier le reconnaît sur la route de Falaise à Caen et se saisit de lui. Il se laisse prendre sans résistance et est mis au cachot. En un mois, le jeune homme a tourné en rond dans la campagne normande, parcourant au total cinq cents kilomètres environ, au rythme de vingt kilomètres par jour, mais ne s'éloignant que de quelques kilomètres du lieu de son forfait.

Le « récit-meurtre »

Interné à la maison d'arrêt de Falaise, avant son procès, le jeune parricide se consacre alors à la rédaction d'un mémoire expliquant son acte : *Détail et explication de l'événement survenu le 3 juin à la Faucterie, par Pierre Rivière, auteur de cette action*. Dans le préambule, il réclame l'attention : « Tout cette ouvrage sera stilé trés grossiérement, car je ne sais que lire et écrire ; mais pourvu qu'on entende ce que je veux dire, c'est ce que je demande, et j'ai toute rédigé du mieux que je puis. » La syntaxe et l'orthographe sont celles du manuscrit original. La première partie du récit s'intitule : « Résumé des peines et des afflictions que mon père a souffertes de la part de ma mère depuis 1813 jusqu'a 1835 ». Ce long « résumé » constitue en fait presque les deux tiers du mémoire d'une quarantaine de pages, « texte d'une grande étrangeté », selon Michel Foucault. Il y raconte, avec une précision que certains experts qualifièrent de « diabolique », tous les détails des aléas de la vie conjugale de son père, le paysan Pierre-Margrin Rivière et de sa mère, Victoire Brion.

Le mariage fut décidé par leurs familles respectives en 1813, afin d'éviter la conscription au jeune Pierre-Margrin. À l'époque, l'Empire est menacé par un soulèvement général en Europe. Mais les jeunes mariés ne s'entendent guère, ils ne possèdent pas de domicile commun, l'épouse du paysan refusant de vivre sous le même toit que son mari. Pierre est l'aîné des quatre enfants du couple. Il est né en 1815 et confié à son père dès sa naissance, deux années durant, sa mère étant malade peu après l'accouchement. Après un bref séjour de quatre ans chez sa mère, l'enfant est définitivement confié à son père en 1821, suivi par ses frères en 1828.

La mère, Victoire Rivière, est dépeinte sous les traits d'un tyran, cherchant constamment à humilier le père, qui selon son fils «se montra toujours doux et affable parmi le monde». Parangon de victime, il aurait été escroqué, couvert «d'injures et de paroles mortifiantes», sa femme lui faisant «toutes les vilainetés possibles, entr'autres de lui retirer l'oreillier et couete du côté ou il se couchait»! Si ce dernier motif prête à sourire, les tracasseries, brimades et calomnies continuelles, dont Pierre Rivière rend sa mère coupable, furent sans doute bien réelles. Ainsi Victoire Rivière a-t-elle, au moins une fois, essuyé les remontrances d'un juge de paix. Mais rien n'y fit. Selon le fils, «tout le monde était touché de voir un homme d'une conduite irréprochable si malheureux et persécuté si cruellement par une femme». Et sa mère est dépeinte comme diabolique, femme hystérique, empoisonneuse dont le caractère et le corps tout entier comme un «poison» portent atteinte au bonheur familial. Ainsi, de manière peu anodine, le fils rapporte les accouchements difficiles de la mère et narre une scène significative, sa maladie : « Dans cette maladie de ma mère, les manmelles lui pourrirent et mon pére les lui suçait pour en extraire le venin, ensuite il le vomissait à terre »...

En bref, Victoire empoisonne la vie et... la soupe du père : « ma mère en faisant la cuisine faisait du plus mal qu'elle pouvait elle mettait des herbes à la soupe qu'elle savait que mon pére n'aimait pas et les mettait avec d'autres qu'il aimait ».

Plus tard, le procureur du roi décrira les « mouvements de répulsion et de frénésie » qu'éprouvait Pierre Rivière en s'approchant de sa mère et « son aversion pour les femmes ». Lui-même rapporte qu'il a toujours été gêné par la passion charnelle et qu'en particulier, durant une période de plus d'un an (entre seize et dix-huit ans), il a éprouvé une grande horreur de l'inceste, n'osant alors approcher les femmes de sa famille. Mais Freud n'est pas encore né...

Dans ce mémoire, le jeune parricide décrit également ses rêves de gloire et de justice : « [...] je me représentais Bonaparte en 1815. Je me disais aussi : cet homme a fait périr des milliers de personnes pour satisfaire de vains caprices, il n'est donc pas juste que je laisse vivre une femme qui trouble la tranquillité et le bonheur de mon pére. Je pensai de l'occasion était venue de m'élever, que mon nom allait faire du bruit dans le monde, que par ma mort je me couvrirai de gloire, et que dans les temps à venir, mes idées seraient adoptées et qu'on ferait l'apologie de moi. Ainsi je pris donc cette funeste résolution. » Cette dernière partie de son mémoire est un discours foncièrement moral, où il professe inlassablement les mêmes valeurs : la défense du père, le mépris de la société qui ne le comprend pas, le sacrifice héroïque et la justice personnelle.

Car, dans l'esprit de Pierre Rivière, cohabitent le juste et l'assassin. Le meurtre est fièrement revendiqué, présenté comme une œuvre de bienfaisance, un acte héroïque de justice longuement prémédité et préparé. Il n'exprime pas de véritable remords, ou alors trop théâtral pour être sincère. Cela contribue à la singularité de son récit. Le lire, c'est se laisser prendre à l'étrange pouvoir de cette parole et de cette personnalité, fascinantes toutes deux.

D'ailleurs, son acte et son mémoire sont indissolublement liés : le récit est greffé au dossier judiciaire et devient une pièce à conviction qui alimentera des batailles d'experts et des thèses totalement opposées, discutées lors de son procès aux assises du Calvados.

Fou ou coupable ?

Pierre Rivière est traduit devant un jury d'assises pour parricide, crime assimilé au régicide, et placé au sommet de la hiérarchie pénale. En effet, dans la société du XIXe siècle, régie par le Code pénal de 1810, la famille patriarcale est la valeur cardinale. De plus, le souvenir douloureux de la mise à mort du roi en 1793 charge le parricide d'une valeur symbolique extrêmement forte, sans commune mesure avec sa fréquence réelle dans les faits (une douzaine d'affaires par an en moyenne pour tout le siècle). Le crime de parricide emporte la peine de mort, assortie d'un cérémonial particulier : le condamné doit être conduit sur le lieu de l'exécution en chemise, nu-pieds et la tête couverte d'un voile noir. Jusqu'à la réforme pénale de 1832, il subit en outre l'ablation du poing droit avant la décapitation. Cette même réforme rend légale l'application des circonstances atténuantes, y compris pour le crime suprême. Pierre Rivière peut-il en bénéficier ? C'est le système de défense que choisit son avocat, maître Berthauld, qui plaide la folie et réclame pour son client les circonstances atténuantes.

En complément de son propre récit, la personnalité complexe de Pierre Rivière est débattue à la cour. Premier-né de cet étrange couple, Pierre est un enfant solitaire et taciturne. Les témoins, ses voisins, interrogés lors de l'instruction puis au procès, l'ont décrit comme inquiétant, cruel envers les enfants, les animaux. On le surnomme la bête à Rivière ou encore l'imbécile à Rivière. Il se fait remarquer par ses bizarreries : ses cris quand il marche seul dans la campagne, ses combats contre des têtes de choux verts et des ennemis imaginaires. On le voyait souvent « rire sans motif ». On l'accuse de tuer de petits oiseaux dans ses mains, pour le plaisir. L'enfant fuit le foyer familial, se réfugiant dans la lecture ou dans les bois, la solitude. Dans son jeune âge, il voulait être prêtre. Puis il aurait parlé à son père de vivre reclus dans la forêt.

La description de son physique est peu à son avantage : « il est de petite taille, son front est étroit et déprimé ; ses sourcils noirs se croisent en arc ; sa tête est constamment penchée à terre, et son regard oblique semble craindre de rencontrer un autre regard, comme dans la peur de trahir le secret de sa pensée ; sa démarche est saccadée et par bonds, il saute plutôt qu'il ne marche. » Homme ou animal ? Mais son mémoire prouve que « la bête à Rivière » est capable de raisonner et d'écrire...

Au final, les témoins se contredisent, ne sont pas tous d'accord sur sa folie. Et le public, qui suit les débats avec un vif intérêt, se divise sur la question. Tout comme les médecins appelés à statuer son état mental. Le docteur Bouchard, qui lui a régulièrement rendu visite dans sa cellule, affirme que Pierre Rivière n'est nullement fou. Or cette opinion n'est pas partagée par son confrère, le docteur Vastel, médecin de l'asile du Bon Sauveur, la maison des aliénés de la ville de Caen. Pour ce dernier, le jeune criminel est «depuis sa première enfance atteint d'aliénation mentale».

Mais dans son réquisitoire, le procureur met en avant la sauvagerie du meurtrier, l'homme-nature, le monstre peut-être, mais aucunement fou : «Solitaire, farouche, cruel, voilà Pierre Rivière envisagé sous l'aspect moral, c'est en quelque sorte un être à part, c'est un sauvage qui échappe aux lois de la sympathie et de la sociabilité, car la société lui était aussi odieuse que sa famille, aussi demandait-il à son père s'il n'était pas possible à l'homme de vivre dans les bois d'herbes et de racines.» Ce réquisitoire commande à son égard le manque de compassion du jury, réciproque à la barbarie de son acte.

Le 15 novembre 1835, le parricide est condamné à mort, sans circonstances atténuantes. Cette sévérité s'explique également en partie par le contexte politique et judiciaire : au même moment, à Paris, se déroule le procès Fieshi, auteur, avec des complices, d'un attentat sur la personne du roi Louis-Philippe. Accorder des circonstances atténuantes à un parricide, semblable dans les esprits de l'époque à un régicide (le roi étant perçu comme une figure paternelle) aurait en effet pu être interprété comme une décision politique. Même si le roi Louis-Philippe est le fils de Philippe-Égalité, cousin de Louis XVI qui vota la mort du roi ! Le pourvoi en cassation de Pierre Rivière est rejeté le 15 janvier 1836, mais un mois plus tard, le roi accorde la grâce au jeune homme et commue la peine en réclusion à perpétuité.

Pourquoi cette dernière mansuétude?

Pierre Rivière, par son acte mais surtout par ses écrits, est devenu l'objet d'un examen médical par les plus prestigieux médecins de l'époque : en particulier Esquirol, médecin en chef à l'hôpital Charenton, chef de file incontesté de la nouvelle école de médecine mentale, Marc, premier médecin du roi et Orfila, doyen de la faculté de médecine de Paris, l'autorité en médecine légale. Envisager d'accorder des circonstances atténuantes à certains criminels introduit en effet un savoir en plein développement dans la justice, le savoir psychiatrique. Les techniciens envahissent le domaine des juges, la médecine mentale doit prouver son aptitude à gagner sa place aux côtés de la justice, en s'intéressant particulièrement aux cas difficiles comme ce jeune parricide du Calvados. Esquirol, Orfila et quatre autres prestigieux médecins se penchent donc sur l'affaire Rivière, et sur le fameux mémoire. Ils affirment dans un rapport commun du 25 décembre 1835 que « depuis l'âge de quatre ans, Pierre Rivière n'a pas cessé de donner des signes de son aliénation mentale, [...] que ces homicides sont uniquement dus au délire ». De telles sommités médicales ne se mobilisent pas pour un quelconque meurtrier qu'elles n'ont jamais vu : elles font une démonstration de pouvoir, après avoir été requises par la défense, mais aussi alertées par la presse de l'importance de l'enjeu. Car la condamnation de Rivière fou est ressentie comme un échec pour le corps médical tout entier.

Finalement Pierre Rivière, qui, en un sens, a tué pour se dire et être entendu (car habituellement privé de parole) a-t-il été écouté. Mais pas entendu pour autant : on lui refuse le châtiment qu'il espérait et qu'il n'avait pas réussi à s'infliger lui-même après son crime. Car, ainsi qu'il l'a écrit dans son mémoire, il attend la mort comme une délivrance : « J'attends donc la peine que je mérite, et le jour qui doit mettre fin à tous mes ressentiments ». Dans sa cellule, il clame à qui veut l'entendre qu'il est déjà mort. Il se pend le 20 octobre 1840 à une heure et demie du matin.

Son acte criminel fut, comme souvent à l'époque, l'objet d'une complainte, quelque temps fredonnée puis remplacée par une autre.

Ses écrits surtout, lui accordèrent une postérité inespérée : «Moi Pierre Rivière, ayant égorgé ma mère, ma sœur et mon frère…»

Complainte au sujet de Pierre Rivière
Air du «chien fidèle»

Si dans les fastes de mémoire
L'on inscrit des guerriers fameux,
De quelques brigands dans l'histoire,
On conserve les noms affreux ;
Celui du jeune Pierre Rivière,
Dont je vais vous tracer les forfaits,
En horreur à la terre entière,
Y figurera pour jamais.

À peine à sa vingtième année,
De sa mère il trancha les jours
Et de sa sœur infortunée
De la vie arrêta le cours.
Sa pauvre mère était enceinte
Quand il commit l'assassinat,
En entendant cette complainte,
Chacun d'entre vous frémira.

Demain pour le labourage,
Rivière refuse de partir ;
Son père fut seul à l'ouvrage,
Hélas ! qu'il dût s'en repentir.
Resté seul avec sa famille,
Il saisit le fatal couteau ;

Bientôt dans ses mains l'acier brille,
Et de sa mère il est le bourreau.

Les victimes respirent encore.
Lorsque, poussé par son malheur,
Son frère, à peine à son aurore,
Vient au-devant du malfaiteur;
Armé de la hache meurtrière,
Bientôt il l'étend à ses pieds
Grand Dieu ! toi qui créas la terre,
Tu puniras le meurtrier.

La prison

Une prison est un lieu de détention. C'est une des peines qui peuvent être infligées aux individus qui ne respectent pas les normes de la société.

Le rôle de la prison a changé à travers l'histoire. Son utilisation comme peine sanctionnant la délinquance est un phénomène récent qui s'est réellement institué au cours du XIXe siècle.

Auparavant, la prison ne servait qu'à garder les prisonniers dans l'attente d'une véritable peine : supplice ou bannissement. Les prisonniers étaient retenus dans un même espace avec leurs affaires personnelles et devaient payer leur nourriture. La désorganisation était telle que les suspects pouvaient facilement s'entendre sur une version des faits avant leur procès. Ils y côtoyaient les mendiants, vagabonds, orphelins, prostituées, malades mentaux et invalides, toute cette population déviante enfermée pêle-mêle loin du regard des honnêtes gens.

L'émergence de la prison s'est faite avec une mise au secret du traitement de la délinquance : les exécutions publiques se sont tenues dans des lieux de plus en plus discrets jusqu'à être totalement retirées à la vue de la foule. Les supplices considérés comme barbares devaient être remplacés par un autre système. Cela allait de pair avec le choix d'une autre forme de châtiment du corps, la privation de liberté étant une forme moins violente en accord avec les valeurs des démocraties occidentales naissantes. La prison est alors devenue une institution disciplinaire, organisation visant un contrôle total du prisonnier par une surveillance de tous les instants.

Les ambitions pour la prison ont également évolué avec le temps. Peu à peu l'idée que le prisonnier devait réparer le mal qu'il avait fait à la société s'est imposée. L'emprisonnement devait donc s'accompagner de travail ; le délinquant payait alors en prison une dette, non pas à ses victimes, mais à la société tout entière. Enfin, l'idée de la prison comme lieu de rééducation est apparue. La prison avait alors l'ambition de changer les délinquants pour les adapter à la vie normale en société. La prison d'aujourd'hui est un héritage de ces idéaux. Se sont ajoutées plus récemment les peines de substitution, telles que les TIG (travaux d'intérêt général), le port d'un bracelet électronique, l'amende ou le sursis, souvent assorti d'une mise à l'épreuve.

Les prisons françaises sont gérées par l'Administration pénitentiaire, rattachée directement au ministère de la Justice depuis 1911. On compte aujourd'hui 188 prisons, réparties en deux grands types principaux : les maisons d'arrêt et les établissements pour peine. Les maisons d'arrêt sont destinées aux peines inférieures à un an et aux détentions provisoires. Elles sont au nombre de 115. La quasi-totalité des départements en comporte au moins une sur son territoire. Les établissements pour peine sont les prisons où séjournent les personnes condamnées par la justice. Il en existe plusieurs types suivant les détentions : les centres de détention destinés aux peines moyennes, aux détenus les plus jeunes et à ceux dont la réinsertion semble la plus favorable ; les maisons centrales destinées aux peines les plus longues (elles sont au nombre de cinq) ; les centres de semi-liberté et centres pour peines aménagées. Les centres pénitentiaires, enfin, sont constitués de différents quartiers (quartier de maison d'arrêt, de centre de détention, etc.).

Depuis quelques années, les prisons françaises font l'objet de critiques, que ce soit au niveau national avec les rapports parlementaires successifs, ou international. Sont particulièrement dénoncées la surpopulation et les conditions de vie. La population carcérale a atteint le niveau symbolique d'un prisonnier pour 1 000 habitants, taux qui n'avait jamais été aussi élevé depuis la Libération. Pour 48 603 places « opérationnelles », il y avait au 1er décembre 2005, 59 241 détenus (soit une surpopulation de 22 %). Parmi eux, 36 % des détenus étaient en détention provisoire, c'est-à-dire en attente d'un jugement.

Lise Burnol

L'affaire Lafarge

PAR JEAN-MARIE AUGUSTIN

Un mariage de dupes...

Le 12 août 1839, en l'église Notre-Dame-des-Victoires, à Paris, Marie Capelle, âgée de vingt-trois ans, orpheline et sans fortune, épouse un veuf, Charles Lafarge, maître de forges dans le Limousin.

Une union sous les pires auspices

Le père de Marie était baron de l'Empire et colonel d'artillerie, sa grand-mère maternelle était née des amours cachées de la comtesse de Genlis et du duc d'Orléans, père du roi Louis-Philippe. Charles a treize ans de plus que sa jeune épouse ; c'est un gros jeune homme, laid et un peu rustre, qui est assailli par les créanciers. Il était à la recherche d'une fille de famille suffisamment dotée pour renflouer son affaire. Sa femme lui laisse entendre qu'elle a du bien et lui prétend qu'il possède un château. Les époux se mentent. C'est un mariage de dupes qui commence mal. Plus tard, Mme Lafarge écrira que cette union représentait pour elle «un supplice au-dessus de ses forces». Elle avait compris au pied de l'autel «qu'un mariage sans amour est une dégradation plus infâme que celle de la pauvre fille se vendant pour un morceau de pain».

Lorsque le couple arrive au Glandier, dans la commune de Beyssac (Corrèze, arr. de Brive, c. de Lubersac), Marie trouve, au lieu du manoir charmant qu'on lui a décrit, une maison délabrée, humide, envahie par les rats et tenue par une belle-mère acariâtre qui voit arriver avec méfiance cette jeune bru orgueilleuse.

Le soir de son arrivée, Marie s'enferme dans sa chambre et écrit à son mari une longue lettre de désespoir. La jeune femme lui avoue qu'elle ne l'aime pas et qu'elle en aime un autre. Elle lui déclare aussi qu'elle possède de l'arsenic et, s'il ne veut pas la laisser partir pour rejoindre son amant, elle menace de s'empoisonner. Elle dit en avoir déjà pris lorsqu'ils ont couché à Orléans, mais la dose était trop faible et elle l'a vomi.

L'arsenic est pour les rats

La vie continue malgré tout. Charles, follement amoureux, comble sa femme de cadeaux et succombe à tous ses caprices. De son côté, Marie se montre plus aimable et finit par « permettre à son époux d'entrer dans l'alcôve conjugale ». Avec le soutien de son mari, la jeune femme entreprend aussi de rendre la vieille demeure du Glandier plus confortable et d'abord de détruire les rats qui l'infestent. C'est la raison pour laquelle elle fait acheter de grandes quantités d'arsenic dans une pharmacie d'Uzerche.

Lafarge a découvert un nouveau procédé de fabrication du fer. Le 20 novembre, il emprunte la diligence pour Paris afin d'y prendre un brevet d'invention et de trouver des commanditaires susceptibles de participer à l'agrandissement de son entreprise. Durant son séjour dans la capitale, Charles écrit des lettres passionnées à sa femme et elle lui répond sur le même ton, en l'encourageant dans ses démarches. Le 15 décembre, elle envoie à son mari un colis contenant son portrait et des petits gâteaux confectionnés par sa belle-mère. Dès l'arrivée du colis, le 18 au soir, Charles goûte un gâteau et se couche sans parvenir à trouver le sommeil. Il ressent de violentes nausées durant la nuit et doit se relever à plusieurs reprises pour aller vomir.

De retour au Glandier, le 3 janvier 1840, Charles ne cesse d'avoir des douleurs d'estomac accompagnées de vomissements. Marie le soigne, mais il meurt le 14 janvier, après avoir bu un lait de poule qu'elle lui a préparé. L'annonce de cette mort suspecte ne manque pas de venir aux oreilles du juge de paix de Lubersac. Il prévient le procureur du roi à Brive et tous deux, en compagnie du juge d'instruction, se rendent au Glandier où ils font saisir les poudres et les récipients dans lesquels se trouvent des restes de potions ou de boissons données au défunt. Une autopsie est également pratiquée par le médecin de famille avant les obsèques. Il retire les viscères et les liquides trouvés dans l'estomac et les met dans des bocaux qui sont envoyés dans une pharmacie de Brive à des fins d'analyse. Les médecins brivistes utilisent la méthode mise au point par le docteur Hanneman, l'inventeur de l'homéopathie, qui consiste à soumettre les matières organiques à l'action de l'hydrogène sulfuré. S'il se produit un dépôt jaunâtre, c'est qu'il y a de l'arsenic. Or, le rapport des experts est formel : le lait de poule, l'estomac du défunt et le liquide qui s'y trouvait contiennent de l'acide arsénieux.

Bataille d'experts

Mme Lafarge est arrêtée et passe huit mois en prison. Le 15 juillet 1840, elle est d'abord condamnée par le tribunal correctionnel de Brive à deux ans d'emprisonnement pour un vol d'une parure de diamants et de perles, commis avant son mariage, au préjudice de son amie, la vicomtesse de Léautaud. Des bijoux démontés provenant de cette parure ont été retrouvés au Glandier après la perquisition effectuée sur ordre d'Allard, chef de la Sûreté, et Marie s'en est expliquée en disant que c'était son amie qui les lui avait confiés pour les vendre. Une fois vendus, ils devaient servir, dit-elle, à acheter le silence d'un ancien soupirant de la jeune femme qui menaçait de faire connaître au vicomte l'intrigue qu'il avait eue avec elle.

Le procès pour empoisonnement s'ouvre ensuite à Tulle, le 3 septembre 1840, devant la cour d'assises de la Corrèze. Assise sur le banc des accusés, Mme Lafarge est vêtue d'habits de deuil et coiffée d'une large capote bordée d'un épais voile de dentelles qui cache ses cheveux noirs peignés en bandeaux. Apparemment très calme, elle soulève son voile et, note un chroniqueur, « dirige un regard ardent vers ceux qui lui manifestent leur antipathie, leur mépris et leur haine ».

À l'audience, maître Paillet, du barreau de Paris, émet des doutes sur les connaissances scientifiques des médecins brivistes qui ont conclu à la présence d'arsenic dans le cadavre. Pour obtenir plus d'informations, il a écrit à Mathieu Orfila, professeur de médecine légale et « prince » de la toxicologie. Celui-ci utilise une méthode toute nouvelle, inventée par le chimiste anglais James Marsh, qui consiste à chauffer la matière organique dans un tube à essai. S'il y a de l'arsenic, un anneau caractéristique à reflets brillants se forme sur les parois du tube.

L'avocat lit une lettre d'Orfila à la cour qui ordonne une contre-expertise. Elle est confiée aussitôt à trois pharmaciens de Limoges qui procèdent à de nouvelles analyses. Le 6 septembre, la lecture de leur rapport produit dans la salle l'effet d'un coup de tonnerre. Ils estiment en effet que « les substances et les liquides, traités par les méthodes les plus récentes et en particulier par l'appareil de Marsh, n'ont pas donné la moindre tache métallique et, en conséquence, ces matières ne contiennent pas la moindre parcelle d'arsenic ».

En raison des différences notables existant entre les deux expertises, le président ordonne de procéder à l'exhumation du cadavre de Charles Lafarge. Le foie, les intestins, la vessie, deux livres de chair musculaire prise sur la cuisse gauche, un morceau de linceul et une poignée de terre sont prélevés, mis dans des bocaux et analysés par les pharmaciens limougeauds dans une chambre voisine de la salle d'audience. Le 9 novembre, les experts font connaître le résultat de leurs nouvelles recherches qui n'ont pas, disent-ils, modifié leur opinion : il n'existe pas d'arsenic dans le corps de Lafarge. En revanche, ils en décèlent d'énormes quantités dans un verre, dans le lait de poule préparé par Marie et dans une boîte qui a été saisie sur elle.

Pour trancher, il faut donc faire venir Orfila au procès. Celui-ci arrive à Tulle le 13 septembre. Avec ses aides, il entreprend sur-le-champ les analyses qu'il poursuit pendant une partie de la nuit. Le lendemain, son intervention à l'audience produit un nouveau coup de théâtre : primo, le corps de Lafarge contient de l'arsenic, deuxio, cet arsenic ne provient pas des réactifs chimiques utilisés, ni de la terre qui entoure le cercueil, tertio, le poison décelé ne fait pas partie de la portion arsenicale qui existe naturellement dans le corps humain. Cependant les quantités qui ont été trouvées sont plutôt faibles.

Le 19 septembre 1840, Marie Capelle, veuve Lafarge, est condamnée aux travaux forcés à perpétuité et à l'exposition sur la place publique de Tulle. Avant la fin du procès, son avocat a télégraphié à François Raspail qui a souvent polémiqué avec Orfila, non seulement pour des questions scientifiques mais aussi politiques (le premier est un conservateur, tandis que le second est un ardent républicain). Raspail arrive trop tard, après la prononciation du verdict. Néanmoins le procureur l'autorise à faire de nouvelles analyses. Non seulement les quantités d'arsenic qu'il a trouvées sont trop minimes pour signifier un empoisonnement, mais elles pourraient provenir des réactifs chimiques utilisés par Orfila pour son expertise. Raspail aurait même déclaré à cette occasion : « On a trouvé de l'arsenic dans le corps de Lafarge ? Mais on en trouverait partout, même dans le fauteuil du président. »

L'affaire passionne l'opinion. Mme de Girardin écrit que la condamnation de Marie Lafarge a produit à Paris «un effet étourdissant». De toutes parts, il y a de l'animosité et de l'acharnement. Les uns approuvent le verdict du jury, les autres le critiquent et plaignent la châtelaine du Glandier. La politique s'en mêle et certains journaux de l'opposition s'empressent de dénoncer cette «bâtarde orléaniste devenue empoisonneuse». De son côté, George Sand en parle comme d'une «affaire mal menée et salement poursuivie par le ministère public».

Mme Lafarge est dispensée par la chancellerie de la peine de l'exposition publique. Après un an passé à la maison d'arrêt de Tulle, elle est emprisonnée à la centrale de Montpellier. Elle ne cesse de proclamer son innocence et écrit deux ouvrages, ses *Mémoires* (1841) et *Heures de prison* qui paraîtra après sa mort. Ayant contracté la tuberculose, elle est graciée par Louis-Napoléon Bonaparte, président de la République, le 8 mai 1852 et meurt le 7 novembre de la même année à Ussat (Ariège) où elle était venue en cure pour se soigner.

L'affaire du frère Léotade

PAR JEAN-PAUL BOUCHON

Le silence des frères

À Toulouse, au cimetière Saint-Aubin, le 16 avril 1847, à six heures et demie, le temps est frais, mais sec, alors que la veille il a plu abondamment. Après ouverture de la porte par le gardien, un fossoyeur, chargé d'exhumer deux cercueils, se dirige vers les tombes concernées.

La morte du cimetière

Il aperçoit alors une silhouette féminine accroupie à l'angle d'un des murs du cimetière. Pensant qu'elle se soulage, il la laisse tranquille. Quelques instants plus tard, elle n'est toujours pas relevée. Il s'avance vers elle pour la chasser. Elle ne bouge pas d'un pouce. Et pour cause : elle est morte.

Les autorités policières et judiciaires, alertées, l'identifient rapidement. Il s'agit de la jeune Cécile Combettes, quatorze ans. Employée comme apprentie chez le relieur Conte, elle avait disparu depuis la veille au matin, après avoir, en compagnie d'une autre employée, aidé son patron à transporter un panier de livres à l'institut voisin des Frères de la doctrine chrétienne.

La jeune fille est examinée par trois médecins légistes. Elle a été violée après avoir été terriblement frappée. Du sang et des matières fécales, où se reconnaissent quelques pépins de figue, tachent en abondance ses vêtements secs. Une joue de l'adolescente et une partie de ses vêtements portent la marque d'une paroi en terre. On trouve également sur elle une plume et des tiges de trèfle.

Les enquêteurs ne relèvent aucune trace d'escalade sur les murs du cimetière, côté rue, aucune trace de pas ou de chute d'un corps à l'intérieur. La grille était fermée quand le gardien l'a ouverte. De leur côté les factionnaires d'une caserne toute proche affirment n'avoir vu aucun passant.

En revanche, dans le jardin des frères, dont le mur est mitoyen avec le cimetière, un gendarme trouve à son pied un morceau de corde fraîchement coupé, des traces de souliers dirigées vers le cimetière et la marque toute fraîche de deux pieds d'échelle. Les cavités sont en revanche peu profondes et ne correspondent pas à l'échelle que le frère jardinier lui présente.

Sur la piste du relieur

Trois pistes s'ouvrent dès lors au juge d'instruction: la personnalité de la victime, celle du relieur, et enfin l'institut.

La personnalité de la victime aboutit rapidement à une impasse. La jeune Cécile était une employée modèle. Très pudique, elle appartenait à une communauté de prières et collectionnait les images pieuses. Soumise à ses parents, elle ne s'écartait jamais du chemin qui, en quelques minutes, la menait du domicile familial à l'atelier du relieur.

Tout autre se révèle la personnalité de son patron. Peu après son mariage, il s'est intéressé à sa jeune belle-sœur, alors âgée de seize ans. Il a eu d'elle un enfant. La jeune femme, abandonnée et morte depuis, s'est longtemps plainte de sa violence. Le comportement du relieur le jour des faits s'avère par ailleurs étrange. Arrivé à l'institut vers neuf heures dix, il congédie l'employée la plus âgée. Il demande à Cécile de l'attendre pour l'aider à transporter trois paniers vides. Il rend ensuite visite au directeur. Une visite qui s'éternise, puisqu'il ne ressort qu'une heure plus tard. Ne trouvant la jeune fille ni ici ni à l'atelier, son comportement devient aussitôt aberrant. Il se rend chez un oncle. Il l'invite à déjeuner. Puis, en sa compagnie, il va acheter une place dans la diligence de nuit pour Auch. Il vient de se souvenir qu'il a tiré sur d'autres frères de la doctrine chrétienne une lettre de change, venant à échéance dans quelques jours seulement. La démarche est étonnante, car le trajet est fatigant, et une lettre aurait pu, et à moindre coût, remplacer ce déplacement. À son retour à l'atelier, il envoie un employé au couvent s'inquiéter de Cécile. Puis sans attendre son retour, toujours en compagnie de son oncle, il recherche dans tout Toulouse des produits dont la disponibilité ou l'intérêt sont minces : des chaussures à bout pointu introuvables puisqu'elles ne sont plus à la mode et de petites roues pour les adapter à un chariot à l'état de projet. Aurait-il voulu quitter la ville à tout prix pour ne pas y être le lendemain, et après s'y être construit un alibi, que le relieur n'aurait pas procédé autrement. De fait, quand il est appréhendé à son retour par les policiers, ses premiers mots, alors qu'ils ne lui ont rien dit, sont : « Je suis innocent. »

Mais les choses sont également bizarres à l'institut, où vivent plus de trois cents religieux, novices et élèves. Selon les frères, les dames et demoiselles ne dépassent pas deux salons à l'entrée. Nul n'a remarqué la gamine qui ne pouvait pourtant ressortir sans l'intervention du frère portier. Elle a dû se glisser dehors, précisément à l'occasion d'une entrée ou une sortie d'un visiteur… « Elle a pu également s'enfoncer dans les profondeurs du couvent », se dit le magistrat instructeur, qui découvre un ensemble immobilier atypique.

Le vestibule donne certes sur des locaux, dont les salons, mais il donne également sur un tunnel, qui lui-même conduit à des bâtiments multiples, dont les derniers, isolés, jouxtent le jardin et par suite le cimetière.

Dans l'immédiat, le relieur Conte est placé en détention préventive, après un premier interrogatoire au cours duquel il affirme qu'un des salons était occupé par un homme et une femme qui se cachait le visage.

Vérification opérée, un salon était effectivement occupé entre neuf heures dix et dix heures et quart, heures d'entrée et de sortie de Conte, mais par trois novices et deux compatriotes venus leur rendre visite. L'autre parloir était vide.

Durant la visite de Conte la porte ne s'était ouverte qu'une fois : pour un professeur de l'institut. Mais il n'était pas entré, demandant simplement qu'on lui envoie un domestique pour transporter un tonneau de vin. Conte, entendu une nouvelle fois, oublie alors le couple mystérieux qu'il déclarait avoir vu et se frappe le front :

« Je me rappelle maintenant. Il y avait également dans le vestibule, venant vraisemblablement du tunnel, les frères Jubrien et Léotade ! »

Les deux frères, entendus à leur tour, surprennent fort défavorablement le juge. Léotade, trente-quatre ans, est laid, avec quelque chose d'hypocrite et d'obtus. Quant à Jubrien, quarante-six ans, il a un physique sardonique. Mais ni l'un ni l'autre ne se rappelle avoir vu Conte à l'heure indiquée. La piste ne mène donc à rien.

Plus intéressante, en revanche, est la saisie dans la lingerie d'une chemise souillée de sperme et de matières fécales. Et contenant quelques pépins de figue.

Sur la piste des frères

La piste des frères semble maintenant avoir l'avantage. Reste à déterminer le propriétaire de la chemise, ce qui semble facile car elle porte un numéro. Les novices ont seuls des numéros sur leurs chemises. Les frères qui partagent tout, partagent les chemises. Tous les dimanches matin, ils trouvent au pied de leur lit leur chemise de la semaine. Mais le novice qui la portait est parti depuis belle lurette. Et le juge apprend en définitive que les chemises numérotées des anciens novices passent à la communauté… Il apprend également que

Léotade disposait de locaux près de la lingerie et détenait sa clé.

Le magistrat concentre dès lors ses investigations sur le frère Léotade dont la défense s'avère curieuse. Alors que tous les frères indiquent avoir changé de chemise le dimanche suivant le meurtre, lui prétend ne pas l'avoir fait. Car sa chemise était propre et il portait un appareil au bras qui justifiait la chemise large qu'il portait alors. Mais, comme le vérifie le magistrat, toutes les chemises du couvent sont larges.

Lors d'une deuxième audition, Conte maintient avoir rencontré Jubrien et Léotade entre huit et dix heures le 15 avril. Le juge les place donc en détention préventive. Ses investigations postérieures affermissent la piste des frères. D'une part, il découvre que Cécile était déjà venue à l'institut avec Mme Conte. Celle-ci avait réclamé pour sa peine au frère Luc des images pieuses pour elle et la petite. Mais il n'y en avait plus, ce qui avait beaucoup déçu Cécile venue seule le 14. D'autre part, le juge trouve par hasard une échelle qui n'avait pas été présentée le jour de la découverte du corps de Cécile. Ses montants ont le même écartement que les traces trouvées le 16 au matin.

Enfin, dans un local dépendant de Léotade, il saisit un traversin garni de plumes, des plumes semblables à celle trouvée sur Cécile. Mais Léotade couche au pensionnat avec cinq autres frères, séparés par une simple cloison d'un dortoir rempli d'élèves. Il paraît difficile qu'il ait pu, sans réveiller l'un des dormeurs, partir récupérer quelque part le cadavre de Cécile, le transporter, le jeter de l'autre côté du mur et revenir à son dortoir.

La piste Léotade s'effondre une nouvelle fois, mais le juge a désormais la conviction que l'assassin se trouve parmi les frères. Cette conviction est confortée par le rapport d'expertise que lui remettent trois professeurs de médecine. Selon eux en effet: «Les parcelles de terre trouvées dans les cheveux de Cécile correspondent à la croûte du mur du cimetière, côté frères; des tiges de trèfle trouvées sur elle sont identiques à celles du grenier à fourrage; le chaume sur une de ses chaussures est celui du même grenier; une plume récupérée sur elle est identique aux plumes du traversin trouvé dans le local de Léotade.»

Mais, après la piste Léotade, c'est au tour de la piste Jubrien de s'effondrer. Après avoir finalement reconnu s'être trouvé dans le vestibule quand les jeunes étaient au parloir, Jubrien se souvient être monté chez le frère directeur, où Conte se trouvait depuis un quart d'heure. Et Conte s'en souvient à son tour.

L'affaire se présente décidément mal pour le magistrat, quand au détour d'un interrogatoire, Léotade indique incidemment qu'il dormait en fait, durant la nuit du 15 au 16 avril, dans un autre endroit que celui montré par les frères au juge. Il partageait une chambre avec un frère de soixante-dix ans, près de celle du frère directeur... Il l'a laissée ensuite au frère Luc, qui ne voulait plus coucher seul dans son bureau, tant le meurtre l'avait bouleversé.

Pour le juge, c'est la lueur dans l'obscurité. Il interprète ce changement de lit comme une punition de Léotade, dont l'emploi du temps, le matin de la découverte de Cécile, s'avère étonnant. Dès sept heures, il se rend chez Conte sous un prétexte futile, puis se montre dans de nombreuses boutiques en tenant des propos inquiétants sur les mœurs du relieur.

Mais, comme si rien ne devait être clair dans cette instruction, parallèlement, d'autres témoignages exonèrent la communauté, et donc Léotade. Un des jeunes se trouvant dans le parloir, Vidal, indique qu'à la réflexion il a vu la petite sortir. Des amies de la fillette disent que

Conte la poursuivait de ses assiduités. Enfin une certaine Magdeleine Sabatier déclare avoir vu passer le frère le matin du meurtre, après neuf heures trente.

Pour autant le juge clôt son instruction le 23 juillet 1847. Et comme elle a abouti à des résultats peu évidents, il préconise le renvoi en assises de Jubrien, Conte, Léotade. Le peuple souverain éclaircira les choses. Mais, sur appel de son ordonnance de renvoi, la chambre d'accusation rend deux ordonnances de non-lieu contre Conte et Jubrien. Reste donc le seul Léotade.

Les assises débutent le 7 février 1848. Elles tournent mal pour lui. Magdeleine Sabatier se rétracte et déclare avoir été manipulée par les frères. Le jeune Vidal se rétracte également. Lui aussi a été manipulé par les frères. La mère et la tante de Cécile affirment qu'à aucun moment elle ne s'est plainte de Conte. Les employés de l'atelier confirment que Conte était sévère et non familier avec la gamine.

Suspendu par la révolution de 1848, le procès reprend le 16 mars. La défense souligne les faiblesses des indices retenus comme faisceau de preuves par l'accusation. Léotade sortait et disposait de la bourse de la communauté. S'il l'avait voulu, il aurait pu à peu de frais satisfaire, sans que personne ne s'en aperçoive, d'éventuels désirs.

Il n'existe par ailleurs aucune preuve que la chemise ait été portée par lui. La «punition» a été mal interprétée. Quelle idée en effet de penser qu'un violeur et assassin d'enfants aurait pu, en punition, être mis au contact nocturne d'une soixantaine d'autres!

De son côté, avec vigueur et conviction, Léotade dément formellement être l'assassin et le violeur de la fillette.

La cour le reconnaît néanmoins coupable et le condamne le 4 avril 1848 aux travaux forcés à perpétuité.

Jusqu'à sa mort, survenue le 26 janvier 1850 au bagne de Toulon, il maintiendra être absolument étranger à la mort de Cécile.

Alors?

Frère Léotade, un bouc émissaire?

L'expertise, avec ses certitudes, semble bien étonnante. De toute manière, si elle aboutissait à la Communauté, elle n'aboutissait pas à Léotade, dont les dénégations avaient surpris le public par leur conviction et leur sensibilité. Le porteur de la chemise n'avait jamais été formellement identifié.

Mais en matière criminelle, la règle est celle de l'intime conviction. Et ici la stratégie collective des frères, manipulatrice, avait eu un effet désastreux. La stratégie personnelle de Léotade n'avait guère été plus intelligente. Mais qu'aurait fait un intelligent dans de telles conditions? Léotade n'était-il pas par ailleurs chargé, le matin même du meurtre, de poser les premières pierres de la défense collective du couvent plutôt que d'édifier sa défense personnelle?

En fait, quoi qu'ait pu plaider l'avocat du frère Léotade, une chose au moins est sûre: Cécile est entrée au couvent, et jamais personne ne l'en a vue sortir. Elle y a donc été violée et assassinée. Conte n'est évidemment pas le meurtrier ni le violeur de la fillette. Il est sorti de l'institution sans traces de sang ni de matières fécales et n'a pas changé de vêtements. En revanche, son soin constant à se montrer tout le jour et à disparaître la nuit précédant la découverte du corps de Cécile montre qu'il a su ou subodoré quelque chose, dès sa sortie de l'institution, et quelque chose qui s'était mal passé. Il a manifestement craint d'être tenu pour complice. De fait, s'être fait accompagner de Cécile, l'avoir priée, et elle seule, de rester pour l'aider à transporter des paniers vides, avoir attendu une heure avant de quitter le frère directeur, interpelle. Il est vraisemblable qu'un ecclésiastique lui avait demandé d'amener l'enfant à la première occasion. Ou qu'il a cru faire plaisir à la fillette en lui laissant le temps d'aller le voir. Mais lequel ? Léotade ? C'est douteux. Léotade était un insignifiant, sans le moindre pouvoir d'intérêt sur le relieur, dont les interlocuteurs habituels étaient des frères d'une autre importance. S'il disposait de bien des clés, il ne devait pas être le seul. Comme il ne devait pas être le seul à avoir accès à des lieux isolés. Par définition, les supérieurs du couvent devaient être dans le même cas. Le frère Luc, par exemple, qui avait déjà rencontré Cécile et qu'elle voulait revoir pour sa collection d'images pieuses. Le frère Luc, qui couchait seul dans sa procure avant le crime, et avait été transféré, en raison de vifs cauchemars, à la place du frère Léotade. Est-ce cependant suffisant pour le pointer définitivement du doigt ? Non. Dans cette affaire, tout le monde a menti. Conte a menti, à tout le moins par réticence. Les frères ont menti, par intérêt. Il était fort désagréable pour des ecclésiastiques, chargés d'éduquer la jeunesse virginale, qu'une jeune vierge se fasse violer et assassiner dans leurs locaux par l'un des leurs. Ils ont fait mentir, toujours par intérêt. Il est possible que Mme Conte ait également menti, par intérêt. Peut-être, après tout, que le juge Caubet a évité une erreur judiciaire en ne se préoccupant pas du frère Luc, qui n'avait pas la tête de l'emploi et en se focalisant sur le frère Léotade, qui lui, l'avait.

LES COMPLAINTES

À l'occasion des grands procès sont composées des complaintes qui racontent les faits, en les déformant le plus souvent pour les rendre plus pathétiques et en insistant sur les malheurs du condamné ou des victimes. Tous les artifices du mélodrame sont utilisés : l'horreur, le tragique, le burlesque, la caricature du genre humain plongé dans l'abîme du mal et, en conclusion, le repentir du « mauvais larron » afin de rappeler qu'il est toujours possible de revenir à de bons sentiments. Ces complaintes sont en principe construites sur une succession de rimes et ont une forme relativement libre. Destinées à être chantées ou récitées sur un ton plaintif, elles comportent un nombre interminable de couplets entrecoupés ou non de refrains. Les auteurs sont généralement anonymes et les complaintes sont entonnées par les chanteurs des rues ou les bonimenteurs de foire qui en vendent le livret.

La plus célèbre complainte au XIXe siècle est celle de Fualdès. À la fin du second procès, la passion est à son comble ; les débats, la sentence et son exécution, tout contribue à exacerber l'imaginaire populaire qui en redemande. Cette fois l'auteur est connu : les paroles sont dues au dentiste Catalan, sauf le vingtième couplet qui semble devoir être attribué à Bertin. La partie musicale reprend celle d'une composition du XVIIIe siècle, appelée Air du maréchal de Saxe. Cette complainte a un succès foudroyant. Relayée dans toute la France et même en Europe, elle donne lieu à des pièces de théâtre et à des spectacles où les protagonistes de l'affaire sont représentés par des effigies de cire. De nombreuses autres complaintes sont écrites à la suite des affaires les plus importantes jusqu'à une époque relativement récente. Il y en a une en 1934 à propos de Violette Nozière, accusée de parricide et condamnée à la réclusion criminelle à perpétuité, et une chanson est encore écrite en 1947 au moment de l'affaire Mis et Thiennot.

Jean-Marie Augustin

Les assises

En 1790, un tribunal criminel est créé dans chaque département pour juger les personnes accusées de crime. Le code d'instruction criminelle de 1808 remplace ce tribunal par une cour d'assises disposant des mêmes compétences.

La cour d'assises se compose de deux éléments: « la cour proprement dite » et le jury. Le code de 1808 fixe à cinq le nombre des magistrats qui forment la cour: un président et quatre assesseurs. Ce nombre est ramené à trois juges dont le président en 1831. Le jury populaire est formé de citoyens. Leur nombre est fixé à douze par le code de 1808 et demeure immuable pendant cent cinquante ans. Le chiffre est ramené à six en 1941, puis est porté à sept en 1945. Le code de procédure pénale entré en vigueur le 2 mars 1959 l'élève enfin à neuf. Auprès de la cour d'assises, l'accusation est soutenue par un magistrat du ministère public: membre du parquet général de la cour d'appel ou du parquet du tribunal d'arrondissement du lieu où siège la cour (tribunal de grande instance depuis 1958).

La procédure est orale et l'accusé est assisté d'un avocat; les preuves sont administrées selon la règle de l'intime conviction. Après la clôture des débats, dans le code de 1808, les jurés statuent sur la culpabilité de l'accusé et, d'après leur verdict, la cour prononce la peine. En 1832, le jury reçoit le droit d'accorder des circonstances atténuantes. En 1932, le jury continue à délibérer seul sur la culpabilité et les circonstances atténuantes, mais il est appelé à délibérer avec la cour sur toutes les autres questions. Depuis 1941, selon le système de « l'échevinage », les jurés sont complètement associés aux magistrats de la cour pour délibérer sur tous les problèmes de fait et de droit soulevés par la poursuite.

Traditionnellement la cour d'assises statue en dernier ressort. Depuis le 1er janvier 2001, un verdict de cour d'assises peut faire l'objet d'un appel devant une nouvelle cour d'assises composée de trois magistrats et de douze jurés.

Jean-Marie Augustin

Le crime de Pantin

PAR OLIVIER GOUDEAU

Les mystères d'un massacre

Le 28 décembre 1869, un gamin s'apprête à pénétrer dans la salle du tribunal escorté de deux gendarmes. Il est un peu plus de dix heures et demie et l'auditoire, plein à craquer, retient son souffle.

Un gamin proprement vêtu

Parmi les spectateurs se trouvent des dames du monde, des écrivains, des peintres, des dessinateurs et des journalistes de toute la France qui ont spécialement fait le déplacement pour assister au procès du présumé assassin de Pantin. Alors que l'adolescent de vingt ans prend place dans son box, les spectateurs scrutent ce visage qui les obsède depuis plus de cent jours. Pendant des semaines, la presse parisienne a colporté le portrait effrayant de l'adolescent coupable de l'un des plus horribles crimes du XIXe siècle. Pourtant, dans les rangs, la déception est grande car le prévenu « ne ressemble en rien aux portraits qui circulent[1] ». Point de monstre sur le banc des accusés, mais un gamin, « proprement vêtu » avec « un col de chemise rabattu sur une cravate noire nouée avec soin ». Pour comprendre l'étonnement de l'auditoire, il faut remonter près de cent jours en arrière, plus précisément le 20 septembre 1869.

Une famille atrocement mutilée

En cette fin de Second Empire, un agriculteur, M. Langlois, quitte au petit matin sa ferme située aux portes de Paris. Près de Pantin, l'homme, une bêche à la main, marche à présent sur un petit sentier appelé le Chemin Vert. Il est environ sept heures, lorsque le cultivateur qui a prévu de herser un de ses champs, s'arrête brutalement. Sur un terrain vague qui ne mesure pas plus de quatre à cinq mètres carrés, l'agriculteur distingue des

1. *Mémorial des Deux-Sèvres*, 25 septembre 1869.

traces sombres à la surface du sol. L'homme se rapproche avec la plus grande prudence. Il ne sait pas à cet instant qu'il va vivre la plus effroyable émotion de sa vie. Tout en approchant, Langlois essaie de ne pas penser à ce que son esprit a déjà compris. Ce sont bien des flaques de sang qui s'offrent à lui. Il en distingue une, deux, puis une troisième un peu plus loin. L'homme avance. Son cœur bat la chamade. En relevant la tête, il remarque sur la droite que «la terre labourée qui entoure la portion inculte» où il se trouve ne présente pas la même couleur. Il semble que le sol ait été retourné formant un étrange dos d'âne. Il pénètre dans le champ, se penche et, en creusant, déterre un mouchoir ensanglanté. Cette fois, c'est certain, «quelqu'un est enterré là[1]!» Langlois se saisit alors de sa bêche et commence à creuser le sol avec frénésie. Après quelques secondes d'effort, l'homme déterre un petit bras humain. C'en est trop, Langlois jette son outil et prend ses jambes à son cou.

À huit heures, lorsque le commissaire accompagné du médecin de Pantin, M. Lugagne, arrive sur les lieux du drame, la foule est déjà nombreuse. Parmi les badauds, un se propose de procéder à l'exhumation. Il lui faut peu de temps pour déterrer le corps d'un petit garçon. Le cadavre est «dans un état horrible, il a trois trous sous le cou; il semble qu'on l'ait saigné: un coup de couteau à l'oreille droite et par-derrière trois longues traces de sept à huit centimètres[2]». Alors que le médecin examine le cadavre de l'enfant, le fossoyeur poursuit son douloureux travail d'exhumation, car il paraît y avoir un autre cadavre sous la terre. Quelques secondes suffisent pour mettre au jour un deuxième corps, celui d'un adolescent qui porte

1. *Le Figaro*, in *Mémorial des Deux-Sèvres*, 25 septembre 1869.
2. *Id.*

derrière la tête «trois plaies pénétrantes[1]». Un nouveau coup de bêche laisse bientôt apercevoir le cadavre d'une petite fille de trois ou quatre ans. Elle porte une robe bleue sur un jupon blanc, une bavette sur la poitrine et des bas tachés de sang. Le médecin se penche sur ce nouveau corps sans parvenir à distinguer des plaies ayant pu engendrer la mort. Il soulève alors la petite robe et, vision d'horreur, découvre deux plaies béantes au ventre qui laissent entrevoir les intestins. Dans la foule estimée à plus de cinq cents personnes, l'effroi et la terreur sont à leur comble. Les soldats d'Aubervilliers, venus en renfort, éprouvent toutes les peines du monde à maintenir les curieux à une distance respectable de la fosse. Les gens pleurent, d'autres hurlent de douleur, certaines femmes sont victimes de malaise. À ce moment «le déterreur aperçoit les jupons d'un quatrième cadavre», celui d'une femme d'environ trente-cinq ans, vêtue d'une robe de soie noire. Apparemment la mère des enfants. Comme eux, la femme a été victime de coups de couteau ou d'une arme tranchante qui lui a sectionné la carotide du côté droit provoquant une mort instantanée.

Comme les badauds, le commissaire et le médecin, «pâles d'épouvante et de dégoût[2]», sont à bout. Un instant de répit est accordé au fossoyeur qui se trouve dans le même état. «Il n'y en a plus», lâche ce dernier à bout de forces. Mais le cri d'un paysan situé tout près du trou retentit alors. «Si fait, il y en a encore un; c'est un garçon, voyez sa casquette.» Cette fois, c'est un enfant de dix ou onze ans qui est extrait de la fosse. Son état est épouvantable. Sa figure est «hachée: les tempes, les joues, les oreilles, le cou ne sont que des plaies béantes; un coup

1. *Id.*
2. *Id.*

de couteau a complètement arraché l'œil droit». Alors que tout le monde croit l'horreur achevée, un soldat, plongé dans l'abysse sanglant, pousse soudain de grands cris. Il vient de mettre à jour un sixième cadavre. Celui d'un adolescent âgé d'une quinzaine d'années, allongé sur la terre. La vision est tout aussi effroyable que les précédentes. «Au-dessus de l'oreille droite et à la nuque [...], deux plaies ont pénétré jusqu'au cerveau[1].» Enfin tout est fini. L'épouvantable fosse n'a plus rien à livrer. La foule et les enquêteurs se trouvent face à six cadavres atrocement mutilés extraits d'une fosse de trois mètres de long, large d'un mètre à peine et profonde de soixante centimètres.

À la recherche de Kinck père et du fils...

Le médecin constate que les corps sont encore chauds. «Le crime a dû être accompli dans les premières heures du jour, vers trois heures du matin. À cette heure-là, il faisait claire lune[2]», explique d'ailleurs le journal *Le Figaro*. Quant au commissaire, il doit dans un premier temps essayer d'identifier les victimes. Les robes, les tenues en soie, la montre et la chaîne en or retrouvées sur la femme indiquent qu'il s'agit d'une famille de bourgeois. C'est le tenancier de l'hôtel du chemin de fer du Nord, M. Rigny, qui lève le voile sur l'identité des défunts. Son établissement est situé au 12 boulevard Denain juste en face de la gare. Les victimes sont des clients arrivés la veille, le 19 septembre. Il s'agit de Mme Kinck et de ses cinq enfants. Le commerçant explique que les six individus ont quitté l'établissement le soir sous la conduite d'un homme. Le cocher, un nommé Bardot, interrogé

1. *Id.*
2. *Id.*

quelque temps après, corrobore cette déclaration. Il a bien fait monter dimanche soir vers vingt-trois heures une femme, un jeune homme et cinq enfants dans sa voiture. Le conducteur explique que l'étrange garçon d'une vingtaine d'années lui a demandé de les conduire à la porte de Flandre. Seulement, une fois sur les lieux, l'individu s'est ravisé. La voiture est donc repartie en direction de la route de Pantin. Là, l'individu a demandé à Bardot de s'arrêter. L'inconnu est descendu et a emmené avec lui la femme, la petite fille et un des petits frères. Le cocher les a vus descendre à pied la route de Pantin avant de disparaître «dans une obscurité d'arbres. Une demi-heure après, peut-être vingt minutes seulement[1] », le jeune homme est revenu seul. Il a fait descendre les trois enfants les plus jeunes avant de dire au cocher de s'en aller. Une fois payé, le voiturier est parti sans la moindre inquiétude. Il n'a rien vu, rien entendu. Seul le chiche règlement de la commission lui a causé un léger souci.

L'enquête débute sur les chapeaux de roues. Les victimes identifiées, la justice se met à la recherche de l'homme, celui qui accompagnait les enfants et la femme le soir du drame. Et si ce dernier n'était autre que Gustave, le sixième enfant de la famille, issu du premier mariage de son père avec une nommée Hortense Roussel? Un commerçant affirme avoir vendu une pelle et une pioche quelques heures avant le crime à un jeune homme «à la barbe naissance et aux yeux enfoncés[2] », un signalement qui concorde avec les traits de Gustave. L'enquête est confiée à M. Claude, un personnage emblématique surnommé «le patron». Le juge d'instruction M. Douët d'Arc

1. Déclaration du cocher au journal *Le Gaulois*, in *Mémorial des Deux-Sèvres*, 28 septembre 1869.
2. *Le Figaro, in Mémorial des Deux-Sèvres*, 25 septembre 1869.

est son supérieur. Quelques jours plus tard, les deux hommes reçoivent les résultats de l'autopsie, menée par les docteurs Bergeron, Pénard et Trélat. L'examen des corps confirme l'atrocité des crimes. Ce sont près de vingt-trois coups de couteau qui ont été assénés à la femme. Cette dernière était enceinte de cinq mois. Un des enfants a été étranglé, les autres ont été poignardés.

Si les soupçons se portent sur le fils Gustave, le silence du père, Jean, n'augure rien de bon. À cran, la presse de l'époque se déchaîne. «Le doute n'est plus permis, le crime est plus affreux qu'on ne le croyait d'abord. Les coupables sont – tous les renseignements paraissent le prouver – Jean Kinck et Gustave Kinck, le père et le fils aîné[1]». Ce qui intrigue les journaux et les enquêteurs, c'est que le père de famille a quitté Roubaix depuis cinq semaines. Dans cette ville du Nord, Kinck est propriétaire d'un atelier de tourneur de brosses. Ambitieux, il a fait construire au fond de sa maison de Roubaix un second atelier de mécanicien. Parti en Alsace, sa région d'origine, l'homme a prévu de vendre la propriété familiale «pour en acheter une autre plus considérable[2]», afin d'accueillir sa femme et ses six enfants. Le problème, c'est que l'épouse, originaire de Tourcoing n'a jamais semblé adhérer au projet d'installation en Alsace. Est-ce un mobile pour massacrer sa famille? Les enquêteurs le pensent.

… ASSASSINÉS AUSSI !

Dans tout le nord de la France la police est sur le qui-vive. Les vagabonds et toutes les personnes suspectes sont arrêtés pour être interrogés. La technique se révèle

1. *Id.*
2. *Id.*

payante. Au Havre, le 23 septembre, un gendarme de la marine, M. Ferrand, circule sur la rue Royale. Tout en marchant, le militaire écoute la conversation entre deux marins et un jeune homme de «taille moyenne, brun, à la figure osseuse[1]», venu se renseigner pour embarquer pour l'Amérique. Le gendarme se rapproche et interpelle l'individu qui doit être âgé d'une vingtaine d'années.

«Mais d'abord il faut avoir des papiers en règle. Avez-vous vos papiers[2]?» Très pâle, l'individu lui répond: «Je n'en ai pas.» «Eh bien vous allez venir avec moi au bureau de police», lui rétorque l'agent. Le garçon n'oppose aucune résistance. Seulement en traversant une route, l'arrivée rapide d'une voiture oblige le gendarme à desserrer son étreinte. Profitant de cette opportunité, l'individu se met aussitôt à courir en direction du bassin du Commerce. Derrière lui, le gendarme hurle aux passants. «Arrêtez-le! C'est un assassin.» Poursuivi par une «foule énorme[3]», l'individu saute du quai, atterrit «sur un radeau, à l'avant du trois-mâts *Louisiane*, et se précipite dans le bassin pour échapper sans doute par le suicide au châtiment qui le menace[4]». Finalement ramené sur terre par plusieurs personnes venues le secourir, l'individu inanimé est transporté au dépôt de sûreté avant d'être soigné puis interrogé.

Face au commissaire central, M. Tourné, et au commissaire de quartier, M. Delmas, le prévenu éprouve toutes les peines du monde à contenir son émotion. Tremblant de tous ses membres, l'individu refuse de parler.

1. *La Gazette des tribunaux, in Mémorial des Deux-Sèvres*, 28 septembre 1869.
2. *Id.*
3. *Id.*
4. *Id.*

Une fouille est alors entreprise. Dans ses poches, les enquêteurs trouvent «deux montres, l'une en argent, l'autre en or, un certain nombre de pièces d'or belges, et cachés entre la chemise et la peau, divers papiers sur lesquels on lit ce nom: J. Kinck». Conduit à l'hospice, l'individu toujours muet finit par retrouver la parole lorsqu'on lui pose des sinapismes et des ventouses sur la peau. Le jeune homme qui dit s'appeler Vanderbergen puis Wolf avoue enfin sa véritable identité. Il se nomme Jean-Baptiste Troppmann. Il est âgé de dix-neuf ans. Son visage est couvert d'égratignures. Il est mécanicien à Roubaix.

Interrogé par M. Claude, le prévenu passe aux aveux. Ami personnel de la famille Kinck, Troppmann explique aux enquêteurs qu'il existait une grande mésintelligence entre les deux époux. Il a donc aidé le père et le fils Kinck à se débarrasser d'une épouse qui de surcroît était infidèle. Mais trois jours plus tard, la thèse de Troppmann tombe à l'eau. L'affaire connaît un nouveau rebondissement.

En marchant dans le champ de Langlois, devenu un vrai lieu de kermesse avec des loteries et des manèges situés à moins de cent mètres de la fosse, un nommé Hugues est subitement surpris par la fragilité du sol sous ses pieds. Il creuse alors avec ses mains et découvre un nouveau cadavre, «couché sur le ventre, les bras étendus, les doigts crispés; à la main droite est encore attachée une touffe de cheveux noirs[1]». Une seconde fois l'effervescence s'empare de tout Pantin. Les badauds sont des centaines pour voir le cadavre de Gustave Kinck, en partie putréfié et atrocement mutilé au visage, placé dans une charrette pour être conduit à la morgue.

Alors que la ville de Roubaix rend un extraordinaire hommage aux sept victimes, les enquêteurs sont toujours

1. *Le Figaro, in Mémorial des Deux-Sèvres*, 25 septembre 1869.

à la recherche de Jean Kinck. Lorsqu'on lui pose la question, Troppmann répond d'une façon pour le moins fantaisiste. Selon lui, Kinck s'est exilé dans les Vosges à la recherche de filons d'or et d'argent pour fabriquer de la fausse monnaie. Il soutient cette thèse pendant un mois avant de reconnaître le 24 novembre que le père de famille est enterré dans le bois de Cernay. L'homme a été empoisonné avec de l'acide prussique.

Procès d'un très jeune criminel

Le procès de Jean-Baptiste Troppmann, jugé responsable, s'ouvre le 28 septembre 1869. Les cinq jours de débat font apparaître un jeune homme dévoré par l'ambition. Face aux jurés, l'accusé explique qu'il voulait partir avec Jean Kinck en Alsace pour fabriquer de la fausse monnaie. Sur le chemin, Troppmann a rencontré trois complices qui ont empoisonné le père de famille. Lui n'a rien fait. «Ces gens-là, pouvez-vous nous dire où ils sont?» lui demande le président. «Non! D'ailleurs je ne le veux pas», répond l'accusé qui n'en dira pas plus malgré cette terrible phrase lâchée lors de l'instruction: «Le père mort, c'était une nécessité pour moi de faire disparaître toute la famille.» Le président évoque toutes les lettres écrites à Gustave Kinck et à sa mère sous l'identité de Jean. Dans l'une d'elles, Troppmann demande à Gustave de venir le rejoindre avec cinq mille cinq cents francs. À son arrivée à la gare de Paris, Troppmann est là pour l'accueillir.

«Et dans la plaine qu'est-il arrivé?» lui demande le président. «Le complice l'a assassiné.» «Le même qui a tué Jean Kinck?» «Non, celui-ci est resté à Mulhouse.» Le président n'est pas convaincu. Ensuite Troppmann reconnaît avoir acheté une pelle et une pioche à Pantin chez les quincailliers Laval et Dufour. Mais il n'a rien fait. Ni commis le crime, ni creusé la fosse. Idem pour la femme et les enfants. Pourtant, lors de l'instruction, Troppmann reconnaît avoir «frappé la mère par-derrière d'un coup de couteau» avant de s'acharner sur elle.

Avec l'audition des témoins et les plaidoiries, les jurés prononcent un verdict positif. Troppmann est condamné à mort. Aussitôt, l'accusé se lève et salue à droite et à gauche. «Oh je m'y attendais : mais ce n'est pas tout ça, j'ai rudement faim ce soir, je n'ai rien pris depuis ce matin», lâche-t-il en éclatant de rire. Dans la salle, les spectateurs applaudissent la sortie du condamné. Son pourvoi est rejeté le 16 janvier. Trois jours plus tard, la tête de l'assassin est coupée sans que l'on sache réellement les tenants et les aboutissants de l'affaire. Quel était le mobile du mécanicien ? L'argent ? Hormis les deux montres, il n'en a pas été trouvé sur lui lors de son arrestation. Certains détracteurs parleront d'un procès bâclé à l'instar du commissaire Claude qui ne croira jamais à la thèse de l'assassin unique. Quant à l'adolescent de quinze ans, Frérin, qui déclare avoir vu trois hommes vêtus d'une blouse blanche dans le champ de Langlois la nuit du crime, il sera récusé pour son jeune âge lors du procès.

Le Code pénal

Le premier Code pénal est l'œuvre de l'Assemblée constituante en 1791. Il a été retouché par le Code des délits et des peines du 3 brumaire an IV (25 octobre 1795), puis une commission nommée par Bonaparte, au début du Consulat, est chargée de rédiger un projet de « code criminel, correctionnel et de police » unique, portant à la fois sur la procédure et le fond du droit. La discussion commence en Conseil d'État à partir de mai 1804, mais au bout de quelques mois les travaux sur le projet d'un code unique sont interrompus. Lorsqu'ils reprennent en janvier 1808, Napoléon décide de faire préparer deux textes distincts, l'un qui deviendra le Code d'instruction criminelle adopté à la fin de 1808, l'autre, le Code pénal de 1810. Les deux codes sont mis en application le 1er janvier 1811.

Le Code pénal de 1810 est un « code de fer », dominé par le souci de programmer la défense de l'ordre social et politique. Dans son système de pénalités, il se préoccupe exclusivement de frapper le coupable ; l'idée de l'amender lui est étrangère. Dans cet esprit, le code maintient la peine de mort et rétablit la prison perpétuelle que le code de 1791 avait délibérément écartée. Il laisse cependant une certaine latitude aux juges pour l'application des peines, en établissant, pour certaines infractions, un minimum et un maximum qui permettent de prendre en compte les circonstances de chaque cas.

Un grand nombre de lois ont complété ou modifié le Code pénal de 1810 dans le sens d'une meilleure organisation du système pénal et de l'amendement du condamné par la peine. Les trois plus importantes sont la loi du 28 avril 1832 qui révise tout l'arsenal des peines dans le sens de l'adoucissement et permet de tenir compte des circonstances atténuantes, la loi du 14 août 1885 sur les moyens de prévenir la récidive et la loi du 9 octobre 1981 qui abolit la peine de mort. Un nouveau Code pénal, promulgué par cinq lois de 1992, est entré en vigueur le 1er mars 1994.

Jean-Marie Augustin

La Belle Époque

L'affaire de la malle de Millery
L'affaire Ravachol
La République assassinée
L'affaire Vacher
La séquestrée de Poitiers
L'affaire Marguerite Steinheil
L'affaire Sitarane
La bande à Bonnot
Le procès de Mme Caillaux
L'affaire Raoul Villain

Entre anarchisme et affaires politiques

L'anthropométrie judiciaire

L'anthropométrie judiciaire est une technique fondée sur des mesures osseuses permettant d'identifier des criminels récidivistes sous des identités différentes.

En 1832, la marque au fer rouge des criminels est abolie définitivement. Un grand pas pour l'humanité, mais un recul pour la police et la justice ! En effet, comment désormais identifier un criminel déjà appréhendé et déjà condamné ? Comment repérer et mettre hors d'état de nuire le « criminel-né », selon le concept de Lombroso ?

Dans le dernier tiers du xixe siècle, on prend conscience de l'ampleur de la récidive, elle concerne la moitié de la population pénale, et sa traque devient une obsession. Cesare Lombroso (1835-1909) est un des plus éminents membres de l'école positiviste italienne, un des fondateurs de la criminologie puisqu'il va mener pour la première fois une véritable étude scientifique sur le crime dans son ouvrage principal, L'Homme criminel, publié en 1876 en Italie et paru à Paris en 1887. Médecin légiste et professeur à Turin, il a étudié l'anatomie de centaines de crânes et de milliers de criminels et en a déduit une classification distinguant les « criminels-nés », considérés comme irrécupérables (une sorte d'erreur de la nature qui doit disparaître) et les criminels par passion, criminels occasionnels qui ne présentent pas de ce fait une grande dangerosité. Sur les premiers, Lombroso avait relevé plusieurs stigmates comme la taille du front, du nez, la mâchoire inférieure, la puberté précoce…

Mais l'histoire a surtout gardé comme père de l'anthropologie judiciaire le Français Alphonse Bertillon (1853-1914), fondateur du fameux

« système Bertillon », dont le triomphe officiel est consacré par la création en 1893, à la demande du préfet Lépine, d'un Service de l'identité judiciaire à la préfecture de police. Le succès est extraordinaire, le « système Bertillon » est copié dans le monde entier, de Berlin à Scotland Yard jusqu'aux prisons américaines.

Quelle revanche pour un simple commis auxiliaire aux écritures, entré grâce aux relations paternelles après des études médiocres !

Mais Alphonse est le petit-fils d'Achille Guillard, inventeur de la « démographie », le fils de Louis-Adolphe Bertillon, médecin et fondateur de l'école d'anthropologie et le frère de Jacques, directeur du service de la statistique de la ville de Paris. Bon sang ne saurait mentir. Depuis son enfance, il a baigné dans la médecine, les statistiques et l'anthropologie. Cet esprit rigoureux va mettre les passions familiales au service d'une nouvelle science : la « science criminelle », révolution qui, pour ses contemporains, va l'élever au même rang que Louis Pasteur. Pasteur garantissait un avenir sans maladie, Bertillon un avenir sans criminels !

Sa méthode d'identification visait à améliorer les fiches de signalement qu'il était chargé de classer et dont il percevait aisément les failles. Il a l'idée d'utiliser l'« identité anthropométrique » : chaque squelette se différencie des autres, il faut donc prendre quelques mesures osseuses pour identifier un individu. Il en choisit onze (taille, pieds, mains, nez, oreilles, etc.) qu'il classe en trois groupes. La concordance de neuf mesures permettait une identification d'après lui quasi absolue. Pris pour un fou par un premier supérieur, il est enfin écouté en 1882 et autorisé à procéder. Le succès de sa méthode, deux mois après les premières mesures, voit le début du triomphe du « bertillonnage ». Un matériel spécialisé est dès lors utilisé dans tous les établissements pénitentiaires : table, toise et compas de proportion. L'appareil photographique vient compléter le système en 1888, mais surtout la tablette et l'encreur pour la prise des empreintes digitales (ou dactyloscopie). Cette dernière découverte est testée et validée par Francis Galton (cousin de Charles

Darwin), améliorée par Henry, chef de la police londonienne, puis expérimentée avec succès en Argentine en 1892. La police criminelle détient alors enfin la « reine de preuves », la marque d'identification absolue. Alors que Bertillon était réticent à l'égard de ce système concurrent du sien, c'est lui qui, paradoxalement, en consacre le triomphe grâce à l'identification à grand retentissement médiatique du criminel Scheffer en 1902. C'est la première fois qu'un assassin est convaincu de meurtre et condamné à l'aide de ses empreintes.

Pour un public profane, avide de récits d'affaires criminelles dans les journaux à sensation, l'illusion règne alors que l'anthropométrie, devenue « science criminelle » ou criminalistique, permettra, sinon de faire disparaître le crime, pour le moins de résoudre n'importe quelle énigme…

Mais n'est-ce pas le même Bertillon qui s'acharnait à prouver que le bordereau, confié à son expertise mondialement réputée, était bien de la main d'un certain Alfred Dreyfus ?…

Lise Burnol

L'affaire de la malle de Millery
(l'affaire Gouffé)

PAR OLIVIER GOUDEAU

Les amants diaboliques

À quarante-cinq ans, la vie de Michel Eyraud ne ressemble en rien à celle d'un homme ordinaire de son temps.

Un aventurier raté et avide d'argent

À première vue, ce Français distingué qui marche dans les rues de New York avec une ravissante jeune femme à son bras ne se distingue pas des autres bourgeois ayant réussi dans les affaires. Pourtant, son destin hors du commun va le plonger au cœur de l'une des plus grandes affaires criminelles que la France ait connues au cours du XIXe siècle.

Né à Saint-Étienne en mars 1843, ce fils de négociant passe une partie de son enfance en Espagne. Une fois majeur, il endosse la tunique militaire et part pour le Mexique «dans les chasseurs à pied». Il y connaît une ascension rapide. Promu caporal, il devient même sergent quelques mois plus tard. Seulement, l'état de grâce ne dure qu'un temps. Au cours d'une mission, Eyraud «déserte devant l'ennemi» et se réfugie en Californie pour échapper aux poursuites. En 1867, grâce à l'amnistie de Napoléon III, il revient vivre en France avant d'endosser le costume de garde national pendant le siège de Paris en 1870. Il prend ainsi fait et cause pour le gouvernement provisoire qui lutte contre la rébellion des communards dans la capitale. La guerre finie, Eyraud épouse «une honnête femme qui lui apporte une quarantaine de mille francs», autant dire une petite fortune pour l'époque.

Le mariage et la naissance d'une petite fille n'atténuent pas son esprit d'aventurier. Quelques mois après son union, il laisse son épouse en France et part s'installer en Amérique du Sud en tant que représentant de commerce. Il y reste huit ans avant d'être licencié par ses patrons qui le soupçonnent de les voler. À son retour dans la métropole, il se lance dans les affaires et monte une distillerie à

Sèvres en 1883. Quatre ans plus tard, l'affaire est en faillite. Nullement abattu, le négociant fonde alors une maison de commission à Levallois-Perret qui connaît le même sort à la fin des années 1880.

Accablé par les dettes, Eyraud est harcelé de toutes parts. Il tente de s'en sortir par tous les moyens. Ainsi, pour conclure une transaction importante et amadouer un client, M. Casthel, il se fait passer pour M. Fribourg, un honnête homme d'affaires. Mais Eyraud est démasqué, une plainte pour abus de confiance est déposée et il faut l'intervention de M. Château, son beau-frère, pour que le plaignant retire sa plainte. Eyraud l'a échappé belle. Il se félicite de connaître des gens haut placés.

Mais si les affaires de l'ancien déserteur sont au plus mal, c'est aussi parce qu'il mène grand train. En 1888, il fait la connaissance d'une superbe jeune femme de vingt ans, Gabrielle Bompard. Même si la charmante créature arrondit ses fins de mois en se prostituant, Eyraud tombe littéralement sous le charme. Pour elle, il dépense cinq à six cents francs par mois, il l'emmène dans les endroits à la mode, lui offre des vêtements et des bijoux. Il la présente aussi à certains hommes influents qu'il côtoie comme l'huissier et conseiller municipal Toussaint Augustin Gouffé. Le juriste, amateur de femmes galantes, ne reste pas insensible aux charmes de la belle Gabrielle. Même s'il vit dans «une réelle apparence d'austérité», l'huissier Gouffé jouit d'une réputation douteuse. «Il connaissait des usuriers, des tripoteurs, des hommes d'affaires véreux qui alternaient dans son étude avec les femmes galantes.» Il «était, dit-on, l'intermédiaire entre ces créatures et leurs amants, dont quelques-uns appartenaient à la haute société parisienne».

Avec Gabrielle Bompard, Michel Eyraud, un de ses amis, Rémi Launé, l'agent d'affaires de la distillerie de Sèvres, et Gouffé se retrouvent très souvent au café

Gutemberg à Paris. Les quatre compères y partagent du bon temps avec des intérêts divers. Pour l'huissier, l'occasion est belle d'afficher son rang social en sortant de ses poches d'énormes sommes d'argent pour régler les notes. Eyraud voit dans ces rendez-vous une éventuelle bouée pour le sortir de ses soucis financiers. Mais rien n'y fait. Pour Eyraud, Gouffé est un ostensible frimeur. Il ne lui sera d'aucun secours. À moins que…

Tuer horriblement pour vivre aisés…

En juin 1889, sa situation est tellement catastrophique qu'il est obligé de quitter la France. Il part s'installer à Londres, où il compte se faire oublier des autorités françaises. Ruiné et « à bout de ressources », l'ancien chef d'entreprise est un homme déchu. Une plainte pour escroquerie a d'ailleurs été déposée contre lui en métropole. Le 2 juillet, Gabrielle Bompard le rejoint. Ensemble les deux amants élaborent un plan des plus diaboliques.

Pour le réussir, ils ont besoin d'une malle, d'un appartement à Paris et d'une cordelière. La jeune femme est la première à retourner en France. Arrivée dans la capitale, elle fait parvenir à son amant le télégraphe suivant : « Ne viens pas, attends ma lettre ». Le 20 juillet, Eyraud reçoit un second message. Cette fois tout est prêt. Gabrielle a trouvé un appartement au 6 de la rue Berne. Malheureusement, lorsqu'il arrive à Paris, Eyraud découvre le logement occupé. Finalement, les deux amants trouvent leur bonheur dans un appartement au rez-de-chaussée, au 3 de la rue Tronson-Ducoudray. Le 26 juillet 1889, vers dix-huit heures trente, Eyraud et Bompard passent à l'action.

Le lendemain, les amants sont à bord du train Paris-Lyon. Dans le compartiment, l'ambiance n'est pas au beau fixe car le plan si minutieusement préparé a échoué.

Eyraud est au plus mal. La nuit précédente, il s'est couché dans un état d'ivresse avancé pour oublier les actes graves commis quelques heures plus tôt. À présent, il tente de retrouver ses esprits ; seulement il ne parvient pas à détacher son regard de la malle qu'il transporte depuis Paris. À l'intérieur gît le corps sans vie de l'huissier Gouffé.

La veille, aidé de Gabrielle Bompard, Eyraud a attiré le juriste dans l'appartement de la rue Tronson-Ducoudray. Il revoit la scène. Caché derrière un rideau, il tient dans ses mains la cordelière attachée au plafond et pendant de l'autre côté de la pièce. Pour ne pas éveiller les soupçons, la corde a été recouverte de tissu. Soudain, il entend Gabrielle revenir accompagnée de Gouffé. « Quel joli petit logement tu as ici », lui lance alors l'huissier. « Oui, c'est pour m'amuser sans qu'Eyraud le sache », lui répond la femme en allongeant sa victime sur une confortable chaise longue. Par un terrible jeu de séduction, elle lui passe la corde autour du cou et lui dit. « Voilà, une belle cravate. » Aussitôt de l'autre côté du rideau, Eyraud tire de toutes ses forces sur la cordelière. Gouffé se retrouve pendu au-dessus la chaise longue. Il se débat avec l'énergie du désespoir mais sans parvenir à crier. L'étreinte est terrible.

Assis dans le train, Eyraud ne cesse de penser à la scène du crime. Il entend les rires jubilatoires de Gabrielle face à Gouffé qui se débat. « Il va parler », dit-elle tout excitée. Malheureusement l'huissier ne parle pas. Quant au cambriolage de l'étude, il se révèle totalement infructueux. Eyraud ne parvient pas à ouvrir le coffre-fort ni à trouver les quatorze mille francs cachés dans les papiers de Gouffé. Dans la foulée, l'assassin revient donc à l'appartement où l'attend sagement sa complice. Comme pris de folie, il se saisit d'une bouteille de cognac, en boit une grande partie avant d'entamer le pire…

L'horreur, c'est un cantonnier de Millery, M. Coffy, qui la découvre un dimanche d'août 1889. Sur la route reliant Vernaison à Millery, dans un buisson situé en contrebas, un étrange colis attire son attention. Malgré l'odeur épouvantable qui s'en échappe, l'homme se rapproche et ouvre ce qui se révèle être une malle. À l'intérieur, le cantonnier trouve un sac en toile. En l'ouvrant, une tête humaine, détachée du reste du corps, lui fait face. Il prévient aussitôt les autorités. Les enquêteurs découvrent un cadavre en état de putréfaction avancée ligoté avec une corde de sept mètres.

Il faut plusieurs mois pour que la justice fasse le rapprochement entre la disparition de Gouffé à Paris et le cadavre retrouvé à plusieurs centaines de kilomètres de là. La thèse est confirmée par l'expertise du docteur Lacassagne, professeur à la faculté de médecine de Lyon, qui procède à une deuxième autopsie après l'exhumation du corps. Par l'étude des dents et du système osseux, il détermine l'âge de la victime situé entre quarante-cinq et cinquante ans. Or, Gouffé en avait quarante-neuf. Il remarque aussi que les cheveux sont de la même couleur et la taille identique, un mètre soixante-dix-huit. Il constate aussi que le squelette comme l'huissier avait une défaillance à la jambe droite.

La fuite inutile du couple meurtrier

Pendant ce temps, Eyraud, installé à Marseille, apprend que la malle a été trouvée. Accompagné de sa maîtresse, il retourne aussitôt sur Paris remettre le chapeau de Gouffé qu'il a eu la maladresse de prendre après le crime. C'est Gabrielle Bompard, auréolée de superbes bijoux volés sur le corps de la victime qui remet le vêtement dans l'appartement loué, au 3 de la rue Tronson-Ducoudray. Quelques jours plus tard, les deux amants embarquent pour New York, puis Montréal, San Francisco, enfin Vancouver. En Amérique, le couple ne tarde pas à se désunir. Les querelles sont parfois très violentes. Alors Gabrielle se confie. Elle raconte tout à M. Garanger, un homme d'affaires avec qui Eyraud a lié connaissance. Sur les conseils de Garanger, l'ancienne prostituée rentre en France pour se confier à la police. Elle espère ainsi se venger en rejetant l'entière responsabilité du crime sur Eyraud. Mais les enquêteurs ne sont pas dupes. Gabrielle Bompard est arrêtée tout comme Eyraud quelques semaines plus tard à Cuba.

Un an et demi après le crime, le procès des deux amants s'ouvre dans la Seine le 16 décembre 1890. À dix heures et demie, les portes du tribunal s'ouvrent. «Un long frémissement se produit dans l'auditoire à l'entrée de Gabrielle et Eyraud.» La jeune femme, tout de noir vêtue «a l'air d'une petite bourgeoise». Quant à l'accusé, il semble «sombre et préoccupé». Après le tirage au sort des jurés et la lecture de l'acte d'accusation, les prévenus sont interrogés. Évidemment les deux complices minimisent leur participation. Eyraud reconnaît qu'il a tué Gouffé mais que c'est sa maîtresse qui a eu l'idée. Selon lui, c'est elle qui a attiré l'huissier avant de lui passer la corde au cou. Il ajoute : «Nous ne voulions pas le tuer mais seulement le faire chanter. Il aurait écrit à sa famille qu'il avait besoin d'argent. Nous aurions touché cette somme, puis nous aurions rendu la liberté à Gouffé». Le président n'y croit pas. «Vous aviez acheté de la toile cirée pour garnir la malle. Tout démontre que vous vouliez l'assassiner.» «Non c'était en cas d'accident. J'ai été prévoyant. Si j'avais pensé à un assassinat je n'aurais pas agi ainsi. Je connais les environs de Paris et il m'aurait été facile de cacher le cadavre. Si je suis allé à Lyon, c'est que j'étais affolé. J'ai préparé tout le crime, mais avec la conviction qu'il serait inutile.» Gabrielle Bompard est ensuite entendue. Son discours est simple. Elle n'a fait que suivre Eyraud sans l'aider ni dans la conception ni dans la réalisation du crime. Si elle est restée près de lui, c'est parce que Gouffé l'a hypnotisée. Ses explications sont confuses et paraissent bien peu crédibles. Pourquoi a-t-elle loué, sous un faux nom, un appartement au 3 de la rue Tronson-Ducoudray alors qu'elle en possédait déjà un, rue de Prony ? «Je ne pouvais qu'obéir à Eyraud. C'est lui qui m'a fait louer», explique-t-elle. Elle reconnaît avoir ouvert à Gouffé. Le président lui demande alors : «À ce moment, vous saviez qu'il courait un grand danger. Pourquoi ne pas le prévenir?» «J'avais peur d'Eyraud.» «Il vous eut été facile cependant une fois Gouffé prévenu, de vous sauver avec lui.» «Je n'ai pas osé.» «Gouffé est donc entré et s'est assis sur la chaise longue tout près de vous.» «Non, Monsieur.» «Comment ! vous n'avez pas passé autour du cou de Gouffé la cordelière ?» «Mais non Monsieur, Eyraud s'est jeté sur Gouffé par-derrière. Ils se sont reconnus et alors Eyraud a étranglé Gouffé.»

Jusqu'au bout les deux thèses vont s'affronter. Le samedi 20 décembre le verdict tombe. Michel Eyraud, reconnu coupable sans circonstances atténuantes, est condamné à mort. Sa complice écope de vingt années de travaux forcés grâce aux circonstances atténuantes accordées par les jurés. Si Eyraud est exécuté le 3 février 1891, Gabrielle Bompard est libérée huit ans plus tard grâce à une remise de peine accordée par le président de la République.

L'affaire Ravachol

PAR PATRICK BRUNET

Pour réveiller le peuple !

Le 1er mai 1891 est une des journées noires du mouvement ouvrier français. À Fourmies, une manifestation pour la journée de huit heures dégénère. La police tire sur la foule et tue dix personnes dont des femmes et des enfants.

« Vive la Ré... »

Un autre événement ce même jour va avoir des conséquences importantes sur la vie politique du pays. À Clichy, la police cherche à arrêter des anarchistes qui revenaient de Levallois où ils avaient voulu manifester. Des coups de feu sont échangés, trois hommes sont arrêtés dont un blessé à la cuisse. Au commissariat, les trois anarchistes sont passés à tabac par les agents de police très «remontés»... Lors du procès qui suit, Léveillé, le blessé, est acquitté mais Dardare et Decamps sont condamnés respectivement à trois et cinq ans de prison, ce qui suscite une grande émotion dans les milieux anarchistes. Ainsi Ravachol est scandalisé par le procès. Recherché par les autorités pour assassinat et vols, il vit en région parisienne sous une fausse identité chez un couple dont la femme est une amie de celle de Decamps. Il faut venger les compagnons condamnés.

Le 11 mars 1892, Ravachol et ses complices déposent une marmite bourrée d'une cinquantaine de cartouches de dynamite et de débris de fer au premier étage du 136 boulevard Saint-Germain où habite le président Benoît qui a dirigé le procès de Clichy. L'immeuble saute sans faire de victimes. Le 27 mars, c'est au tour d'un immeuble de la rue de Clichy de connaître le même sort parce que le substitut Bulot, qui a réclamé la peine capitale contre les prévenus lors du procès, y vit. Il y a sept blessés et des dégâts considérables. Des témoignages permettent aux enquêteurs de soupçonner Ravachol, dont le signalement est transmis à la presse, en particulier le fait qu'il ait une cicatrice à la main gauche. Ce sont ses imprudences et son militantisme qui vont perdre Ravachol. Le 27 mars il déjeune au restaurant Véry boulevard Magenta. Se fiant aux déclarations du garçon de café Lhérot sur le service militaire, il entreprend de lui expliquer les théories anarchistes et lui parle de l'attentat qui vient d'avoir lieu alors que personne n'en a encore entendu parler dans le quartier… Lorsque Ravachol revient dans le même restaurant deux jours plus tard, Lhérot aperçoit sa cicatrice et prévient la police qui arrête avec beaucoup de difficulté Ravachol.

Dès le 26 avril, le procès contre Ravachol et ses quatre complices s'ouvre dans une ambiance tendue. Car la veille, un attentat contre le restaurant Véry a tué le propriétaire et un consommateur… Lors du procès, Ravachol revendique toutes les responsabilités et explique ses actes. Il est condamné avec son ami Simon aux travaux forcés à perpétuité, les trois autres sont acquittés. La presse qui s'attendait à des peines plus lourdes parle de la peur des jurés.

Mais Ravachol n'en a pas fini avec la justice. Le 21 juin, il comparaît à Montbrison devant la cour d'assises de la Loire. Il est accusé de plusieurs crimes et délits : l'assassinat d'un rentier et de sa domestique en 1886, la violation de la sépulture d'une comtesse afin de voler les bijoux en mai 1891, l'assassinat le 18 juin 1891 de l'ermite de Chambles Jacques Brunel qui, vivant d'aumônes, avait amassé en cinquante ans une fortune importante et, enfin, le meurtre de deux quincaillières de Saint-Étienne le 27 juillet 1891. Ravachol ne reconnaît que la violation de sépulture et l'assassinat de l'ermite. Il explique d'ailleurs qu'il était entré dans la maison de l'ermite en pensant qu'il n'y avait personne et qu'il l'a tué en voulant l'empêcher de crier. Condamné à mort, Ravachol accueille la sentence d'un « Vive l'anarchie ». Le 11 juillet 1892, il refuse l'assistance de l'aumônier (« Je m'en fous de votre Christ. Ne me le montrez pas, je lui cracherai dessus») et chante une chanson du Père Duchesne où il est prôné de pendre les propriétaires, de couper les curés en deux... Ravachol est guillotiné en s'écriant «Vive la ré...» Contrairement à certains fonctionnaires présents sur place, les historiens ne pensent pas que Ravachol ait voulu crier vive la République... mais bien vive la révolution...

Qui est Ravachol?

Sa vie et ses idées nous sont connues par... la police. En effet, du 30 mars au 17 avril, Ravachol expose ses conceptions et raconte sa vie à trois inspecteurs qui en firent un rapport. François Koeningstein (Ravachol est le nom de sa mère) est né le 14 octobre 1859. Son père est hollandais et lamineur aux forges d'Izieux. Il abandonne sa famille lorsque Ravachol est enfant, celui-ci devant alors travailler dès l'âge de huit ans dans des fermes puis des ateliers pour aider sa mère restée seule avec quatre enfants. Ravachol devient ouvrier alternant comme tous les ouvriers de l'époque périodes de travail et de chômage. C'est vers l'âge de dix-huit ans qu'il perd la foi et devient anticlérical après avoir lu *Le Juif errant* d'Eugène Sue et assisté à des conférences. Par des ouvriers rencontrés lors des grèves, il s'intéresse à la question sociale et devient «collectiviste», puis anarchiste à vingt et un ans. Renvoyé à cause de ses idées, il connaît des périodes de chômage pendant lesquelles il se fait voleur puis pratique la contrebande d'alcool, essayant même la fabrication de fausse monnaie. Il est aussi musicien accordéoniste le dimanche soir. C'est cependant pour faire le bonheur de sa maîtresse... et parce que la paye est trop faible pour vivre qu'il décide de devenir vraiment voleur, ne pouvant se «résigner à crever de faim à côté de gens qui étaient dans le superflu». On connaît la suite.

À l'origine des attentats, il y a donc ses idées politiques. Lorsque Ravachol explique sa vision du monde, on retrouve certains grands thèmes de l'anarchisme. L'anarchie, c'est le refus de la propriété, de l'inégalité et du capitalisme. C'est aussi le rejet des religions. «Ni dieu ni maître.» Il faut un monde égalitaire où chacun «travaille selon ses capacités et ses aptitudes» pour être utile à la société, un monde sans argent ni État. Il faut que les nations fusionnent «en une seule qui serait l'univers». On voit bien à travers ces idées que le mouvement anarchiste est une branche du socialisme du XIXe siècle, la branche libertaire qui refuse le réformisme et le marxisme.

La propagande par le fait

Tous les anarchistes n'ont pas commis d'attentat. Comment expliquer que Ravachol ait, au-delà de ses idées et considérations personnelles, franchi le pas? En fait, l'idée qu'il faille s'en prendre directement à l'ordre bourgeois n'est pas nouvelle. Elle semble dater des années 1870-1880. C'est dans les années 1870 que les anarchistes vont se démarquer nettement du marxisme. Ils veulent certes que le monde atteigne le stade du communisme, mais un communisme libertaire. Comment y parvenir? En 1880, à Vevey en Suisse, une réunion de militants influents de l'anarchie met en avant le moyen tactique pour parvenir à la révolution: la propagande par le fait. L'idée est reprise en 1881 lors du congrès international de Londres. Certains parlent même, à propos des résolutions qui y sont votées, de «charte de la propagande par le fait», c'est-à-dire le fait de «propager par des actes l'idée révolutionnaire», de recourir à «l'illégalité, seule voie menant à la révolution». Tous les moyens, y compris le terrorisme, sont bons pour hâter la révolution sociale.

Alors, dans les années 1880, la presse anarchiste explique comment fabriquer des bombes... En 1886, *La Lutte sociale* organise une tombola permettant de gagner un revolver, un pistolet... On préconise souvent l'empoisonnement des patrons. On appelle à faire «flamber le bagne industriel» (*L'Idée ouvrière*, 1888) ou à «mettre le feu partout»... afin de «faire révolter les opprimés des campagnes». Car comme il est écrit dans *La Lutte sociale* en 1886 «les petits faits conduisent souvent aux grandes choses».

Pourtant, les actes de propagande par le fait sont rares dans les années 1880. C'est avec Ravachol que débute réellement «l'épidémie terroriste». Ravachol apparaît comme le résultat du développement de l'idéologie de la propagande par le fait, mais aussi de la haine pour une république qui oublie le monde ouvrier s'appuyant sur la bourgeoisie, les classes moyennes et la paysannerie... Une république socialement conservatrice et finalement moins généreuse à l'époque que l'Allemagne impériale.

Le mythe (ou le martyre?)

A priori, avant son procès, Ravachol n'a pas que des amis dans le camp anarchiste. Car à la fin de 1891, arrêté par la police, il a réussi à s'enfuir si miraculeusement qu'on a cru que la police l'avait fait évader et qu'il était un mouchard ou un agent provocateur.

C'est son attitude lors du procès qui va emporter l'adhésion. Il passe alors du statut de bandit plutôt suspect à celui de justicier anarchiste. Désormais «ravacholiser» signifie supprimer ses ennemis ! Des chansons lui sont consacrées, dont *La Ravachole* chantée sur l'air de *La Carmagnole* et du *Ça ira*. Il est le héros de romans paraissant dans la presse locale stéphanoise. Il est encensé par les anarchistes, l'un d'eux Victor Barracand faisant le parallèle entre Ravachol et... le Christ. Ravachol-Jésus, le Christ violent de l'anarchie !

Cette image existe encore un peu, même si l'anarchisme a perdu l'importance qu'il avait au XIXe siècle. Mais il vit toujours et Ravachol en est une figure historique. C'est à lui que le chanteur Renaud consacre une de ses premières chansons, jamais enregistrée, en 1968. Dans un tout autre registre, Ravachol est un des jurons du capitaine Haddock !

Mais c'est surtout juste après son exécution que Ravachol a servi de référence à d'autres anarchistes.

La révolte du 16 juillet 1892 est claire : « Il sera vengé ! Oui, vengé ! Non sur la personne de tel ou tel de ses bourreaux. Il faut des victimes d'un autre calibre pour équilibrer la balance, et à défaut de la qualité, la quantité. » Émile Henry est l'auteur de l'attentat du 8 novembre 1892 qui fit cinq morts au commissariat rue des Bons-Enfants, puis de la bombe du café Terminus de la gare Saint-Lazare (un mort) le 12 février 1894. Le 19 novembre 1893, Léauthier essaie de poignarder un ministre de la Serbie pour « crever un bourgeois » regrettant de ne pas commettre un acte aussi spectaculaire que celui du « sublime compagnon Ravachol ». Le 9 décembre 1893, Vaillant lance une bombe puissante dans la Chambre des députés sans faire de morts. Après l'exécution de Vaillant, on peut noter trois explosions en février (deux morts) une en mars, une en avril... Le 24 juin 1894, Sadi Carnot, président de la République, qui a refusé de gracier Vaillant, est assassiné par Caserio, un anarchiste italien, à Lyon. Le lendemain sa veuve reçoit une photo de Ravachol avec ces mots: «Il est bien vengé!»

Le mouvement anarchiste prend peu à peu conscience des limites de la stratégie de l'attentat. Les attentats ont permis au pouvoir de faire voter des lois répressives, anti-anarchistes, les fameuses «lois scélérates» de décembre 1893 et juillet 1894. Elles vont permettre de s'attaquer au mouvement anarchiste dans son ensemble, bien plus qu'aux actes terroristes individuels. Les journaux libertaires disparaissent, les militants sont arrêtés ou ont préféré, comme Émile Pouget et Paul Reclus, s'enfuir. En août 1894 s'ouvre le procès des Trente: trente anarchistes, dont les théoriciens Jean Grave et Sébastien Faure, sont accusés d'association de malfaiteurs. Seuls trois d'entre eux sont condamnés, les autres étant acquittés... faute de preuves. Le milieu anarchiste a alors compris que la propagande par le fait n'aboutit qu'à discréditer le mouvement. Trop de sang... On réécoute enfin ceux qui disaient que «ce n'est pas par des actes héroïques que se font les révolutions. La révolution est avant tout un mouvement populaire» (Kropotkine en 1891).

Dès lors, les anarchistes vont agir au sein du mouvement ouvrier, en particulier dans le mouvement syndical. Ils vont être au cœur de la création de la CGT en 1895. La «propagande par le fait» n'est plus pratiquée, à partir de 1894, que par quelques marginaux.

Exécuté pour meurtre et non pour ses attentats, Ravachol fut le déclencheur d'un épisode marginal du mouvement anarchiste: la propagande par le fait. J. Maintron dans son ouvrage *Le mouvement anarchiste en France* voit dans ce terrorisme «la maladie infantile de l'anarchisme». Comme le souligne le spécialiste de l'anarchie G. Manfredonia, l'anarchisme français a connu sa période extrémiste et dogmatique, c'est même une de ses spécificités. Mais c'est aussi révélateur du mécontentement et de l'exaspération qui existent dans les milieux ouvriers de l'époque.

LE PALAIS DE JUSTICE

La réorganisation de l'appareil judiciaire sous le Consulat et l'Empire s'accompagne d'une réappropriation des lieux de justice de l'Ancien Régime. Les cours d'appel sont logées dans les palais des parlements et des cours souveraines (Paris, Rouen, Toulouse, Rennes, Douai, Dijon, Grenoble, Besançon) ou des sièges présidiaux (Caen, Poitiers, La Rochelle, Riom). D'autres tribunaux s'installent dans les bâtiments délaissés par le pouvoir laïc (palais des États à Arras, château ducal à Nevers) ou le pouvoir ecclésiastique (ancien évêché à Laon, Saint-Omer, Lisieux, Beauvais, Senlis) qui se sont effondrés sous la Révolution.

Déjà avant 1789, les palais de Paris, Caen et La Rochelle ont pris l'allure de temples antiques. Cette architecture inspirée de l'Antiquité, avec un fronton et des colonnes, s'impose ensuite comme le modèle des « temples de la justice » qui sont construits tout au long du XIXe siècle. La décoration témoigne de la même inspiration néoclassique, avec des symboles de la Justice : la balance et le glaive, des statues allégoriques représentant les vertus cardinales et des sculptures rappelant les légistes des temps anciens.

À l'intérieur de l'édifice, les chambres sont réparties autour de la salle des pas perdus. Les salles d'audience, sombres et austères, traduisent la primauté du juge. Le tribunal domine la salle et le président occupe une position centrale autour de laquelle s'ordonne le débat judiciaire. Les magistrats représentant le ministère public siègent aussi au-dessus du parquet de la salle d'audience et se retrouvent au même niveau que le tribunal. La relation du juge au justiciable s'établit donc de haut en bas. Comme l'écrit Robert Badinter : « La distance est grande qui sépare le juge du plaideur et de ses avocats. Chacun devra forcer la voix pour se faire entendre et la confidence, ce rapport humain privilégié, cède la place à la déclamation, cette forme emphatique de la rhétorique judiciaire. »

Jean-Marie Augustin

La République assassinée

PAR JÉRÔME GRÉVY

28 juin 1894…

Le dimanche 24 juin 1894, le président de la République Sadi Carnot est en voyage officiel à Lyon pour visiter l'Exposition internationale et coloniale. Il est vingt et une heures.

Un président poignardé par nationalisme ?

Après un banquet offert par la ville au palais de la Bourse, le président se rend au Grand Théâtre pour assister à une représentation d'*Andromaque*. La ville est en liesse et la foule se presse nombreuse pour l'acclamer. Rue de la République, au passage de la calèche présidentielle, un homme se précipite et poignarde le président en criant « Vive l'anarchie ! ». Gravement touché au foie et à la veine porte, le président s'effondre. La calèche gagne la préfecture, où le président expire quelques heures plus tard.

L'assassin, un ouvrier boulanger italien du nom de Santo Caserio, est arrêté alors qu'il tente de fuir. L'instruction en vue de son procès est immédiatement ouverte. Le jugement sera rendu quelques semaines plus tard, le 3 août 1894. Trois mobiles sont successivement avancés. Pour la foule, spontanément, et pour certains observateurs, il s'agit d'un crime nationaliste. Caserio a agi par haine de la France. Ses défenseurs vont plaider les circonstances atténuantes. À leurs yeux, Caserio est un faible d'esprit, qui a subi la pression du milieu anarchiste. Irresponsable, il en a été le bras armé. Le réquisitoire du procureur retient la passion politique de ce jeune homme séduit par les idées anarchistes. L'intéressé, lui, assume ses idées et revendique la dimension politique de son geste.

Le motif du crime est nationaliste, bien des observateurs en sont persuadés. L'argument alimente des rumeurs et déclenche un violent mouvement populaire. La foule se déchaîne immédiatement contre les Italiens de Lyon. Dans les jours qui suivent l'attentat, des magasins sont pillés, des appartements forcés, du mobilier brûlé dans la rue. La police est débordée. De nombreux Italiens quittent alors la France. Ils se souviennent des événements qui avaient ensanglanté Aigues-Mortes les 16 et 17 août 1893 : des heurts entre ouvriers avaient dégénéré en mouvement xénophobe anti-italien et causé neuf morts. Depuis que la France connaît une situation de crise économique, les travailleurs immigrés sont rendus responsables du chômage et de la vie chère. Le moindre incident peut dégénérer de même.

L'assassinat du président exacerbe le sentiment anti-italien de la population lyonnaise. En cette fin de siècle, les nationalismes sont en plein essor dans tous les États européens. Des nationalistes de plus en plus virulents et dénonciateurs de l'autre, de l'étranger, de l'ennemi héréditaire. Au cours des interrogatoires, le juge d'instruction se fait le porte-parole de ce point de vue puisqu'il interroge à plusieurs reprises l'assassin sur les motifs de sa « haine contre la France ».

La tension diplomatique entre les deux nations était chronique depuis une quinzaine d'années mais les deux gouvernements ne veulent pas transformer ce crime en *casus belli*. Dès le 25 juin, le président du Conseil italien Crispi fait part de son émotion et proclame que « les assassins n'ont pas de patrie ». De leur côté, les pouvoirs publics français font tout pour rétablir l'ordre. La troupe intervient pour protéger les Italiens de Lyon. Plusieurs centaines de personnes sont appréhendées et près de cinq cents d'entre elles sont jugées en deux semaines pour pillage, vol, coups, cris séditieux, etc.

L'idée du crime nationaliste est donc vite écartée. Caserio infirme l'hypothèse, qui n'est pas relayée par l'accusation. Tout au plus, le critère de la nationalité prend une tonalité culturelle sous la plume du professeur

Lacassagne, qui en fait l'une des explications du geste criminel : « L'Italie est la terre classique des crimes de sang, les instruments préférés étant tranchants et pointus. Les Italiens ont bien souvent passé les Alpes et se sont mêlés de nos affaires. »

Caserio, un « dégénéré mystique » ?

Le dossier est instruit rapidement. Le juge Benoist entend le prévenu dès le soir du 24 juin et le rencontre à plusieurs reprises jusqu'au 16 juillet, en tête à tête ou en confrontation avec des témoins. Le compte-rendu des entretiens, conservé dans les archives judiciaires de Lyon et publié par le procureur Pierre Truche, révèle un souci réel de comprendre le geste de l'assassin. Il permet d'établir son parcours. Caserio est né en 1873 à Motta Visconti, dans la région milanaise, cinquième d'une fratrie de six enfants. Son père était cultivateur et batelier. Il a fait son apprentissage de boulanger à Milan dès l'âge de treize ans. Son activisme politique l'a conduit par la suite à s'expatrier, pour fuir la justice de son pays. Il s'est réfugié en Suisse, puis en France, en août 1893. Il a été ouvrier plâtrier quelques semaines à Lyon, puis s'est installé à Sète comme ouvrier boulanger. Selon son employeur, il est laborieux et vaillant, quoique vif et emporté. Tous ceux qui l'ont connu s'accordent à dire qu'il est travailleur, probe et bon camarade. Rien n'a laissé deviner son geste lorsque, le 23 juin 1894, il a quitté la boulangerie pour gagner Lyon par le train.

Caserio comparaît devant la cour d'assises les 2 et 3 août. Le réquisitoire est prononcé par le procureur Fochier. Les avocats sont le Milanais et anarchiste maître Podreirer et le Lyonnais maître Dubreuil. Ils tentent de construire le système de défense en plaidant la maladie mentale : le prévenu, fils d'un épileptique, a cédé par faiblesse à la pression du mouvement anarchiste, dont il n'a été qu'un instrument lors des faits commis. Son prétendu rachitisme est donné comme preuve de sa déficience intellectuelle. L'affection qu'il porte à sa famille est avancée comme gage de sa bonté naturelle. C'est l'anarchisme qui a fait de lui un criminel. Ces circonstances atténuantes devraient éviter la peine capitale.

Cet argument de la maladie mentale fut repris par plusieurs spécialistes. Le docteur Régis, chargé de cours des maladies mentales à la faculté de médecine de Bordeaux, voit en lui un « régicide », c'est-à-dire un « dégénéré mystique » obsédé par l'idée du grand acte à accomplir pour l'humanité au prix de sa vie. Solitude et préméditation, énergie froide et calculée, propension au martyre et mépris de la mort sont autant de preuves de son aliénation criminelle.

Ce système de défense n'est pas retenu par la justice. Aucun expert psychiatre n'est requis lors du procès. Le prévenu rejette cette argumentation de ses avocats, par crainte de mettre sa propre famille en difficulté. Il assume son geste et le revendique pleinement. À l'audience de la cour d'assises, le président Breuillac lui fait dire qu'il est pleinement responsable. C'est donc un procès politique qui est instruit, celui de l'anarchisme par la république bourgeoise.

Caserio, une menace pour la République

Le président Sadi Carnot, élu en 1887, incarne en effet pleinement la République. Établi depuis plus de vingt ans, le régime semble désormais bien enraciné. Il a vaincu le monarchisme et le bonapartisme et surmonté le boulangisme. En 1889, il a célébré avec faste le centenaire de la Révolution et l'unité retrouvée de la France. Le pays a recouvré son rayonnement international par la constitution d'un empire colonial et la conclusion d'une alliance avec la Russie. L'ingénieur-président est le témoin du primat de la science et la rationalité préside aux décisions politiques.

Cette république aspire à l'ordre social. Certes, les dirigeants sont sensibles à la précarité des ouvriers, mais n'hésitent pas à donner de la troupe pour réprimer les mouvements de grève, comme ce 1er mai sanglant de l'année 1891 à Fourmies. L'extrême gauche, décimée par la répression de la Commune, se reconstitue peu à peu. Les anarchistes dénoncent ce régime bourgeois et corrompu et instituent la « propagande par le fait » : des attentats violents ont pour cible des gouvernants, des magistrats, des directeurs d'usine, des policiers. Édouard Vaillant fait exploser une bombe en pleine Chambre des députés. La République choisit la fermeté : Ravachol, Émile Henry et Édouard Vaillant sont successivement guillotinés, François Meunier est condamné aux travaux forcés à perpétuité. Un arsenal législatif est mis en place pour réprimer la propagande et poursuivre les fauteurs de troubles.

Depuis cette année 1891, Santo Caserio appartient à ce mouvement international anarchiste en plein essor. Il lit les ouvrages et journaux anarchistes, participe aux réunions publiques, tente de convaincre les ouvriers qu'il fréquente. À Milan, il s'est distingué en distribuant aux soldats une brochure invitant à la révolte, la désertion, la désobéissance. Condamné à une peine d'emprisonnement, il s'est expatrié. Les réseaux anarchistes l'ont accueilli et aidé à trouver du travail. Ses seules fréquentations lors de son séjour en France sont des anarchistes. Au cours du procès, Caserio refuse de compromettre ses camarades et assume seul son geste. Contrairement à ce qu'affirment certains, dont ses avocats, il n'est pas l'instrument du mouvement anarchiste. Il a agi seul, n'a été conseillé par personne, n'a obéi à aucun ordre.

Le président de la République représente cet ordre que les militants anarchistes abhorrent. Depuis que Sadi Carnot a refusé d'accorder la grâce présidentielle à Vaillant, il est devenu la cible d'articles vengeurs. Selon son biographe Patrick Harismendy, la réaction immédiate de l'entourage présidentiel confirme bien que c'est l'État qui est visé : Carnot n'est pas conduit à l'hôpital tout proche mais à la préfecture, bâtiment symbolique de l'autorité étatique, où il décède peu après. Caserio lui-même dit bien les deux dimensions, l'une symbolique et l'autre personnelle, de son geste : Carnot est l'incarnation de la République, d'une part, et il a refusé de gracier les anarchistes, d'autre part.

Caserio refuse l'argument de la faiblesse psychologique avancé par ses défenseurs et assume pleinement son adhésion aux idéaux anarchistes. Il le dit au juge d'instruction : « Mon action n'est qu'une protestation contre la société bourgeoise. Ma patrie est partout et surtout partout où se trouve du travail, mais partout où je trouverai des pauvres et des riches, je me révolterai contre les riches. » À la fin du procès, il fait lire en français la traduction d'une proclamation anarchiste qu'il a rédigée lui-même. Il dénonce une société partagée entre des ouvriers misérables, d'un côté, et de riches bourgeois oisifs, de l'autre. Il vilipende cet État républicain qui vit dans le luxe et la corruption et réprime par la force les manifestations des travailleurs. La liberté affirmée dans les principes est illusoire car les anarchistes n'en bénéficient pas. La seule issue est proposée par l'anarchie, qui prône la propagande « par le fait, par la dynamite, le fer, le feu, le poignard». Cohérent avec ses idées, Caserio rejette la justice bourgeoise et ne veut ni se pourvoir en cassation ni demander la grâce présidentielle. Il termine sa proclamation en affirmant haut et fort qu'il ne regrette rien. Ce que Caserio ignore, c'est que la République a pris ses dispositions pour que son discours ne soit pas diffusé : la loi «scélérate» du 28 juillet, votée dans l'urgence, en interdit la reproduction par la presse.

Caserio est jugé coupable par le jury le 3 août. Il est guillotiné le 16 août. Son frère le plus proche se suicide le même jour et sa mère meurt de chagrin peu après. En dépit de la publicité faite à cet événement, l'anarchisme se détourne de ce mode d'action et se réfugie ensuite vers le militantisme au sein du mouvement syndicaliste.

Le président Sadi Carnot est promu au rang de martyr de la République. Lui dont la figure représentait un régime sage, modéré, progressiste est mort en héros. En condamnant à mort l'assassin et en honorant la victime, la République s'est un peu plus enracinée.

L'affaire Vacher

PAR JEAN-PAUL BOUCHON

L'éventreur des campagnes

Le 31 août 1895, à treize heures trente, Victor Portalier, treize ans, un adolescent placé chez un cultivateur d'Onglas (un hameau du Bugey), emmène ses moutons paître dans un champ situé à deux kilomètres de là.

Non-lieu pour un crime odieux

Une heure plus tard, un autre berger, Robin, arrive à son tour au pâturage. Les moutons de Portalier sont livrés à eux-mêmes. Quant à Victor, il a disparu. Inquiet, Robin alerte les autres bergers du secteur et le garde champêtre.

Après quelques recherches, Portalier est retrouvé. Mais mort. Il a été assassiné avec une extraordinaire sauvagerie. Son cadavre, dénudé, est éventré. Les testicules ont été arrachés et jetés à quelques pas. Victor Portalier était un employé et un jeune homme modèle, aimé de tous. Le criminel doit être étranger à première vue au hameau et au village de Bénonces dont il dépend. C'est la piste que suit, les jours suivants, M. du Vachat, faisant fonction de juge d'instruction à Belley en remplacement de son collègue Davaine en vacances. De fait, il apprend qu'un inquiétant vagabond a visité certains hameaux et certaines fermes du village, la veille et l'avant-veille du crime. Barbe noire, teint pâle, face partiellement paralysée, quelque chose à l'œil droit, il disait chercher une place, tout en mendiant du pain et du lait. Mais une place pas trop prenante et des maîtres pas trop exigeants. Il ne remerciait par ailleurs pas les villageois de leurs dons. Il se plaignait au contraire de leur minceur, avec des allures menaçantes. Un témoin déclare l'avoir vu le 31 août, au tout début de la matinée, vers Onglas. D'autres l'ont vu circuler dans le même secteur, jusqu'à treize heures. Ensuite disparu, il a été signalé, le soir, vers dix-huit heures, aux environs de Villebois, un bourg important du département. Il traversait à pied la voie ferrée qui sépare l'Ain de l'Isère.

M. du Vachat envoie un signalement à tous les parquets de la région, puis passe la main à son collègue revenu de congé. Ses recherches débouchent sur des impasses. Le dossier est clôturé par un non-lieu le 22 novembre 1895. Deux ans plus tard, M. Davaine quitte Belley pour Dunkerque. Il est remplacé par un magistrat venant d'Ambert, M. Émile Fourquet.

Une affaire relancée

Émile Fourquet s'intéresse dès son arrivée à ce dossier clôturé, mais dont on parle encore. Il s'y intéresse d'autant plus qu'en juin 1897, il apprend qu'un crime sauvage identique vient d'être commis dans les monts du Lyonnais sur la personne d'un jeune berger : éventration, arrachage de testicules, et ici viol. Et que ce crime ressemble à d'autres crimes commis, avant et après le meurtre de Victor Portalier, non seulement dans le Sud-Est mais également dans toute la France. Tous ont été commis en campagne, à proximité de villages ou de hameaux, sur des jeunes bergers ou bergères. Tous se caractérisent par des viols après égorgement, éventration, et arrachage d'organes sexuels.

Pour M. Fourquet, qui se fait communiquer les procès-verbaux dressés par ses collègues à ces sinistres occasions, les choses sont claires. Tous ces crimes, dont celui d'Onglas, ont été commis par un seul et même homme. Reste à l'identifier et à l'arrêter… Dans l'immédiat, réouvrant le dossier de Victor Portalier, il envoie début juillet à tous les parquets de France une commission rogatoire destinée à rechercher son meurtrier. Le signalement qu'il donne est celui du vagabond du Bugey et d'autres dossiers : une barbe noire, un visage blême, une infirmité à la face et à l'œil droit, un regard inquiétant.

À la fin d'août 1897, Émile Fourquet reçoit une correspondance d'un collègue en poste à Tournon. Celui-ci a sous la main un vagabond qui ressemble au portrait diffusé par ses soins. Il a été arrêté après avoir tenté de violer une jeune femme qui ramassait des pommes de pin dans un bois. La tentative a été stoppée par l'arrivée du mari qui travaillait à proximité, et qui, à l'aide d'autres cultivateurs, a réussi à terrasser le violeur. Ce n'est pas tout. Alors qu'il était mené à la brigade de gendarmerie la plus proche, l'homme a eu des propos inquiétants. À l'en croire, cette jeune mère de famille n'était qu'un pis-aller. Il préfère violer les jeunes bergères…

«– L'homme s'appelle Vacher, Joseph Vacher. Il est originaire du département de l'Isère. Voulez-vous que je vous l'adresse? demande le juge de Tournon.

– Et comment!» répond M. Fourquet.

Vacher, un vagabond fou?

Le 10 septembre, après un voyage en train qui a failli mal tourner (Vacher a essayé de se jeter par la portière d'un wagon), M. Fourquet entend pour la première fois l'individu. L'audition est assez négative. Ancien militaire, Vacher est certes partiellement paralysé de la face après une tentative de suicide au revolver. Certes, après son internement à la suite de ses faits, il a vagabondé dans toute la France en vivant d'aumônes. Mais il conteste formellement avoir visité l'arrondissement de Belley. Inculpé pour le meurtre de Victor Portalier, il nie farouchement en être l'auteur. Il rejette de même les autres crimes ressemblant à celui de Bénonces.

Les confrontations de Vacher avec les témoins de Bénonces sont peu probantes. L'affaire s'annonce mal, d'autant que le médecin de la prison se pose des questions sur sa responsabilité, compte tenu de son état mental apparent.

Mais le 8 octobre M. Fourquet reçoit de son prisonnier une lettre. « Oui, c'est moi qui est (sic) commis tous les crimes que vous m'avez reprochés… et cela dans des moments de rage. »

Et dans toute une série d'auditions ultérieures, Vacher reconnaît expressément ces crimes, dont celui de Victor Portalier, en donnant des détails conformes aux constatations faites à l'époque. En revanche, il précise qu'il obéissait à une folie érotique, qui le poussait à marcher et commettre ces crimes. Mais cette folie érotique était voulue par Dieu. De sorte qu'il n'a « de comptes à rendre qu'au Tout-Puissant ». Se pose donc clairement, avec ces aveux, la question de sa responsabilité pénale. Et ce d'autant qu'après ces premiers aveux, il reste ensuite systématiquement muet.

Un faux ou un vrai fou ? C'est la question que M. Fourquet soumet à un collège d'experts lyonnais de valeur. Après deux examens à Belley, d'autres à Lyon où Vacher a été transféré pour approfondir ces examens, les experts déposent leur rapport.

D'après eux, Vacher a effectivement un passé mental à problèmes. Instable (il a essayé de devenir frère convers dans un couvent), il s'est engagé dans l'armée où il est parvenu jusqu'au grade de sergent. Il s'y est fait remarquer par sa violence. Il en a été exclu avant la fin de son engagement pour troubles mentaux. Peu après, il a tiré sur une femme dont il pensait qu'elle lui était destinée, puis a retourné l'arme contre lui. Ces faits ont fait l'objet d'une procédure pénale close par une ordonnance de non-lieu, en raison de son état de démence au moment de leur commission. Interné, il a été libéré guéri le 1er avril 1894, après deux tentatives d'évasion. C'est après cette guérison que les meurtres, dont celui de Victor Portalier, ont été commis.

Quel est son état en 1898? Pour les experts, Vacher est méthodique, il mange bien, il dit qu'il est fou, état que les vrais fous contestent toujours. C'est donc un simulateur qui oublie par moments son rôle. N'étant pas aliéné, il est par suite pénalement responsable.

Vacher, jugé «responsable» par le président de la République

Responsable, Vacher relève dès lors de la cour d'assises de l'Ain. Après quelques péripéties procédurales dues à l'annulation d'une partie de la procédure, il comparaît à Bourg-en-Bresse le 26 octobre 1898. Il y est poursuivi uniquement pour le meurtre de Victor Portarlier. Les autres meurtres qu'il a reconnus relèvent d'autres juridictions qui ne se sont pas dessaisies et n'ont rien instruit. Mais ces meurtres pèseront évidemment sur les débats.

Son entrée dans la salle ne passe pas inaperçue.

Coiffé d'un bonnet blanc en peau de lapin, il crie à tue-tête: «Gloire à Jésus! Vive Jeanne d'Arc! Gloire au grand martyr du Temps!»

Avant l'interrogatoire d'audience, il lit un texte rédigé par ses soins. En résumé, il ne relève que de Dieu. Il n'a été que l'instrument docile de sa volonté. Dans le cours de l'interrogatoire, il reconnaît les faits qui lui sont reprochés. Mais il déclare avoir été poussé par une pulsion irrésistible. Et pour cause: il est fou.

C'est cette folie que plaide avec talent son avocat, en réponse à la peine capitale réclamée par l'avocat général. Il demande à tout le moins une nouvelle expertise mentale en s'appuyant sur un début d'expertise officieuse réalisée dans des conditions assez acrobatiques. Son auteur avait en effet réussi à s'introduire dans la prison en prétendant faussement qu'il avait l'autorisation du juge d'instruction.

Le 28 octobre, en fin d'après-midi, après quinze minutes de délibération, le jury revient. Vacher est reconnu responsable et coupable, sans circonstances atténuantes. La peine de mort est donc prononcée.

Sera-t-il exécuté? C'est la question qui se pose. La commission des grâces, composée des plus hauts magistrats de la chancellerie, y est défavorable. Elle conclut à la commutation de la peine en travaux forcés à perpétuité. La plénitude de la santé mentale de Vacher lui pose problème. L'avocat de Vacher multiplie de son côté les efforts pour éviter l'exécution en s'appuyant sur des avis de praticiens émérites : Vacher est irresponsable. Ce n'est pas l'avis du président de la République de l'époque, Félix Faure. Il laisse donc, conformément à un vocabulaire utilisé jusqu'en 1981, la justice suivre son cours.

À Bourg-en-Bresse, sur la place du Champ-de-Mars, le 31 décembre 1898, au petit matin, le bourreau de la République, Deibler père, à quelques heures de la retraite, se prépare à officier. Son fils, Anatole, lui sert une dernière fois d'aide avant de le remplacer. Refusant de marcher depuis son réveil, saucissonné compte tenu de sa dangerosité, Vacher est transporté grognant et couché jusqu'au lieu d'exécution. Installé avec soin et lenteur sur la bascule, pour éviter toute surprise, il est décapité sitôt cette mise en place terminée.

Ici se clôt une histoire très ancienne et très moderne à la fois. Très ancienne : une histoire du temps des chemineaux, des bergers, des bergères, des routes qui étaient des chemins, et des grands bois. Très moderne également : celle d'un criminel en série, à une époque où l'on croit découvrir, venant des États-Unis, les serial killers et les road movies criminels.

Ici renaissent en revanche deux débats éternels, celui de la limite entre folie et raison, et celui des incertitudes de la science.

Car Vacher était évidemment un monstre. Mais était-il pénalement responsable ? On peut sérieusement en douter.

La séquestrée de Poitiers

PAR JEAN-MARIE AUGUSTIN

L'horreur au cœur de la cité

Le 23 mai 1901, sur ordre du procureur général qui vient de recevoir une lettre anonyme, une perquisition a lieu chez Mme Monnier, 21 rue de la Visitation, à Poitiers.

Une famille honorable?

Au deuxième étage, dans une chambre dont les persiennes sont cadenassées, le commissaire de police découvre la fille de la maison, prénommée Blanche, entièrement nue, la tête cachée enveloppée dans une couverture sale et trouée. Elle ne pèse plus que vingt-cinq kilos : un squelette vivant. Elle gît sur son lit au milieu d'excréments et de débris de nourriture. En cet ignoble amas de saletés grouillent toutes sortes de vermines. Son sort funeste a inspiré de la pitié à l'auteur de la lettre anonyme, qui pourrait être un officier dont l'ordonnance fréquente l'une des bonnes en cachette.

Comme elle ne possède ni linge de corps ni vêtements, Blanche est ficelée dans une couverture et portée dans une ambulance municipale qui la conduit à l'hôtel-Dieu. Tout ce remue-ménage attire les curieux. Les voisins rapportent qu'ils entendaient la victime pousser des cris.

On parle de séquestration. Le lendemain soir, sur ordre du parquet, le frère de Blanche, Marcel Monnier, et la mère sont arrêtés et conduits en prison. Malgré les précautions de la police, une foule houleuse se rassemble sur leur passage avec des clameurs de haine et de vengeance.

Les jours suivants, l'affaire est l'objet de toutes les conversations, d'autant que la famille est honorablement connue. Le père, Émile Monnier, a été doyen de la faculté des lettres de Poitiers de 1875 à 1879. C'était un universitaire dans l'âme, mais aussi un homme bon et fiable. En 1847, il a épousé Louise Demarconnay, fille d'un agent de change. D'après les témoignages recueillis, elle est peu intelligente, nerveuse et acariâtre. De condition sociale supérieure à celle de son mari, elle s'arroge l'autorité dans le ménage et son caractère irascible se double d'une avarice sordide.

Leur fils Marcel est né en 1848. Après des études à la faculté de droit de Poitiers, il débute dans l'administration en 1873 comme conseiller de préfecture à Mont-de-Marsan. L'année suivante, il épouse une demoiselle de la noblesse espagnole dont la mère est venue en France à la suite de la seconde guerre carliste. Marcel Monnier est ensuite nommé sous-préfet de Puget-Théniers (Alpes-Maritimes), mais il est révoqué à la suite de la crise politique du 16 mai 1877. Après cet échec, il revient tout penaud vivre à Poitiers et, en 1891, s'installe avec sa famille dans une maison située rue de la Visitation, en face de celle de sa mère. Ce voisinage n'empêche pas les discussions violentes, bien au contraire. Marcel insiste pour que sa sœur soit placée dans une maison de santé, mais leur mère s'y refuse et s'y refusera toujours. Conformément au contrat de mariage de son fils, Mme Monnier s'est aussi engagée à lui verser une rente, mais des disputes éclatent entre eux à l'exigence de chaque terme.

À Poitiers, Marcel mène une existence très simple. Son seul plaisir est de passer des vacances à Ciboure, près de Saint-Jean-de-Luz, dans une maison qui appartient à sa femme. Cet homme est plein de manies et ses quelques amis s'en amusent beaucoup. Les témoins abondent pour le dépeindre «aussi myope au moral qu'au physique» et «d'une naïveté invraisemblable». Un jour, on lui fait manger des crottes de chèvre saupoudrées de sucre qu'il prend pour des fraises des bois ! Comme le reste de la famille, il se complaît dans la saleté, avec en outre un attrait pathologique pour les excréments. Cela explique qu'il ait pu venir tous les jours lire le journal dans la chambre de sa sœur sans être indisposé par l'odeur qui y règne et même en y trouvant quelque satisfaction olfactive.

Le supplice de Blanche

Blanche Monnier, née en 1849, a toujours manifesté une très grande nervosité. Elle ne supporte pas le caractère autoritaire de sa mère et, au moment de l'adolescence, reste confinée dans sa chambre en refusant de s'alimenter. Il semble qu'elle ait souffert de ce que les médecins appellent aujourd'hui l'anorexie mentale. Cette affection, entraînant une perte de poids rapide et importante, était autrefois associée à des crises de mysticisme. Dans nombre de cas, elle intervient comme une réponse à un conflit mère-fille. Si elle n'est pas soignée à temps, l'anorexie peut conduire à un état dépressif accompagné d'altérations psychiques et fonctionnelles.

Le bruit court, au moment de la découverte de l'affaire, que Blanche Monnier, dans sa vingt-troisième année, sortait souvent avec sa bonne pour se rendre dans une maison voisine habitée par un avocat. Le quartier jasait. Il y eut un projet de mariage désapprouvé par Mme Monnier à cause de la trop grande différence d'âge. On raconte à ce sujet, sans apporter le moindre indice, que Blanche aurait accouché clandestinement d'un enfant qui serait mort ou aurait été supprimé à la naissance. Il est possible que cet amour contrarié ait contribué au dérangement psychique de la pauvre femme, mais elle n'a jamais été séquestrée. La réclusion est volontaire et c'est de façon progressive que Blanche, rejetant toute forme de relation avec sa mère, s'est réfugiée dans sa chambre sans vouloir en sortir. Vers 1880, les crises nerveuses deviennent de plus en plus fréquentes. Blanche voit des fantômes partout, rit pour un rien et pousse des cris inarticulés qu'on entend jusque dans la rue. Par un renversement des règles de bienséance, elle se couvre la tête d'une couverture pour cacher son visage, mais laisse la partie au-dessous de la ceinture complètement dénudée. Elle se montre ainsi à sa fenêtre et comme en face se trouve un cabaret, son père ordonne de fermer les persiennes et d'y mettre une chaîne avec un cadenas. La situation s'aggrave ensuite par paliers successifs : au décès du père en 1882, puis en 1896, à la mort de la veuve Fazy, une bonne qui est restée quarante-cinq ans au service des Monnier. Celle-ci arrivait malgré tout à se faire écouter de Blanche, qui l'aimait beaucoup, et à la maintenir dans une propreté toute relative. Après sa mort, Mme Monnier engage des bonnes très jeunes et négligentes, dont elle n'arrive pas à se faire obéir. Au mois d'avril 1901, la vieille dame tombe malade et vient un moment où Blanche est laissée à l'abandon au milieu des immondices.

Indignation populaire

Quand l'affaire éclate, le 23 mai 1901, les journaux emploient le même ton d'apitoiement face à cette « créature » que l'on vient de découvrir dans une famille que l'on était loin de soupçonner capable d'un tel acte, puis le ton commence à changer et l'émotion fait place à l'indignation. Comment une mère peut-elle être aussi dénaturée pour isoler sa fille et la laisser dans un état de maigreur effrayante au milieu de tant de pourriture ? Pourquoi un frère, qui fut sous-préfet, n'a-t-il pas réagi face à la situation horrible dans laquelle se trouvait sa sœur ? N'a-t-il rien vu, rien senti lors de ses visites quotidiennes dans la chambre de Blanche ? Les journaux de gauche s'acharnent sur les inculpés : la mère d'abord, qu'ils présentent comme une «horrible mégère» doublée d'une «bigote»; le frère ensuite, dont ils font l'un des chefs du parti clérical et réactionnaire de Poitiers. Mme Monnier qui est déjà malade meurt en prison, quinze jours après avoir été arrêtée et son fils doit seul répondre devant la justice. La chambre d'accusation de la cour d'appel ne retient pas contre lui la complicité de séquestration, mais considère qu'il existe des charges suffisantes pour l'inculper comme complice de violences et voies de fait pour avoir aidé sa mère dans la consommation d'un délit.

Le procès devant le tribunal correctionnel de Poitiers s'ouvre le 7 octobre 1901. Dans la salle, trop petite, il y a une très grande affluence et un essaim de journalistes parisiens s'est abattu sur la ville. Chaque jour, des manifestations hostiles au prévenu se produisent aux abords du palais, à l'entrée de la prison ou sur le trajet. Les agents de police ont beaucoup de peine à empêcher les braillards de barrer le passage.

À l'audience, l'interrogatoire mené par le président vise à établir que Monnier n'a pas pu ignorer les agissements de sa mère ni l'affreuse détresse de sa sœur. Face aux accusations, le moyen de défense du prévenu est de marquer son indépendance. Il habite sa propre maison et rappelle les nombreux conflits qu'il a eus avec sa mère. Après le réquisitoire, maître Barbier plaide l'irresponsabilité de son client : Monnier, qui a une très mauvaise vue et aucun odorat, ne s'est rendu compte de rien et, du point de vue strictement légal, rien ne peut lui être reproché. En effet, la loi pénale ne retient pas la complicité par abstention, elle exige pour punir un fait positif de participation.

Le tribunal ne suit pas ce point de vue. Marcel Monnier, reconnu coupable de complicité du délit de violences, est condamné à quinze mois de prison. Le prononcé du jugement, le 11 octobre, suscite des applaudissements dans la salle et au-dehors, sur la place du Palais, la foule manifeste son approbation en hurlant des cris hostiles au prévenu.

Monnier fait aussitôt appel du jugement. Dans son arrêt du 20 novembre 1901, la cour d'appel souligne que, dans cette affaire, aucune violence, à proprement parler, n'a été exercée. Elle relève seulement des omissions (défaut de soins, défaut de surveillance, etc.). Ces faits négatifs ne peuvent être considérés comme des éléments constitutifs du délit. En d'autres termes, la violence, telle que la prévoit l'article 311 du Code pénal, doit toujours être un fait de commission et ne peut jamais résulter d'une omission. L'un des attendus de l'arrêt exprime tout à fait ce point capital : « On ne saurait comprendre un délit de violences ou voies de fait sans violences. » Juridiquement, rien ne peut être invoqué contre Monnier et celui-ci est acquitté.

Pendant ce temps, Blanche se rétablit peu à peu, grâce aux bons soins des religieuses de l'hôtel-Dieu. Elle prend rapidement du poids, mais son comportement reste étrange et elle ne recouvre jamais la raison. Le 11 juin 1902, elle quitte l'hôtel-Dieu de Poitiers pour être placée à l'hôpital psychiatrique de Blois où elle meurt en 1913. Son frère Marcel règle la succession de sa mère et part se reposer à Ciboure, mais il conserve une maison de campagne à Migné, près de Poitiers, et c'est là qu'il meurt lui aussi en 1913.

Les « apaches », la délinquance juvénile à la Belle Époque

Au début du XXe siècle, plusieurs études médicales et judiciaires notent une recrudescence de la criminalité générale ; plus inquiétante pour l'opinion est l'augmentation de la délinquance juvénile, à savoir celle des jeunes de seize à vingt ans. La délinquance des jeunes est assimilée à un signe de dégénérescence. Elle aurait augmenté beaucoup plus que la criminalité adulte. La société française s'interroge alors sur cette précocité dans un contexte où sont diffusés des discours alarmistes dans la presse. Les Français de la Belle Époque (fin du XIXe siècle-1914) ont peur et la presse fait la une avec les crimes des « apaches », ceux de Vacher, des chauffeurs de la Drôme ou de cette bande étrangère – très vite arrêtée par la police – qui entre en France en 1906 venant des Pays-Bas, composée de déserteurs, de bagnards évadés de plusieurs pays européens.

La presse populaire multiplie les gros titres avec la menace nocturne « apache » qui pèse sur Paris. Elle évoque « l'armée du crime » ; des titres comme « Paris sur crime », « Paris-apache » font vendre beaucoup plus les journaux populaires ; la presse se livre même à des estimations chiffrées qui portent sur leur nombre. Le dimanche 23 janvier 1910, Le Petit Journal titrait : « Comment débarrasser Paris des Apaches ? »

Le terme a sans doute été utilisé pour la première fois par le journaliste Victor Moris en 1902, afin de désigner Manda, « l'apache de Popincourt » qui avait sous sa coupe une prostituée, Marie-Amélie Hélie dite « Casque d'or » (immortalisée par Simone Signoret dans un film de Jacques Becker), en raison de sa beauté et de sa chevelure blonde. Auparavant, elle avait vécu avec un autre chef de bande, Leca, « l'apache des Orteaux ». Après une bataille rangée au poignard, avec pour enjeu la belle blonde, les deux « apaches » ont été condamnés au bagne. C'est ainsi que l'on prend l'habitude d'appeler « apaches » tous les jeunes voyous des faubourgs de Paris à une époque où la France entre dans l'ère de l'urbanisation accélérée et de l'alcoolisme croissant qui touche les milieux ouvriers. La police est accusée de mal faire son travail. La presse crée le mythe des apaches. Le terme devient vite commode pour désigner sans distinction toutes les formes de délinquance urbaine, celle des « rôdeurs » parisiens, des jeunes ouvriers déclassés, ce qui trouble en partie notre perception de la criminalité réelle.

L'« apache » est généralement un jeune homme de moins de vingt ans qui a de mauvaises fréquentations ; il vit au sein de bandes fortement alcoolisées. Il est vêtu d'une casquette, d'un foulard rouge, d'un pantalon large. En 1901, le docteur Garnier estime que « le criminel adolescent, le plus souvent fils d'alcoolique, et fréquemment absinthique lui-même perverti aussi par une camaraderie non moins pernicieuse, est un instinctif d'un développement intellectuel et moral imparfait ». Il ne nie pas l'hérédité et reprend ainsi en partie les thèses de Cesare Lombroso, lequel a créé la notion de « criminel-né ». Garnier ajoute que le milieu social (éducation, mimétisme, etc.) est aussi à prendre en compte pour comprendre les causes de la délinquance juvénile. Ces jeunes réunis en bande sont le plus souvent paresseux et ne veulent pas rejoindre l'usine ; ils vivent dans la proche banlieue (les « fortifs » ou la « zone ») et agressent les habitants. Ils ont ainsi provoqué une véritable panique à cause de leurs vols à la tire, les coups portés aux passants, mais aussi en raison des combats au couteau que se livrent régulièrement les bandes rivales. Les apaches parisiens sont traqués jusqu'en 1914 avec la même fermeté que toutes les bandes et autres vagabonds tortionnaires qui font régner la terreur en France à la même époque et qui provoquent tant de peurs sociales. Il est certain que les articles très nombreux de la presse ont aussi fait pression sur le pouvoir politique. En 1907, Clemenceau, ministre de l'Intérieur, donne à Célestin Hennion la mission de moderniser la police. Corrélativement, l'opinion était pour la peine de mort, selon un sondage du *Petit Parisien* de 1907. En 1908, les débats sur la peine de mort redoublèrent à la Chambre des députés. Elle fut maintenue in fine.

Selon certains historiens, les apaches formaient une contre-société qui pratiquait l'argot et avait ses rites. Les bandes se rangeaient toujours derrière un homme plus âgé qui avait souvent pour titre de gloire d'avoir fréquenté la prison. La guerre a englouti nombre des apaches dans les tranchées. Mais cette peur sociale des jeunes délinquants n'en était qu'à ses débuts.

Éric Alary

La peine de mort

La question de la peine de mort, ou plutôt celle de son abolition, demeure un des grands débats philosophiques et politiques que toute société démocratique doit se poser. La controverse s'exprime en ces termes : la société a-t-elle le devoir et le droit de condamner à mort ceux qui violent ses lois et qui portent atteinte à leur prochain ? Peut-on venger le crime illégal par le meurtre légal ? Pendant des siècles, ces questions ont trouvé systématiquement une réponse positive. Cependant, l'évolution politique des sociétés a induit un renversement profond des croyances, et c'est désormais dans le sens de l'abolition de la peine de mort que le débat s'est développé.

Très rapidement, dans ses textes de loi, la société a réglementé la peine de mort. Ainsi, le code d'Hammourabi (2285-2242 av. J.-C.) énumérait déjà les diverses formes de peine de mort. La loi du talion régnait alors en maître : « Tu donneras vie pour vie… » (Exode, XXI, 24-25), suivie progressivement par des systèmes de substitution, à travers l'expansion du droit romain et du christianisme.

Le grand débat moderne sur la légitimité de la peine de mort ne commence qu'à la fin du XVIIIe siècle. Dans un ouvrage qui a connu un succès prodigieux (Des délits et des peines, 1764), Cesare Beccaria dénonce la peine de mort. La Toscane a d'ailleurs été, en 1786, le premier État à l'abolir. Par ailleurs, la célèbre enquête de John Howard en Angleterre (État des prisons, 1775) va dans le même sens. Depuis, l'abolition légale de la peine de mort n'a cessé de se développer. Dans l'Union européenne, tous les États ont à ce jour aboli la peine de mort.

En France, « l'abolition pure, simple et définitive », le vœu le plus cher de Victor Hugo, n'aura été exaucé que le 17 septembre 1981, par un vote de l'Assemblée nationale. Son avocat le plus fervent n'était autre que Robert Badinter, garde des Sceaux de l'époque, qui considérait qu'« aucune démocratie n'a le droit de disposer de la vie d'un citoyen. Là s'arrête le pouvoir d'un État ». Cette volonté législative sera définitivement aboutie en 2007, par l'adoption du projet de loi présenté par le président Chirac permettant d'une part d'inscrire l'abolition de la peine de mort dans la Constitution française ; et d'autre part de ratifier la Convention de New York qui prévoit notamment l'abolition de la peine de mort.

Aujourd'hui, la tendance est claire : si soixante-neuf pays maintiennent toujours la peine de mort dans le monde, cent vingt-huit pays l'ont abolie (sources : Amnesty International, rapport 2006). Toutefois, dans les pays pratiquant encore la peine de mort (2005 : 2 148 personnes exécutées, 5 186 condamnées à mort), la grande majorité des condamnations est le fait d'un très petit nombre de pays : 94 % des exécutions ont été appliquées principalement par la Chine, puis l'Iran, l'Arabie saoudite et les États-Unis.

L'avenir dira si la résolution n° 2005/59 des Nations unies (avril 2005) sera suivie d'effet. Celle-ci réaffirme le droit à la vie et proclame que l'abolition de la peine de mort est « indispensable à la protection de ce droit ».

Véronique de Folin

L'affaire Steinheil

PAR BENOÎT HABERBUSCH

La veuve rouge

En ce 16 février 1899, au palais de l'Élysée, le président de la République Félix Faure manifeste un désir évident d'abréger l'entretien avec ses deux visiteurs, le cardinal Richard et le prince Albert Ier de Monaco, car il souhaite traiter au plus vite une affaire d'un autre genre dans le petit salon bleu de l'Élysée.

Rendez-vous avec la mort au salon bleu de l'Élysée

Élu depuis bientôt quatre ans, cet homme d'État à la belle prestance physique jouit d'une grande popularité. Celui que l'on nomme « le président Soleil » ou « Félix le Bel » a déjà prouvé à plusieurs reprises ses compétences lors de son mandat. Artisan du rapprochement franco-russe, son savoir-vivre est unanimement apprécié lors de sa visite à Saint-Pétersbourg en août 1897 à l'invitation du tsar Nicolas II. L'année suivante, il aborde avec sang-froid la crise de Fachoda. Il doit également gérer une autre crise qui divise le pays : l'affaire Dreyfus. C'est d'ailleurs pour intercéder en faveur du capitaine mis en cause que le cardinal Richard et Albert Ier sont venus à l'Élysée.

Si le président a conscience de la gravité du dossier, ses pensées sont pour l'heure accaparées par un rendez-vous galant. En effet, suivant l'exemple de Louis Napoléon Bonaparte, du temps de sa présidence, il a recours à la porte percée en 1849 dans le mur de clôture du parc afin de permettre à sa maîtresse de le rejoindre en traversant les jardins.

La suite de l'histoire aurait pu servir de trame à un vaudeville de Feydeau si son issue n'avait été tragique. À dix-huit heures trente, alerté par des cris, Louis Le Gall, directeur du cabinet du président, découvre Félix Faure allongé sur un divan, tandis qu'une femme rajuste ses vêtements en désordre. Paraissant affolée, celle-ci s'enfuit aussitôt. Déjà, on court chercher l'abbé Herzog, curé de la Madeleine, pour administrer les derniers sacrements. Le président Félix Faure meurt dans la nuit.

Mais qui était cette mystérieuse visiteuse? Née le 16 avril 1869 à Beaucourt (Territoire de Belfort) dans une riche famille industrielle, Marguerite Steinheil est la fille d'Édouard-Louis Japy, industriel protestant devenu rentier. Elle fait ses débuts dans le monde en 1886 en participant à des bals de garnison. Après une courte liaison avec un jeune officier désargenté, elle part chez sa sœur à Bayonne où elle fait la connaissance du peintre Adolphe Steinheil. Elle l'épouse le 9 juillet 1890. Résidant au 6 bis, impasse Ronsin à Paris, à la villa Le Vert Logis, le couple anime la vie mondaine de la capitale en recevant les grandes figures de la bonne société telles que Gounod, Massenet, Coppée, Zola ou Loti. En 1897, à Chamonix, Mme Steinheil, «Meg» pour les intimes, est introduite auprès du président de la République qui passe une commande officielle à son mari. Après plusieurs visites au domicile conjugal, Marguerite devient la maîtresse de Félix Faure et bénéficie de ses entrées à l'Élysée. Les circonstances pour le moins particulières du décès de l'homme d'État entraînent de nombreux commentaires sarcastiques. «Mme S., peut-on lire dans un article de l'époque, si prodigue d'interviews, avait prouvé depuis longtemps, et surtout ce jour-là, qu'elle abusait de sa langue et que Félix Faure l'avait laissé causer trop longtemps.» Pour sa part, Clemenceau a formulé une pensée plus ironique encore: «Faure est retourné au néant, il a dû se sentir chez lui. Il a voulu vivre César et il est mort Pompée.»

Une macabre mise en scène

Le 23 février 1899, Marguerite Steinheil ne participe pas à la cérémonie officielle des obsèques. L'événement attire pourtant une foule nombreuse, venue rendre un dernier hommage à ce représentant du peuple. L'apparat de cette journée conduit même Georges Méliès, cinéaste précurseur, à filmer la procession de Notre-Dame au cimetière du Père-Lachaise.

Respectant une période de deuil, l'ancienne maîtresse présidentielle ne tarde pas à reprendre ses relations intimes avec de nouveaux prétendants. Après une aventure avec le président des Forges de Vulcain, Chouanard, elle entame une nouvelle liaison avec un riche veuf nommé Borderel. De son côté, son mari poursuit son activité artistique. Pendant neuf ans, «Meg» ne fait plus parler d'elle.

Malgré une mésentente croissante au sein du ménage, l'année 1908 débute sous de bons auspices, puisqu'en avril les dernières productions d'Adolphe Steinheil attirent dans son atelier de nombreux visiteurs du Tout-Paris. À la fin du mois de mai, Mme Japy, la mère de Marguerite, vient à Paris pour passer quelques jours chez sa fille. Son départ est prévu pour le 30 au soir, mais à la dernière minute, il est repoussé au lendemain.

Le 31, à cinq heures et demie, Rémy Couillard, jeune valet des Steinheil, descend comme tous les matins pour préparer le petit déjeuner. Dans l'escalier, il entend des gémissements provenant de la chambre de sa patronne. Pénétrant dans la pièce, il fait une découverte stupéfiante. Marguerite est ligotée sur son lit. Poursuivant ces investigations, le jeune homme constate la présence de deux corps sans vie : ceux d'Adolphe Steinheil et de Mme Japy. Le premier gît étranglé par une cordelette à l'entrée de la salle de bain. La seconde est étendue bâillonnée et étouffée.

Immédiatement alertés, la police et un médecin investissent la scène du crime. En raison des premières déclarations de Mme Steinheil aux enquêteurs, l'affaire prend d'emblée une tournure singulière. La maîtresse de maison affirme avoir été agressée par une femme rousse et trois barbus vêtus comme des rabbins. Ces étranges malfaiteurs auraient exigé d'elle la remise d'argent et de bijoux en la menaçant de mort. Ligotée par ces derniers durant six heures, Mme Steinheil assure ignorer ce qui a pu se passer ensuite.

Loin de corroborer ces surprenantes déclarations, les éléments relevés dans la demeure renforcent la suspicion des policiers. Tout d'abord, s'il règne un certain désordre, aucune trace d'effraction n'est constatée. Plus troublant, la victime, censée avoir été ligotée sur le lit pendant plusieurs heures, ne porte aucune marque à l'endroit de ses liens. Enfin, le tampon qui aurait été utilisé pour la bâillonner ne contient pas la moindre trace de salive. Toutes ces contradictions n'empêchent pas le commissaire d'accréditer la version de Marguerite.

La presse se montre plus dubitative, intriguée par le mystère de ce double meurtre et la personnalité de la victime. Alimentant la curiosité du public, les journalistes mènent leurs propres investigations en dénonçant les nombreuses incohérences du dossier. Les quotidiens révèlent ainsi que le juge Leydet, chargé de l'affaire, était un familier de la maison. Ils s'interrogent surtout sur la lenteur de l'enquête et privilégient la piste politique en rappelant les relations de Mme Steinheil avec le défunt président.

De son côté, «Meg» n'hésite pas utiliser les médias pour relancer l'affaire et mieux brouiller les pistes. L'audition de mille barbus et de trois cents rousses par la police n'ayant donné aucun résultat, Mme Steinheil dévoile ses talents de manipulatrice en présentant plusieurs coupables. Tout d'abord, elle prétend reconnaître le comédien Frédéric Burlingham mais celui-ci dispose d'un solide alibi. En novembre 1908, elle échafaude une mise en scène pour accabler son domestique. Devant témoins, elle oblige Rémy Couillard à ouvrir son portefeuille d'où elle exhibe la perle manquant à l'une de ces bagues. La machination est déjouée de justesse grâce à un bijoutier qui confond l'accusatrice en révélant qu'elle lui a demandé de transformer les bijoux prétendument volés. Démasquée, Marguerite cherche encore à faire accuser Alexandre Wolff, le fils de sa gouvernante, mais celui-ci a un alibi irréfutable.

Le procès de la « veuve tragique »

En raison de ses nombreux revirements, la veuve Steinheil perd son statut de victime pour celui de suspecte. Inculpée après plusieurs mois de tergiversations, elle est incarcérée à la prison de Saint-Lazare. Son procès s'ouvre le 3 novembre 1909 à la cour d'assises de Paris. Les séances sont présidées par M. de Vallès. Marguerite est défendue par deux avocats : Mes Aubin et Landowski. Il n'y a pas de partie civile.

La salle d'audience devient le lieu de rendez-vous de la bonne société parisienne avide de découvrir un spectacle d'un genre si particulier. Les relations connues ou supposées de l'accusée attisent encore plus la curiosité. On apprend ainsi que la belle compte parmi ses admirateurs le roi Sisowath du Cambodge. En véritable tragédienne du prétoire, Mme Steinheil sait ménager ses effets grâce à des répliques cinglantes et des évanouissements à répétition.

Comme l'enquête, les débats ne permettent pas d'éclaircir l'affaire. Insaisissable et combative, « Meg » se défend avec énergie face aux attaques du président. Surnommée la « Sarah Bernhardt des assises », elle sait jouer sur toute la gamme des émotions. Toutefois, elle ne parvient pas à imposer la chimère des hommes en lévite qu'elle agite faute de mieux. De même, le défilé des quelque cent cinquante témoins appelés à comparaître n'apporte aucun élément déterminant. Leurs déclarations ne résistent pas aux réserves de Marguerite et aux questions du président de Vallès. Les experts, eux-mêmes contredits, perdent de leur crédibilité. Finalement, le 13 novembre 1909, après une plaidoirie de sept heures de l'avocat de la défense, les jurés se retirent. À l'issue de deux heures de délibération, ils répondent non à tous les chefs d'accusation. C'est l'acquittement. À l'énoncé du verdict, Marguerite s'évanouit une dernière fois. Une gravure de *L'Illustration* la représente soutenue par ses avocats.

Après le procès, «Meg» quitte la France pour s'installer à Londres sous le nom de Mme de Serignac. En 1912, elle publie ses *Mémoires* où elle se fait passer pour l'égérie de Félix Faure et prétend avoir travaillé plusieurs heures par jour avec lui à une histoire anecdotique et secrète de la France depuis 1880. Dans son ouvrage, elle livre une nouvelle version du drame de l'impasse Ronsin. Des agents de police auraient pénétré dans la villa pour récupérer ce texte. Interrompus, ils auraient commis eux-mêmes le double crime pour éviter d'être découverts.

Le 26 juin 1917, elle devient lady Abinger en épousant Robert Brooke Campbell Scarlett, sixième baron Abinger. Elle mène ensuite une vie plus discrète. Elle décède le 18 juillet 1954 dans une maison de repos à Hove, emportant avec elle son secret dans la tombe.

Par la suite, plusieurs auteurs ont essayé de démêler les fils de l'intrigue de la villa Le Vert Logis. Parmi les hypothèses avancées, voici la plus plausible : il semble que Mme Steinheil, toujours à court d'argent, ait reçu en cette fameuse nuit de mai 1908 une personnalité étrangère, probablement un haut dignitaire russe. L'entretien se déroulant dans une relative obscurité, M. Steinheil se serait cogné contre le visiteur nocturne. Ce dernier, prenant le mari pour un terroriste, aurait alors serré un peu trop fort son adversaire à la gorge. Accourue au bruit, Mme Japy aurait été terrassée par une crise cardiaque devant le cadavre de son gendre et l'inconnu hors de lui. Du fait de la personnalité du visiteur, l'affaire aurait été étouffée pour raison d'État.

Les « Brigades du Tigre » ou la modernisation de la police

Le 30 décembre 1907, Georges Clemenceau, président du Conseil et ministre de l'Intérieur, décide de créer les brigades régionales de police mobile, communément appelées les « Brigades du Tigre », l'ancêtre de l'actuelle police judiciaire. Le « Tigre » doit alors faire face à une poussée de violences sans précédent due à des anarcho-syndicalistes, sur fond d'agitation ouvrière grandissante. Par ailleurs, face à l'opinion, les hommes politiques discutent et exploitent de plus en plus les thèmes de la sécurité, de la délinquance, de la criminalité et du maintien de l'ordre.

Au début du xxe siècle, les Français ont l'impression que le nombre de crimes est de plus en plus important en lisant la presse populaire, laquelle ne cesse pas de faire des reportages « sensationnels » à grand renfort d'iconographie sanguinolente. Statistiquement, il est pourtant vrai que le nombre de vols et d'assassinats jugés est en progression, mais pas autant que le laisse penser la presse. Des polémiques font régulièrement suite à des articles de la presse sur la jeunesse soi-disant paresseuse, les vagabonds en recrudescence, les « apaches », les éventreurs, les campagnes menacées, les villes foyers de crimes abominables, etc. Les journaux grossissent beaucoup la réalité criminelle. Toutefois, Clemenceau est sous pression. La République est mise à l'épreuve sur sa capacité à résoudre les problèmes sociaux de la Belle Époque. Clemenceau est connu pour sa dureté face aux problèmes sociaux et il décide de mettre un coup d'arrêt aux accusations de laxisme proférées par ses adversaires politiques.

En France, au début du xxe siècle, il n'existe pas vraiment de police spécialisée dans l'enquête judiciaire. Un commissaire républicain, intransigeant,

Célestin Hennion, a beaucoup réfléchi à la modernisation des méthodes policières. Clemenceau lui confie alors la mission de créer cette nouvelle police et le nomme directeur de la Sûreté générale. Il met en place une structure qui a compétence sur toute la France s'appuyant sur des brigades régionales mobiles. Au début, il a très peu de moyens financiers, mais il se débrouille fort bien, car il est doté d'un sens aigu de l'organisation. Hennion fait appel à Jules Sébille pour diriger le Contrôle général du service des recherches dans les départements, un service qui doit coordonner l'action des nouvelles brigades. Ses services rédigent près de 30 000 notices d'information venues de tous les commissariats français, ce en quelques mois. Peu à peu, le budget augmente ; les Brigades du Tigre, composées de 168 policiers, sont équipées dès 1911 de voitures, peu de temps avant le premier hold-up motorisé de l'histoire, commis par Bonnot et sa bande. Dotés d'une grande expérience et d'un esprit d'équipe exemplaire, dévoués vingt-quatre heures sur vingt-quatre au travail des brigades, peu armés et souvent à leurs frais, ces « super » policiers ont eu des résultats spectaculaires que la presse n'a jamais arrêté de relayer. Clemenceau semble avoir réussi son pari.

Au XXᵉ siècle, les littératures, le cinéma et la télévision n'ont eu de cesse de s'emparer des « exploits » des « superflics » de la Belle Époque.

Éric Alary

L’affaire Sitarane

PAR GILLES GAUVIN

Le « buveur de sang »

Dans le cimetière de Saint-Pierre de la Réunion, il est une tombe singulière. Rouge sang, elle est recouverte d’une étrange inscription : « Aum, Saint-Ange, Sitarane, Fontaine. » La tombe est un lieu de pratiques occultes. En effet, on y trouve fréquemment des verres de rhum vides ou encore des mégots de cigarettes. Les croyances populaires expliquent que c’est Sitarane le sorcier qui revient la nuit… Les ex-voto de remerciements qui apparaissent parfois laissent à penser que d’aucuns font appel à l’esprit maléfique du « géant » Sitarane pour accomplir quelques basses besognes.

La guillotine !

Au petit matin du 20 juin 1911, à Saint-Pierre, une foule nombreuse est maintenue de part et d'autre d'une estrade où est disposée une guillotine. L'échafaud a été installé rue de la Cayenne et le mur qui longe le cimetière a été en partie abattu pour la circonstance. À six heures vingt-cinq tombe la tête de Sitarane, à six heures trente celle d'Emmanuel Fontaine. Les corps sont immédiatement portés en terre dans le cimetière. La population du sud de l'île est venue constater la fin d'une terrible bande de voleurs et de criminels qui écumait la région depuis 1908. Et pourtant leur chef, Pierre Émile Calendrin, dit «Saint-Ange» ou «Saint-Ange gardien», n'est pas là. Sans que l'on sache pourquoi, sa condamnation à mort a été commuée en travaux forcés. Cerveau de toute l'affaire, Saint-Ange décédera du paludisme le 20 avril 1937 au bagne de Cayenne.

Sitarane, Saint-Ange et la bande du tisaneur

Qui est donc Sitarane? Enregistré sous le matricule 108958, Simicoundza Simicourba, originaire du Mozambique, est un travailleur engagé arrivé dans l'île en 1889. Il a alors vingt et un ans. Les engagés constituent en fait une main-d'œuvre de substitution pour les propriétaires terriens depuis l'abolition de l'esclavage, le 20 décembre 1848. Leurs conditions de vie sont peu enviables et ils sont tenus, sous peine d'accusation de vagabondage, de rester sur les terres où ils sont affectés par contrat. Notre homme, trapu, mesurant environ un mètre soixante-six, n'a rien d'un géant comme le rapporte la légende. C'est un travailleur agricole efficace et apprécié par son patron. Mais il ne se fait pas au climat très humide de Saint-Benoît, sur la côte au Vent, et demande à être affecté ailleurs. Après deux ans de bons et loyaux services, et n'obtenant pas gain de cause à sa requête, Simicoundza Simicourba décide de reprendre sa liberté. Pour ne pas être reconnu, il prend le nom de Sitarane et réussit à se faire embaucher à Saint-Paul, dans le nord-ouest de l'île. Il travaille quatre ans sur la même propriété, où il est également très apprécié. Puis entre 1900 et 1906 nul ne sait vraiment où il est installé. On le retrouve ensuite charretier dans la région de Saint-Pierre, au sud de l'île. Il semble particulièrement doué pour conduire les bêtes. C'est là qu'il fait la rencontre de Calendrin, dit Saint-Ange…

Saint-Ange, qui a trente et un ans en 1900, est à l'origine bazardier (vendeur sur les marchés). Il se fait alors connaître comme tisaneur, capable de guérir nombre de maux à l'aide de plantes, mais aussi comme sorcier capable d'envoûtement ou de désenvoûtement… Il va jusqu'à vouloir déterrer le crâne du célèbre pirate La Buse, pendu haut et court en 1730, dont la tradition fixe la tombe dans le cimetière de Saint-Paul. Le curé de la paroisse le chasse alors sans retenue ! Saint-Ange finit par s'installer dans le Sud, au lieu-dit Ouaki dans le bas de la rivière Saint-Louis. À l'écart des habitations, il se fait connaître pour ses talents de sorcier, n'hésitant pas à impressionner sa nombreuse clientèle, venue de tous les milieux, par un étrange décorum, dont un squelette d'enfant qu'il dénomme «baba sec» et qu'il ne manque pas de prendre à témoin pour résoudre les cas «problématiques» qui lui sont soumis. Avide de richesses, il décide de constituer une véritable bande de malfaiteurs.

Après avoir sympathisé avec Sitarane, il gagne sa confiance en lui obtenant une place de «commandeur», c'est-à-dire de régisseur, sur une propriété du Tampon. Il est fort probable que le propriétaire ait fait partie de la clientèle de Saint-Ange pour que le sorcier ait obtenu une telle faveur. La bande que Saint-Ange monte patiemment comprend finalement onze personnes : huit hommes, deux femmes et un adolescent de quatorze ans. Elle a pour repère « la Chattoire », une zone isolée dans les bas du Tampon. C'est là que vit Emmanuel Fontaine. Âgé de vingt ans en 1906, il est le concubin de la fille de la compagne de Sitarane. Mais c'est surtout un excellent menuisier et charpentier à qui les propriétaires de la région n'hésitent pas à faire appel. Saint-Ange domine toute sa bande au moyen de rites initiatiques, mais également de menaces.

La bande commence à écumer la région par des vols avec effraction entre 1907 et 1909. La technique est bien rôdée. Après que Saint-Ange a procédé à une série d'incantations à proximité du lieu choisi, les chiens de garde sont endormis avec de la viande mélangée à du zamal (cannabis); Emmanuel Fontaine perce ensuite un trou à travers les portes en bois par lequel Sitarane insuffle, à l'aide d'une sarbacane, un puissant somnifère sous la forme de poudre. Cette « poudre jaune », préparée par Saint-Ange à l'aide de plantes (en particulier des daturas connus sous le nom « d'herbe du diable » ou « fleur de trompette »), est d'une redoutable efficacité. Les vols se succèdent sans que personne n'entende jamais rien ! En cas de besoin, les voleurs n'hésitent pas à démonter des cloisons extérieures ou à briser des portes, mais en règle générale l'ouverture se fait tout en « douceur ». Fontaine, à l'aide d'une mèche anglaise et d'un vilebrequin, prédécoupe un demi-cercle dans la porte, en perçant une série de petits trous accolés, à la hauteur de la bascule en bois qui sert de loquet à l'intérieur. Une fois le travail achevé, il ne reste plus qu'à enfoncer la demi-lune et à passer la main pour faire pivoter la bascule.

Du sang pour les décoctions !

L'affaire prend une autre ampleur lorsque Saint-Ange décide de passer au meurtre. Il réclame en effet à ses complices du sang humain pour la préparation de ses décoctions. La première victime est un jeune propriétaire du Tampon, Hervé Deltel dont tout le monde sait qu'il prépare alors son mariage. Le vendredi 19 mars 1909, Saint-Ange, Fontaine et Sitarane s'introduisent dans sa maison. Sitarane est chargé, sur les indications de Saint-Ange, de la basse besogne et Saint-Ange intervient ensuite pour trancher la gorge de la victime et récupérer son sang... Le 9 août 1909 au soir, les trois meurtriers s'attaquent cette fois aux époux Robert, tous deux instituteurs. Le mari, qui avait vingt-neuf ans, est poignardé dans son sommeil à l'aide d'un poinçon de fer, puis Sitarane, à l'aide d'une barre de fer, fracasse le crâne de la femme, âgée de vingt-six ans et enceinte. L'enquête montrera que la femme a été violée post-mortem. L'horreur des faits n'empêchera pas les trois complices de terminer les restes du repas des Robert...

Comble de l'histoire, Saint-Ange ne manque pas de tirer profit de la terreur qui s'empare alors des habitants du Sud. Les demandes affluent en effet pour que le tisaneur prépare des remèdes de protection. Certaine de son invulnérabilité, la bande des «buveurs de sang», comme l'appelle la population, commet un acte de trop le 30 septembre 1909. Cette nuit-là, Saint-Ange, Sitarane et Fontaine s'attaquent à la maison de Charles Roussel. En mars, ils avaient déjà commencé à percer sa porte, mais avaient dû quitter les lieux à cause d'un violent orage.

Charles Roussel a pris ses précautions depuis en installant une plaque de fer à l'intérieur de sa porte. Le gardien de la propriété qui entend le bruit émis par la mèche sur le fer intervient, armé de son fusil. Une lutte s'ensuit et la bande finit par déguerpir, mais elle laisse sur place de nombreux objets : sacs, chapeau, couteaux de boucher, pistolet, balles de revolver (appartenant à Hervé Deltel), plomb de chasse et une barre à mine que les habitants reconnaissent comme appartenant à Sitarane. Qui plus est, les deux vilebrequins abandonnés sont reconnus par un artisan qui les avait prêtés à Fontaine… Sitarane et Fontaine sont rapidement arrêtés. La cache de « la Chattoire » est identifiée grâce aux indications données par… une voyante extralucide de Saint-Denis et les gendarmes retrouvent l'impressionnant butin de la bande. Saint-Ange réussit à prendre la clandestinité jusqu'au 31 décembre 1909, où il est capturé par un groupe de cultivateurs.

Les procès

Le procès de la bande s'ouvre le 2 juillet 1910 à la cour d'assises de Saint-Pierre. Le verdict est peu surprenant : les huit hommes sont condamnés à mort, les deux femmes (la mère et la fille) à dix ans d'emprisonnement. L'adolescent ne bénéficie d'aucune circonstance atténuante. Face à la rigueur du verdict rendu à l'égard de certains membres de la bande qui n'ont eu aucun rôle actif dans les meurtres, le ministère public fait appel. Le second procès a lieu le 7 décembre 1910 devant la cour d'assises de Saint-Denis. Pour les hommes de la bande, c'est le signe de la puissance de Saint-Ange… L'arrogance et la violence verbale de Sitarane déchaînent les invectives de la foule lors de ces nouvelles audiences. Le 13 décembre, les trois meurtriers de la bande sont condamnés à la guillotine, les cinq autres complices aux travaux forcés à perpétuité, les femmes et l'adolescent sont acquittés. Un nouveau pourvoi en cassation est alors formulé par les condamnés. Le 18 juin 1911, le gouverneur de l'île apprend, à sa grande stupéfaction, que le président de la République a décidé de commuer l'exécution de Calendrin, dit Saint-Ange, en travaux forcés à perpétuité. Nul ne sait s'il s'agissait du résultat d'incantations du « sorcier » de Ouaki...

La bande à Bonnot

PAR VÉRONIQUE DE FOLIN

Les bandits tragiques

En un peu moins d'un an, de décembre 1911 à mai 1912, l'épopée de la bande à Bonnot aura tenu la France en haleine, à travers un délire sanglant mêlant anarchisme et banditisme. La terreur a régné à travers les aventures rocambolesques et redoutables de ceux que l'on a rapidement surnommés les «Bandits tragiques». Une fulgurante percée et une chute inexorable et inévitable tout aussi rapide. La légende de la bande à Bonnot a ainsi marqué la France du tout début du XXe siècle, tant par sa violence que par sa revendication anarchique, rejetant la société. Durant toute une année, la bande à Bonnot a agi avec une efficacité redoutable, mettant en échec la police française.

La légende dorée

Tout commence vraiment le 21 décembre 1911 au matin. Quatre hommes (Bonnot, Garnier, Callemin et Dieudonné) décident de commettre un hold-up contre la Société générale, rue Ordener, à Paris. Le butin est plutôt modeste : quelques titres et cinq mille francs en espèces. Mais le caissier de la banque est grièvement blessé, et la presse se déchaîne. Bien que traqués par toute la police métropolitaine, ils demeurent insaisissables, mais également célèbres : l'invention du hold-up motorisé a fait sensation.

Un peu plus tard, en février 1912, un policier est abattu, puis c'est au tour d'un boulanger qui tentait de s'opposer au cambriolage de son pavillon de passer de vie à trépas. Un des complices de la bande, Dieudonné, est arrêté, et il est reconnu par le caissier de la Société générale. En peu de temps, la traque est engagée, et chacun sait que l'issue sera fatale.

La singularité de la bande à Bonnot réside dans ce mélange si particulier de banditisme et de revendication politique : l'anarchisme.

Ces hommes sont avant tout des « illégalistes ».

À l'époque, la France était un centre important du mouvement ouvrier international. À sa manière, la bande à Bonnot prône la révolution sociale individualiste. Pour preuve, le manifeste de Garnier, un des membres de la bande abattu à Nogent-sur-Marne, que l'on a retrouvé dans ses poches :

« Réfléchissons. Nos femmes et nos enfants s'entassent dans des galetas, tandis que des milliers de villas restent vides. Nous bâtissons les palais et nous vivons dans des chaumières. Ouvrier, développe ta vie, ton intelligence et ta force. Tu es un mouton : les sergots sont des chiens et les bourgeois sont des bergers. Notre sang paie le luxe des riches. Notre ennemi, c'est notre maître. Vive l'anarchie. »

Démunis, rejetés, misérables dans une société impitoyable, leur seule issue réside alors, selon eux, dans une action d'une rare violence à l'égard de la société qu'ils dénoncent.

Qui sont-ils ? Une série de destins tragiques. Jules Bonnot, le chef de la bande, a, dès son plus jeune âge, connu le drame : il a perdu sa mère à cinq ans, un de ses frères s'est suicidé, son père ouvrier est misérable, et l'analphabétisme et la misère ont fait le reste. Dès dix-sept ans, il est condamné. À peine son enfant né, il mourra quelques jours plus tard. Excellent mécanicien – d'où sa passion et son habileté à manier les voitures –, il sera même, pendant les quelques mois passés à Londres, le chauffeur de Conan Doyle, l'inventeur de Sherlock Holmes.

Raymond Callemin, dit « Raymond-la-science », à cause de sa passion pour la connaissance, connaît également très vite une vie misérable. Condamné dès dix-sept ans à la prison pour vol à l'étalage, il a beaucoup de mal à trouver une place, en véritable paria de la société qu'il revendique et qu'il représente. Il refuse ainsi d'accomplir son service militaire, en anarchiste déjà résolu. Sobre et méticuleux, c'est presque un ascète. Les autres comparses ont pour nom Édouard Carouy, Eugène Dieudonné, Octave Garnier, Rirette Maitrejean, Paul Marius Petge, Antoine Monier, Victor Serge (Kibalchine), André Soudy et René Valet.

La bande mise à mort

La traque finit par aboutir et la fin tragique semble proche. Dans les journaux, les photographies des membres de la bande à Bonnot s'étalent sur la première page des quotidiens, et leurs têtes sont mises à prix.

Le coup de force éclate. Après avoir volé une voiture et grièvement blessé ses passagers, la bande attaque la Société générale de Chantilly. Le bilan est lourd : deux morts et un butin de cinquante mille francs. La banque offre une prime de deux cent mille francs et deux cents inspecteurs de police sont lancés aux trousses des bandits. Quelques complices sont arrêtés : Soudy, Callemin puis Monier.

Bonnot, caché dans un immeuble, est repéré par le sous-chef de la Sécurité, mais ce dernier se fera éliminer par le bandit. Bonnot réussit à s'échapper une nouvelle fois, blessé au bras. Pendant quelques jours, il demeure introuvable, mais le témoignage d'un pharmacien de Choisy-le-Roi remet la police sur ses traces. Réfugié dans le pavillon d'un complice anarchiste (Dubois), Bonnot est assiégé.

La traque s'organise. Plus de cinq cents hommes armés sont cachés aux alentours, deux compagnies de la Garde nationale sont dépêchées sur place et un régiment d'artillerie a été requis. Le spectacle tant attendu peut commencer ; plus de trente mille personnes y assistèrent. Le siège dure très longtemps, et c'est à la dynamite que l'on devra l'achever. Bonnot, agonisant, mourra pendant son transport à l'hôtel-Dieu.

Les deux membres de la bande à Bonnot encore en cavale, Garnier et Valet, vont connaître le même sort quelques jours plus tard.

Les complices de la bande incarcérés ont eu des destins similaires : peine de mort pour Callemin, Soudy, Monier et Dieudonné ; travaux forcés à perpétuité pour les deux autres ; puis des peines allant de dix à cinq ans de réclusion.

Les condamnés à mort sont exécutés le 21 avril 1912, et Dieudonné est gracié in extremis, sa peine étant commuée en travaux forcés à perpétuité.

On reste ainsi perplexe face à la destinée tragique de cette bande de bandits révoltés, incarnant leur salut dans une violence inouïe, à la lecture du testament d'un des leurs (Monier) : « Je lègue à la société mon ardent désir qu'un jour, peu lointain, règne dans les institutions sociales un maximum de bien-être et d'indépendance, afin que l'individu, dans ses loisirs, puisse mieux se consacrer à ce qui fait la beauté de la vie, à l'instruction et à tout ce qui est science. »

Le procès de Mme Caillaux

PAR JÉRÔME GRÉVY

Éliminer un ministre coûte que coûte

Le 16 mars 1914, Mme Caillaux, épouse de Joseph Caillaux, député de la Sarthe et ministre des Finances, se rend chez un armurier, achète un revolver et l'essaie au stand du sous-sol.

Une affaire passionnée

De retour chez elle, elle laisse une lettre à son mari et change de toilette. Elle se fait conduire ensuite au siège du *Figaro* où elle arrive peu après dix-sept heures. Elle demande le directeur Gaston Calmette. Celui-ci est absent. Elle patiente. Le journaliste arrive, bavarde avec l'écrivain Paul Bourget, puis fait entrer Mme Caillaux dans son bureau. De la pièce voisine, on entend six coups de feu. Le journaliste s'effondre, atteint de quatre balles. Transporté à la clinique, il est opéré quelques heures plus tard mais en vain. Il expire peu après.

Mme Caillaux est arrêtée, conduite au commissariat puis écrouée à la prison Saint-Lazare. Son mari, qui était en pleine séance au Sénat, est immédiatement prévenu. Il se rend sur-le-champ auprès de son épouse.

Le procès est rapidement instruit. Pendant quatre mois, l'opinion publique se passionne pour cette affaire, au point de prêter une attention distraite à la montée de la tension diplomatique en Europe. L'affaire Caillaux est sur toutes les lèvres et dans tous les journaux. Le Tout-Paris se presse pour assister au procès, qui s'ouvre le 20 juillet. Les témoins, hommes politiques ou médecins, sont des personnalités en vue. Il s'agit d'un événement judiciaire, politique et mondain.

Au premier abord, et selon la déposition de Mme Caillaux, il s'agit d'une banale affaire de diffamation qui aurait mal tourné. La société bourgeoise est très chatouilleuse sur les questions touchant à la vie privée. Depuis l'entrée de Caillaux dans le ministère Doumergue, en décembre 1913, le directeur du *Figaro*, Gaston Calmette, a mené une campagne de presse impitoyable contre le ministre des Finances, dont on dit que c'est lui qui dirige en sous-main le cabinet. En cent six jours, près de cent dix articles ou dessins ont été publiés par *Le Figaro*. Mme Caillaux fut très affectée par ces attaques en règle contre son mari. Début mars, le drame se noua. Le journal annonça qu'il allait divulguer des lettres privées compromettantes. Le 12 mars, il offrait en pâture à ses lecteurs une lettre écrite en 1901 par Joseph Caillaux à sa première épouse, qui le faisait apparaître comme un politicien hypocrite et fourbe. Puis, le 16 mars, d'autres lettres étaient annoncées. Mme Caillaux fut au désespoir : elle était persuadée que cette deuxième vague révélerait l'intimité du couple, et notamment qu'elle avait été, mariée, la maîtresse d'un homme marié, qu'elle avait épousé après son divorce. De bonne famille bourgeoise, elle ne pouvait supporter de voir sa vie privée étalée ainsi sur la place publique. Elle retrouva son mari au ministère pour lui dire son inquiétude. Caillaux tenta de jouer sur ses relations politiques pour faire pression sur *Le Figaro* et éviter cette publication puis la laissa pour se rendre au Sénat réuni en séance de délibération. En désespoir de cause, se jugeant sur le point d'être déshonorée, Mme Caillaux se rendit au *Figaro* et demanda à voir le directeur. L'attitude hautaine de Calmette, déclare-t-elle au tribunal, lui aurait fait perdre son sang-froid. Elle sortit son revolver et fit justice elle-même, selon ses propres termes entendus par les témoins.

Bien des éléments plaident pour voir dans cette affaire avant tout une affaire de mœurs. La vie sentimentale mouvementée d'un politicien fait toujours les choux gras de la presse. Rivalité entre Calmette et Caillaux pour une affaire de femmes, rivalité entre Mme Gueydan, la première femme de Caillaux, et Henriette, celle qu'il a épousée en secondes noces, les supputations vont bon train. La déposition de Mme Gueydan semble confirmer cette deuxième thèse. Les vieilles rancœurs sont étalées au grand jour. Lors du procès, la défense met l'accent sur l'infamie de cette campagne de presse, qui jetait en pâture la vie privée d'un couple en vue, et en déduit l'absence de préméditation. Mme Caillaux ne s'était-elle pas rendue au bureau de placement pour trouver une cuisinière, puis n'avait-elle pas changé de toilette avant de sortir, toutes choses incompatibles avec un projet criminel ? Elle n'avait pas l'intention de tuer lorsqu'elle s'est rendue au *Figaro*. Mme Caillaux se fait accusatrice, rendant responsables du décès les médecins qui ont attendu cinq heures quarante avant d'opérer le blessé. L'avocat Labori, pour excuser son geste, cite un article du *Figaro* qui, dans une autre affaire vieille de vingt ans, admettait une semblable réaction désespérée.

Une affaire devenue politique

Il est toutefois immédiatement apparu que le procès était non celui de l'épouse mais celui du ministre. Derrière le procès de Mme Caillaux se profile celui de son mari. Pour le bâtonnier Chenu, avocat de la partie civile, le couple est uni par la haine, l'ambition, le meurtre. La campagne de presse portait contre lui. Caillaux est détesté par la droite pour la loi instituant l'impôt sur le revenu et parce qu'il est le chef de file de la gauche gouvernementale, qui a l'intention d'abroger la récente loi qui a porté le service militaire à trois ans. La droite nationaliste, qui pense que la guerre est la seule issue au différend qui oppose la France à l'Allemagne, est persuadée que Caillaux est prêt à s'entremettre pour trouver un terrain d'entente et éviter le conflit. La presse de droite érige Gaston Calmette en héros, mort par patriotisme. Homme de vertu, il n'aurait jamais publié les lettres privées, mais avait l'intention en réalité de rendre publics des documents politiques révélant l'habileté et la duplicité de Caillaux. *Le Figaro* avait accusé ce dernier d'entretenir des liens avec les milieux d'affaires, d'avoir multiplié les trafics d'influence, d'avoir détourné des fonds publics, d'être intervenu dans les mutations de hauts fonctionnaires. Caillaux, qui affectionne l'adversité, avait multiplié les démentis. Dans ses *Mémoires*, publiées quelques années plus tard, il dit son dégoût devant ces soi-disant révélations, qu'il juge désinvoltes, ridicules, d'une stupéfiante idiotie. Une véritable «bouche d'égout». Lui-même, habitué par tradition familiale aux combats politiques, n'y aurait prêté qu'une attention détachée, tandis que sa femme aurait été minée par le climat délétère qui s'instaurait dans ses relations. Le seul tort que se reconnaît Joseph Caillaux est de ne pas avoir contre-attaqué plus tôt.

Dès le lendemain du crime, la Chambre des députés se saisit de l'affaire. Les accusations de Calmette, qui mettaient en cause les méthodes de Caillaux, relèvent du Parlement, soucieux de prévenir et punir tout empiétement de l'exécutif hors de ses strictes compétences. Le 18 mars, Barthou lit le fameux rapport Fabre, qui révélait les pressions exercées en 1911 par Caillaux sur le procureur général lors du procès du financier Rochette, et dont ledit Caillaux aurait voulu empêcher la publication par Calmette. La commission qui avait enquêté sur le scandale Rochette de 1911 est prorogée.

L'opinion publique soupçonne Caillaux d'avoir armé sa femme pour que celle-ci tue Calmette sans nuire à sa propre carrière politique. Un ami de Calmette le lui dit crûment lors du procès : «Je dois prévenir Caillaux qu'à la guerre on ne peut pas se faire remplacer par une femme et qu'il faut tirer soi-même.»

L'attitude de Caillaux ne contredit pas cette thèse d'un double procès. Il prend en main la défense de sa femme. Il démissionne immédiatement et se dépense sans compter pour cette cause. Il a demandé à maître Labori, l'avocat de Dreyfus, de défendre sa femme et il prépare avec lui le dossier. Pour contrer le déchaînement de la presse nationaliste, il subventionne un journal *Le Bonnet rouge*. Il s'arrange pour que ses partisans soient nombreux dans la salle, qu'il ne veut pas laisser aux camelots du roi. Il envisage même l'évasion de sa femme en cas de condamnation. Au long du procès, il intervient souvent, rectifie, contredit, dénonce.

Il se défend par la contre-attaque, mettant en doute la probité de Calmette. Il insinue que ce dernier s'était enrichi malhonnêtement, qu'il vivait aux crochets de ses maîtresses, qu'il les volait. Pis encore : c'est en raison de sa lâcheté qu'il serait mort. Au lieu de marcher sur Mme Caillaux pour la désarmer, il avait plongé pour se dissimuler et aurait alors été atteint par les balles qui, sinon, se seraient perdues.

Il dirige ses attaques contre les politiciens qui, dans l'ombre, ont orchestré la campagne de presse. Ses ennemis politiques sont nombreux. Toute la droite nationaliste, bien sûr. Mais également au sein de son propre camp. Barthou le poursuivait de sa rancune tenace pour avoir renversé son cabinet. Il connaissait sa première femme, Mme Gueydan, et aurait procuré à Calmette les documents compromettants. Dans ses *Mémoires*, Caillaux dénonce Barthou, mais également Klotz, son ministre des Finances, ainsi que le président de la République. Il accuse Poincaré, sinon d'avoir suscité cette campagne de presse odieuse contre lui, du moins de n'avoir rien fait pour y mettre un terme. Poincaré lui a refusé son appui pour faire taire *Le Figaro*, preuve aux yeux de Caillaux de sa duplicité dans cette affaire.

Le bâtonnier Chenu, avocat de la partie civile, peint de Caillaux un portrait tout en noir. Il ne reconnaît son intelligence et sa mémoire que pour mieux flétrir le politicien roué, qui met ses qualités au service de son ambition démesurée. Il insinue que les deux époux ont agi de conserve, que le ministre a armé la main de sa femme. Il souligne que Caillaux redoutait la publication de trois documents qui sont autant de preuves de sa bassesse. Le rapport Favre témoigne de la pression exercée par Caillaux sur la justice. Les «verts», trois télégrammes de la diplomatie allemande, interceptés par le Quai d'Orsay en juillet et novembre 1911, confirment que Caillaux court-circuitait ses propres ministres. Ces documents, qui sont pour Caillaux des «chiffons de papier», passent pour des preuves de son philogermanisme. Enfin, les lettres intimes révèlent un homme léger et peu moral.

Le procureur général admet que Mme Caillaux a tué, dans l'affolement, pour défendre sa vie privée. Il demande le minimum légal, cinq années. Maître Labori refuse l'indulgence du jury et réclame l'acquittement. Il est écouté. Le 28 juillet, Mme Caillaux est acquittée.

Caillaux, un bouc émissaire

Ce procès dépasse le simple fait divers. Sa dimension symbolique est indéniable. La haine qui se déchaîne contre Caillaux révèle le malaise d'une partie de l'opinion publique. Il représente l'impur en politique, comme si ses adversaires étaient sans taches. Étaler au grand jour sa vie sentimentale revenait implicitement à dénoncer son absence de moralité. Il était non seulement séducteur, divorcé mais adultère. Hurler contre Caillaux est une des formes prises par l'antiparlementarisme, qui se déploiera avec plus de vigueur encore dans les années 1930. L'affaire révèle également la «tyrannie» de la presse : aucun moyen légal ne pouvait mettre fin à la campagne de diffamation. En outre, le riche, l'opulent, le brillant Caillaux représente le contrepoint du Français moyen que, paradoxalement, les radicaux prétendent défendre. Alors que le discours républicain érige en modèle le petit, petit paysan propriétaire, petit artisan, petit boutiquier, petit industriel, Caillaux détonne par sa faconde, son argent, son habileté. Il est tout sauf médiocre. Hurler contre Caillaux, c'est se persuader que la République est fidèle à sa mystique. Enfin, Caillaux est érigé en ennemi de la France. Pour la presse de droite, il est escroc, traître et lâche. Il rassemble en lui les valeurs de l'anti-France. En le discréditant, les nationalistes justifient l'idée que la guerre est la seule voie honorable pour le pays, puisque celui qui prône la négociation représente le mal incarné.

L'acquittement de sa femme n'est qu'une demi-victoire pour l'ancien ministre. Réélu député par le département de la Sarthe au printemps 1914, il a été écarté de la scène politique lors du moment crucial de l'enchaînement des alliances, alors qu'il était disposé à tout tenter pour éviter la guerre. Ses ennemis ne le quitteront pas pendant toute la durée de la guerre. En 1917, il sera de nouveau poursuivi pour intelligence avec l'ennemi. Mis en détention préventive pendant vingt-sept mois, il sera traduit devant le Sénat transformé en Haute Cour de justice.

Les bourreaux, une histoire de familles au service des « hautes œuvres »

Le métier de bourreau est souvent associé à l'usage de la guillotine jusqu'à l'abolition de la peine de mort en 1981. Depuis le Moyen Âge, le bourreau est un professionnel, obligé de porter un signe distinctif telle une casaque rouge par exemple ; ses valets doivent aussi se distinguer. À partir du XIXe siècle, il s'habille en bourgeois, ce qui lui donne une allure austère et rend ainsi l'exécution encore plus froide. Ce métier est méprisé par les populations et cela ne va guère changer jusqu'en 1981. La guillotine ne doit-elle pas édifier les esprits ?

Le métier de bourreau a toujours été très instable, exercé seulement par quelques familles : Férey, Heidenreich, Roch, Deibler, Desfourneaux. Aux XIXe et XXe siècles, rétribués par l'État, les bourreaux ont rendu la justice au nom du peuple français. La IIIe République a réduit le nombre des bourreaux : au début du XXe siècle, pour l'ensemble de la France, il ne reste plus qu'un seul exécuteur en chef, avec cinq adjoints, au lieu de 230 en 1789 et 27 sous la IIe République. Au XIXe siècle, la baisse du nombre des bourreaux a aussi répondu à un déclin du nombre des peines capitales : 111 en 1821, 75 en 1827, 11 en 1834, puis 45 en 1840 ; de 1850 à 1870, la moyenne annuelle a été de 24 exécutions. Tout au long du XIXe siècle, les différents régimes politiques s'interrogent sur le nombre de bourreaux, les gages annuels des exécuteurs sont abaissés, puis à nouveau augmentés : par exemple, en 1879, Louis Deibler a touché 6 000 francs de gages et son fils Antoine 11 600 francs en 1924. Les épouses des bourreaux décédés recevaient des aides spécifiques. Les exécuteurs ont toujours en charge de loger, de monter et de démonter les échafauds et la guillotine, ainsi que le transport des condamnés de la prison jusqu'au lieu de l'exécution.

À la fin du XIXe siècle, la presse populaire se passionne et caricature le bourreau Louis Deibler, l'« exécuteur national » qui, en 1891, a guillotiné, entre autres, Michel Eyraud, l'assassin de l'huissier Gouffé, mais aussi plusieurs anarchistes, dont Ravachol (guillotiné à Montbrison en 1892) ou encore Caserio, l'assassin du président de la République Sadi Carnot (guillotiné à Lyon en 1894) ; sa dernière exécution a été celle de Vacher en 1898. Son fils Antoine lui a succédé et a connu des périodes de chômage au début du XXe siècle, car les débats pour la suppression de la peine de mort ont été vifs, notamment après l'élection à la présidence de la République d'Armand Fallières en 1906, farouche adversaire de la peine capitale : ainsi, il a gracié tous les condamnés à mort. Fallières a été très critiqué pour sa mansuétude, notamment après le meurtre atroce d'une petite fille en 1907. Jusqu'en 1909, aucune exécution n'a donc lieu en France, année où le président refuse pour la première fois la grâce à une bande de criminels du Pas-de-Calais, de peur que d'autres bandes n'en profitent pour sévir en France. En fait, il lui semblait qu'il était temps de faire un exemple par une mesure spectaculaire. Deibler a repris alors du service et a procédé à une dizaine d'exécutions entre 1914 et 1918. Dans l'entre-deux-guerres, il a poursuivi son travail, décapitant entre 13 et 27 condamnés par an. Il est mort en 1939, après avoir fait tomber près de 400 têtes dans le panier en osier, toujours situé au pied de la guillotine.

Jules Desfourneaux lui succède et poursuit son travail pendant l'Occupation dans le contexte du régime de Vichy, procédant à l'exécution de cinq femmes à partir de 1941, ce qui ne s'était pas produit depuis 1893 – date à laquelle avait été guillotinée à Poitiers la femme Bouillon qui avait tué son petit garçon. Desfourneaux a guillotiné aussi des résistants. Il n'a pas été inquiété pendant l'épuration et a repris avec une certaine indifférence son macabre labeur, dès 1946, en guillotinant à la Santé le docteur Petiot, puis d'autres condamnés, dont plusieurs femmes que Vincent Auriol a refusé de gracier. En 1951, André Obrecht prend la relève comme chef. Il officia sans interruption, sauf sous la présidence de Georges Pompidou qui a gracié tous les condamnés à mort, entre 1969 et 1972. Pour finir sa carrière, Obrecht a exécuté Christian Ranucci le

28 juillet 1976 ; c'était sa 51e exécution. Il a donc beaucoup moins « travaillé » que ses prédécesseurs.

La vie des bourreaux concerne une minorité de familles qui ont su s'élever socialement grâce à un métier singulier, lequel s'ajoutait le plus souvent à une première activité professionnelle. Les aides des bourreaux n'aspiraient qu'à un seul objectif : prendre la place du maître, à savoir devenir « exécuteur en chef ». Le bourreau a toujours fasciné la population, ce qui lui a souvent conféré un caractère quasi sacré. Au fil des deux derniers siècles, le bourreau est devenu un citoyen quasi ordinaire, le dernier maillon de la chaîne judiciaire ; il a été le seul à avoir le droit de tuer au nom de l'État et du peuple français, ce jusqu'en 1981, date à laquelle le garde des Sceaux Robert Badinter a décidé d'abolir la peine de mort.

Éric Alary

L'affaire Raoul Villain

PAR PIERRICK HERVÉ

Jaurès assassiné

Un jour de septembre 1936, le 14 sans doute, sur une plage d'Ibiza fut retrouvé le corps sans vie d'«El loco del puerto». Dans des conditions qui demeurent peu claires, il avait été assassiné à cinquante et un ans par des miliciens républicains.

« Le fou du port »

La guerre civile qui faisait rage depuis quelques semaines venait de frapper celui qui s'était installé dans l'île en 1932 et qui, pendant quatre années, coupé de tout et de tous, s'était isolé du monde.

Ainsi est mort Raoul Villain, dans la misère matérielle, dans le mépris de ses voisins, dans l'oubli…

Le nom de Raoul Villain, méconnu du grand public, alimente chez les historiens un débat dont il est difficile de prédire l'issue. L'assassin du grand Jaurès a-t-il agi seul ? Fut-il le bras armé d'ennemis trop nombreux pour être clairement désignés ? Fut-il le produit d'une ambiance politique dont la violence verbale et physique faisait partie intégrante ?

Ils ont tué Jaurès

Le vendredi 31 juillet 1914, vers vingt heures, Jean Jaurès, annonce à ses collaborateurs, à ses proches présents au siège de *L'Humanité* la rédaction d'un grand texte dans le style du *J'accuse* d'Émile Zola. Mais avant de se lancer dans l'écriture il veut connaître la position du gouvernement anglais sur les événements, sur la dégradation des relations internationales des deux derniers jours. Asquith, Premier ministre de Sa Majesté doit parler, Jaurès attend.

L'idée d'aller dîner pour occuper l'attente est alors lancée. Coq d'Or ou Croissant ? La veille, c'est au Coq d'Or que l'on a mangé ; ce soir ce sera le Croissant. Pour Jaurès ce bistrot est plus calme, il y a ses habitudes. À peine entré, le tribun socialiste passe de table en table, dialogue avec Alméreyda, fondateur du journal *Le Bonnet rouge*, partagé entre tristesse, résignation et dernier espoir de pouvoir empêcher la guerre. Depuis la fin d'après-midi et son entrevue avec Abel Ferry, sous-secrétaire d'État aux Affaires étrangères, Jaurès semble convaincu que plus rien n'est possible. Selon les témoins, il annonce la guerre inévitable.

Assis sur la banquette, proche de la fenêtre donnant sur la rue Montmartre, dont on a baissé le rideau pour qu'il ne soit ni visible, ni importuné, le Tarnais à l'appétit féroce et gourmand commande son repas (les témoignages varient tant sur les mets que sur les boissons). Le député de Carmaux apprend que Asquith n'interviendra pas avant le lundi suivant. Aveu implicite que l'engrenage est inévitable, satané week-end britannique ! Une joie des plus ordinaires vient interrompre repas et méditations, présentation de photos d'enfants, échanges de compliments de la part de cet homme qui aime tant son fils et sa fille qui veillent sur lui dans l'appartement parisien du 16e arrondissement.

Vingt et une heures quarante, deux coups de feu retentissent. Touché par l'un des deux projectiles, le grand corps de Jaurès s'affaisse sur la table. Cris, bousculade, cris encore dont le désormais historique « ils ont tué Jaurès » hurlé par Mme Poisson. Cris qui tranchent avec le silence de Jaurès. L'inlassable orateur qui tenait en haleine l'Assemblée nationale de longues heures durant, succombe lentement, en silence, impuissant désormais à empêcher la guerre. L'intervention d'un médecin, P. de Rio Blanco n'y peut rien : « M. Jaurès n'est plus. » Vers vingt-trois heures vingt, une ambulance à cheval conduit le corps sans vie du citoyen Jaurès vers son domicile.

Pourquoi a-t-il tué Jaurès... ?

Arrêté rapidement dans des conditions encore mystérieuses, l'assassin présumé est conduit vers le commissariat le plus proche par le gardien de la paix Marty pour échapper à une foule, densément présente dans un quartier animé par la publication et la diffusion de nombreux journaux. La police parisienne entend éviter les incidents graves.

Qui est Raoul Villain? Est-il le bras armé d'une force politique qui à longueur d'articles de journaux entend faire taire Jean Jaurès? Faut-il accréditer la thèse officielle du criminel isolé, thèse retenue au procès de 1919? Est-il le produit d'une ambiance politico-diplomatique? Est-il tout cela à la fois?

Fils d'un greffier en chef au tribunal civil de Reims, Raoul Villain naît le 19 septembre 1885 dans la classe moyenne des petites professions du droit. Sa mère, médicalement considérée comme aliénée est internée deux ans plus tard. Enfant, il paraît solitaire, renfermé, anxieux. Des études sans relief, le refus de passer le baccalauréat, une indécision maladive quant à son avenir le conduisent par relations aux écrits et idées de Marc Sangnier. Il semble trouver dans le christianisme social du fondateur du *Sillon* le chaînon qui lui manquait pour donner du sens à sa vie et peut-être également pour donner une dimension supérieure au patriotisme qui l'anime. Pourtant, le contact avec l'armée en 1906 au 94e régiment d'infanterie le déçoit. Il y croise parmi les conscrits l'antimilitarisme, le pacifisme et affirme d'autant plus ses sentiments revanchards et une orientation désormais nationaliste. Diplômé de l'école d'agriculture de Rennes en 1909, il n'en tirera jamais un métier véritable. La même année, une amitié réelle l'unit à Marc Sangnier. Militant du *Sillon*, il lit également la presse nationaliste, mais aussi Barrès, Péguy. Membre de la Ligue des jeunes amis de l'Alsace-Lorraine, il n'a semble-t-il jamais appartenu à une organisation politique nationaliste comme l'Action française. Ce parcours somme toute banal, médiocre, commun à de nombreux jeunes Français du début du XXe siècle le conduit en 1911 au lycée Saint-Stanislas, comme surveillant pour y préparer son baccalauréat.

Très vite après son arrestation, Raoul Villain livre la raison de son geste. Lui qui avait ambitionné d'abattre Guillaume II a tué Jaurès parce qu'il s'opposait à la loi des trois ans, nouvelle durée du service militaire obligatoire ! Geste bien tardif pour une loi votée l'année précédente ! Jaurès fut-il le seul à s'opposer à cette loi ? A-t-il voulu tuer la dernière grande figure politique française animée du désir de sauver la paix ? Il l'aura fait à un moment où Jaurès semblait déjà résigné. Quel est donc cet assassinat qui ne sert plus à rien ?

Pour tenter de comprendre, il faut replacer le geste de Raoul Villain dans le climat de violence politique, verbale, imprimée et physique que la France connaît en 1914. Au printemps, Mme Caillaux a tué le patron du *Figaro*, Calmette, qui ternissait par ses articles l'honneur de son couple. L'acte violent, isolé ou non, fait partie depuis quelques années des pratiques politiques d'une France dont le régime républicain n'est pratiquement plus remis en cause mais dont l'orientation à donner à la République nourrit des oppositions plus qu'acharnées. À titre d'exemple, le geste de Villain a pu être inspiré par de virulentes diatribes. Maurice de Waleffe publie dans le *Paris-Midi* du 17 juillet 1914 : « Dites-moi, à la veille d'une guerre, le général qui commanderait à quatre hommes et un caporal de coller au mur le citoyen Jaurès et de lui mettre à bout portant le plomb qui lui manque dans la cervelle, pensez-vous que ce général n'aurait pas fait son plus élémentaire devoir?» Léon Daudet lui-même dans l'Action française du 23 juillet 1914 suppose que le sort de Calmette puisse devenir celui de Jaurès.

Ainsi, même si très vite ce dernier journal sous la plume de Maurice Pujo, l'un des fondateurs, se désengage d'une quelconque responsabilité dans la mort de Jaurès, force est de constater que le climat politique, la liberté de ton, voire l'appel au meurtre, nourrissaient les lectures de Raoul Villain comme de bien d'autres.

La deuxième mort de Jaurès

Cinquante-deux mois de guerre ont fait basculer le monde dans la brutalisation des rapports humains. Raoul Villain qui en passe cinquante-six en prison ne participe pas à ce conflit. Après de nombreux ajournements, Georges Clemenceau, président du Conseil, renvoie l'accusé devant la cour d'assises de la Seine en mars 1919. Qui est jugé? L'assassin de Jaurès ou bien Jaurès lui-même face à l'histoire? À qui les faits donnent-ils raison? La France victorieuse négocie fermement les futurs traités de paix, confirmant la validité des thèses revanchardes, justifiant les sacrifices inouïs annoncés par Jaurès. Les thèses pacifistes, la volonté d'entente entre les peuples ont volé en éclats. Il suffit aux avocats de la partie civile de transporter maladroitement le procès sur le terrain politique, de faire de Raoul Villain le bras armé d'un nationalisme d'avant-guerre pour que la justice parisienne d'une France qui se prépare à voter Bloc national dans une union sacrée qui, selon la formule de l'historien Jean-Jacques Becker «a pris une orientation droitière», et dont le caractère uni a disparu depuis longtemps, acquitte l'assassin de Jaurès.

Raoul Villain reprend alors sa vie banale et médiocre, vie d'aventurier sans relief. Il goutte à nouveau la prison en 1920 pour une affaire de trafic de monnaie, ensuite il s'expatrie, Dantzig, Memel, puis en 1932 il jette son sac à Ibiza. Le geste politique qui l'a fait connaître avait-il un sens tant Jaurès paraissait résigné à la guerre en cette fin de journée du 31 juillet 1914? Raoul Villain disparaît même des images colportées par la presse à sensation dès l'assassinat. De la mort de Jaurès, le grand public ne retient que quelques éléments dont l'auteur est anonyme ou absent. Il n'est souvent qu'un bras, une main tendue, tenant un pistolet dont s'échappe la fumée d'un coup mortel et qui donne à la paix, non sans ambiguïté, l'un de ses plus grands martyrs.

Des polices municipales à la police nationale

Au XIXe siècle et sous la IIIe République, la France possède plusieurs polices, dont le ressort géographique, le statut, les effectifs, les structures, les moyens diffèrent souvent sensiblement. Chacune des polices françaises vit en autarcie. Elles n'ont aucun lien entre elles et n'ont aucun droit de suite en dehors de la limite des communes d'exercice. En fait, les policiers sont recrutés par les municipalités et ils n'ont pas le droit de sortir du territoire communal. De leur côté, les gendarmes, qui sont des militaires, assurent des missions mixtes, civiles et militaires. Leurs fonctions de police et de renseignement s'exercent dans les campagnes sur tout le territoire national. Puisqu'ils sont en sous-effectif, leur travail est vite énorme et ils sont souvent absents des brigades ; ce qui profite aux criminels.

Jusqu'aux années 1940, la Sûreté générale, qui constitue la direction de la police au ministère de l'Intérieur, forme un état-major qui ne dirige pas directement les policiers. Les polices municipales sont obligatoires dans les villes de plus de 5 000 habitants. Elles sont donc rémunérées par les communes et dirigées par les maires. Des commissaires recrutés par le ministère de l'Intérieur forment la hiérarchie, mais sont rétribués par les communes. Ils sont souvent peu efficaces car mal formés et mal payés. Les effectifs sont également trop faibles sauf dans quelques grandes villes où les polices ont été étatisées : à Lyon (1851), à Marseille (1908) et à Toulon et La Seyne (1918). L'évolution des effectifs à la hausse concerne seulement ces dernières à la veille de la Grande Guerre.

Il est une police à part : la police spéciale des chemins de fer qui remplit des missions politiques ; elle surveille le déplacement des opposants politiques ou des malfaiteurs les plus dangereux. Par ailleurs, sur le plan structurel, Paris fait exception avec la création d'une police spécifique dès le Consulat, organisée autour de la préfecture de police, confinée dans le département de la Seine. Elle dispose d'effectifs supérieurs à ceux de l'ensemble de toutes les polices françaises. Mais une fois sortis de Paris, en zone couverte par les gendarmes surmenés, les bandits ont vite les mains libres ; le territoire français est très mal couvert par des polices très peu mobiles jusqu'à l'entre-deux-guerres, malgré des initiatives mises en route avant 1914.

Clemenceau s'employa à pallier ces graves problèmes dès 1907 en appelant de ses vœux à la modernisation de la police. Avant la Grande Guerre, Célestin Hennion a eu une action efficace pour créer les bases de la future police judiciaire, mieux équipée, plus coordonnée, mieux entraînée. Dans l'entre-deux-guerres, l'État ne veut plus confier le maintien de l'ordre à l'armée et crée la gendarmerie mobile. En 1944, les forces républicaines de sécurité (FRS devenues les CRS) sont également créées dans le but d'assurer le maintien de l'ordre du pays au moment du retour – parfois difficile – à la légalité républicaine ; la gendarmerie mobile renaissante n'a plus alors le monopole du maintien de l'ordre en France.

Cela dit, avant la Seconde Guerre mondiale, la police d'État est encore embryonnaire ; peu à peu les membres des polices locales de la banlieue parisienne vont gagner le statut de fonctionnaires. En 1941, par une noria de décrets (d'avril à juillet) et par une loi (le 23 avril) le régime de Vichy étatise les polices municipales des villes de plus de 10 000 habitants et les fait passer sous l'autorité directe du ministre de l'Intérieur. Cette police, devenue nationale, prolongea l'œuvre de la IIIe République, mais pour des besoins autoritaires sous Vichy. Une École nationale supérieure de police fut même créée à Saint-Cyr-au-Mont-d'Or, afin d'y former les commissaires et les GMR (Groupes mobiles de réserve dissous à la Libération) ; parallèlement, la gendarmerie mobile a disparu le temps de l'Occupation. Seules la garde du maréchal Pétain et les brigades territoriales furent maintenues après de longues hésitations allemandes. Les

Renseignements généraux (RG) et les brigades spéciales de la préfecture de police de Paris (les BS) ont participé activement à la lutte contre la Résistance et à la traque anticommuniste et antimaçonnique. D'autres polices parallèles ont vu le jour sous l'Occupation : le SPAC (service de police anticommuniste) ; le service des sociétés secrètes (SSS), la PQJ (police aux questions juives). Si des policiers ont participé à la Résistance, l'épuration légale fut particulièrement féroce pour les collaborateurs dans les rangs de la police française à la Libération.

Depuis 1945, la police a suivi les voies de la modernisation et de la sophistication même si en 1946 il était prévu de « remunicipaliser » les polices d'État ; aucun ministre n'a osé le faire. Depuis le 1er janvier 1968, les policiers relèvent d'une police nationale unifiée. C'est l'achèvement de la centralisation et de l'unification ébauchées sous la IIIe République et sous Vichy.

Pourtant, depuis les années 1980, des milliers de communes françaises se dotent de polices municipales comme pour pallier le manque de moyens et d'effectifs de la police nationale. Ce retour en arrière a fait débat à l'Assemblée nationale. Enfin, un groupe d'élite, le RAID (Recherche Assistance Intervention Dissuasion) a été créé en 1985, en pleine période terroriste, sur le modèle du prestigieux GIGN (le Groupement d'intervention de la gendarmerie nationale qui est né en 1974). La police semble souvent avoir un déficit d'image que n'a pas la gendarmerie. La création du RAID a tenté de résorber en partie ce manque.

Éric Alary

D’une guerre à l’autre

L’affaire Mata Hari
L’affaire Landru
L’affaire Seznec
Les sœurs diaboliques
L’affaire Stavisky
L’affaire Barthou
L’affaire Violette Nozière
L’affaire Weidmann

De grandes affaires criminelles
au gré des crises et des doutes

L'avocat

Avocat est une profession qui remonte à la nuit des temps. Les Grecs connaissaient déjà l'art de la plaidoirie, et c'est Justin, le premier empereur des Romains, qui créa l'ordre des avocats. En France, c'est l'ordonnance de Philippe de Valois (1327) qui consacra le véritable début du barreau. Après nombre de péripéties historiques (parmi lesquelles la suppression des barreaux sous la Révolution), c'est au XIXe siècle que s'est affirmé le caractère libéral de la profession d'avocat.

L'avocat assure avant tout une mission de service public : le privilège de porter la parole et de défendre autrui dans un procès, advocare, c'est-à-dire appeler quelqu'un comme conseil devant un juge. L'avocat, pour pouvoir exercer, doit être inscrit à un barreau, établi auprès d'un tribunal de grande instance. Chaque barreau est indépendant et est administré par un conseil de l'ordre, dirigé par un bâtonnier.

En France, les conditions d'accès pour exercer la profession sont soumises à une série de conditions : une condition de nationalité, à savoir être français ou ressortissant de l'Union européenne ou de l'Espace économique européen ; une exigence de moralité et une condition de diplôme (posséder la maîtrise en droit et avoir obtenu le certificat d'aptitude à la profession d'avocat – CAPA). Le métier d'avocat revêt une double fonction : d'une part, assistance et représentation des parties dans un procès ; d'autre part, une activité de conseil.

Le phénomène le plus marquant de l'évolution des pays occidentaux réside dans la véritable transformation de la profession dans les trente dernières années du XXe siècle, où elle a plus changé que pendant les deux siècles précédents. Les nouvelles tendances de la profession d'avocat suivent ainsi logiquement l'évolution générale du monde contemporain : le rôle croissant du monde des affaires et du conseil, et la mondialisation des échanges et donc du droit par voie de conséquence. De nouveaux métiers et de nouveaux marchés s'ouvrent ainsi à l'avocat, qui constituent autant d'opportunités que de défis.

Véronique de Folin

L'affaire Mata Hari

PAR PIERRICK HERVÉ

Une beauté fatale morte pour rien ?

Margaretha Gertruida Zelle a connu le destin extraordinaire d'une vie consommée avidement. Belle intrigante, panier percé aux exigences que ne pouvaient satisfaire ni une vie de couple rangée, ni les maigres cachets d'une pseudo-danseuse exotique, celle que l'histoire préfère retenir sous le nom de Mata Hari est morte, exécutée dans le polygone de tir de Vincennes, le 15 octobre 1917.

Comment cette femme à la beauté souvent fatale s'est-elle retrouvée un matin d'automne dans un lieu aussi peu propice à l'expression de talents trop rapidement admis ? L'affaire que nous voulons conter ne relève ni du droit commun ni de l'erreur judiciaire. Elle porte en elle toutes les composantes de la culture qui traverse, anime et féconde la société française plongée dans une abominable guerre, guerre qui parfois perturbe le sens commun.

Le mariage et l'ennui

Fille d'un marchand de casquettes installé à Leeuwarden aux Pays-Bas, Margaretha est née en 1876. L'enfant est semble-t-il choyée par son père, mais les traces de vie qui nous sont connues et maîtrisables n'apparaissent que lorsqu'elle atteint l'âge de semer le trouble parmi les hommes de son entourage. Organise-t-elle sa vie ou la joue-t-elle au gré d'une frivolité aussi désarmante que séductrice ? À dix-neuf ans, elle répond à l'annonce matrimoniale d'un militaire de carrière de l'armée des Indes néerlandaises. Le capitaine John Mac Leod, descendant d'une lignée écossaise, tombe sous les charmes d'une femme « d'une rare séduction ». Mais tout Mata Hari semble déjà être résumée dans ce mariage si rapidement conclu que le mari lui-même s'en inquiète. Elle recherche un prince charmant aux origines attestées, au parcours glorieux et qui peut subvenir à l'essentiel de ses nombreux besoins. Quand le pécule d'une carrière s'éteint, le couple part pour l'Extrême-Orient. Java est une destination qui peut satisfaire les tentations exotiques de la belle. Illusion ! La société coloniale est bien vite fade et les envies frivoles sans cesse réprimées au sein de cette communauté militaire. L'ennui, l'impossibilité de dépenser par plaisir, mais aussi la perte d'un premier enfant sans doute empoisonné par un domestique trop vertement grondé, viennent à bout des sentiments des époux qui rentrent en Europe. Pour faire face au manque d'argent, Margaretha côtoie les maisons de rendez-vous de la prostitution chic d'Amsterdam. Le divorce est prononcé en 1902.

L'APPARENCE DE LA LIBERTÉ : QUATRE SYLLABES EXOTIQUES

La liberté porte le nom d'une ville : 1903, Margaretha arrive à Paris. Que faire ? Comment vivre dans la Ville lumière ? Elle profite d'une ambiance si particulière qu'on nommera beaucoup plus tard la Belle Époque où le factice peut prendre une profondeur aux yeux émerveillés d'un public consommateur et dénué de culture. Elle choisit de conquérir le milieu de la danse. L'incompétence de Margaretha en danse classique s'impose comme une évidence. Alors elle fait découvrir à la capitale des arts le strip-tease exotique. L'engrenage qui conduit à Vincennes se met en route. Elle devient Mata Hari, « pupille de l'aurore », s'invente une origine hindoue que confirme son teint d'Eurasienne, un père rajah indien qui l'aurait consacrée à Siva, dont les prêtres l'auraient surnommée Mata Hari, et prétend avoir appris à danser avec les danseuses sacrées d'Indonésie. Le public se moque des incohérences tant géographiques que religieuses. Il n'a d'yeux que pour cette beauté étrangère miraculeusement présente à Paris après son enlèvement par un officier de l'armée des Indes. La presse à sensation n'y voit que du feu, ou plutôt le hasard lui livre un nouveau sujet et une iconographie aguichante à forts tirages puisque des milliers d'exemplaires sont vendus. Le 13 mai 1905, elle interprète la danse des sept voiles au musée Guimet : Paris succombe devant la « nouvelle Shéhérazade » !

Mata Hari est alors réclamée par toute l'Europe. Elle part en tournée, passe par Berlin où elle séduit le Kronprinz. Séduire est un faible mot. Ce dernier l'emmène même en manœuvre en Silésie en 1906 ! « Nana » du début du siècle, elle mène grand train de vie, financé par des aventuriers de la finance et quelques industriels.

La faiblesse des compétences artistiques, mais également l'âge la rattrapent. En 1913, elle essuie les refus de plusieurs salles de spectacles européennes.

Une idole piégée

Rencontrant des ennuis financiers, elle liquide son hôtel particulier de Neuilly et s'installe en Allemagne en 1914, pays que lui ouvre sa nationalité néerlandaise. Son retour en France se fait en 1915.

L'Intelligence Service britannique adresse une note à son sujet aux autorités françaises et le préfet de police s'empresse de la faire surveiller. La danseuse est passée, le mythe de la galante espionne prend corps au sein des autorités militaires. Cependant, la surveillance discrète, la recherche de messages codés, d'encre sympathique ne donnent rien. Pas plus, du reste, le séjour qu'elle organise à Vittel avec l'officier russe Marzov ou Maslov. Alors, le capitaine Ladoux, chef du service des renseignements français, sans doute poussé par ses supérieurs hiérarchiques, passe à l'action. Mata Hari, dans son bureau, lui propose d'espionner en faveur de la France.

Envoyée en Espagne elle est surveillée par des agents espagnols qui travaillent pour la France. Devenue la maîtresse d'un attaché militaire allemand, von Kalle, elle possède rapidement ses entrées à l'ambassade d'Allemagne à Madrid. À bout de ressources, elle repart vers Paris pour obtenir de nouvelles réserves financières. Radio Tour Eiffel capte alors des messages de von Kalle à destination des services secrets allemands : un agent allemand codé H21 doit recevoir un versement de fonds dans une banque parisienne. Mata Hari est H21. Au début de l'année 1917 elle arrive à Paris mais le piège est refermé. Au sommet de la hiérarchie militaire française, elle est reconnue espionne allemande. Arrêtée le 13 février 1917, elle est inculpée pour espionnage, complicité et intelligence avec l'ennemi.

Emprisonnée à Saint-Lazare, Mata Hari y subit interrogatoire sur interrogatoire. Comprend-elle ce dont on l'accuse ? Parvient-elle à replacer sa vie dans ces événements qui la dépassent mais qui bientôt vont décider pour elle ? L'année 1917 est une année particulièrement compliquée. Si la victoire à Verdun galvanise encore certains, le statu quo sur la Somme porte cette bataille au rang des offensives inutilement meurtrières. En février, on ne sait plus exactement si la Russie est encore une alliée ; au printemps, des mouvements sociaux se font jour, bientôt suivis par les mutineries de quelques corps de troupe. Paris est traversée par une campagne de presse menée par l'Action française contre des espions qu'elle voit partout. Malvy, l'ancien ministre de l'Intérieur, est condamné pour traîtrise !

Le procès de Mata Hari s'ouvre, à huis clos, le 24 juillet devant le troisième conseil de guerre, composé de six juges militaires, au palais de justice de Paris. Quatre faits sont établis « avec certitude » : Mata Hari est H21, elle a utilisé de l'encre sympathique, elle a rencontré un des chefs de service du renseignement allemand, elle a touché de l'argent. Déclarée coupable, elle se pourvoit en révision mais sans succès. Poincaré lui refuse son droit de grâce.

Pour se présenter au peloton d'exécution elle demande une robe claire, un manteau avec un bord de fourrure, un chapeau et des gants. Refusant qu'on lui bande les yeux, elle fait face à la mort. Douze coups de feu, un coup de grâce que les rapports qualifient d'inutile. Aucune famille ne réclamant son corps, ce dernier est transmis au département anatomie de la faculté de médecine.

« Il n'y avait pas de quoi fouetter un chat. »

Le procureur Mornet à l'étude du dossier en 1947 lâche cette impression de juriste à la sortie d'une autre guerre : « Il n'y avait pas de quoi fouetter un chat. » Les questions affluent qui peuvent se résumer en une seule, lourde de sens : pourquoi Mata Hari a-t-elle été condamnée ? Si Mata Hari a espionné, elle l'a fait sans envergure et avec peu d'efficacité. De plus, il est difficile d'établir pour lequel des deux belligérants elle l'a fait. Espionne peut-être, mais espionne ratée !

Alors l'historien doit chercher dans un faisceau de causes qui vont jouer au moment où son parcours personnel rencontre la grande histoire. Trois aspects nous semblent essentiels pour comprendre comment un dossier presque vide devient une affaire d'État, comment une danseuse devient l'espionne à abattre.

Mata Hari correspond sans doute idéalement au type de danger que les autorités françaises entendent déjouer pendant le conflit. Premièrement, c'est une femme de petite vertu. Certes, elle connut la gloire au même moment que des grands noms de la danse et du théâtre. N'oublions pas qu'elle fut contemporaine de la Belle Otéro ou encore d'Isadora Duncan. Si ses talents professionnels n'égalaient en rien ceux des artistes citées, elle avait sur elles un avantage que le début du siècle sut apprécier. Elle dévoilait son corps; le spectacle de la nudité de Mata Hari envoûtait les esprits. Mais en temps de guerre, dans un recueillement profond, dans une recherche de haute tenue morale, elle perdait ses atouts ou plus exactement ceux-ci devenaient des circonstances aggravantes.

Si nous reprenons le vrai nom de l'artiste Margaretha Gertruida Zelle, nous trouvons le deuxième argument. Mata Hari est une étrangère, germanophile, qui ne manifeste que peu d'attachement à la France dans un temps de nationalisme exacerbé par l'enjeu même du conflit en 1917. La presse dénonce tous les jours les odieuses tentatives de l'ennemi pour financer les mouvements pacifistes, pour fomenter des troubles intérieurs générateurs de guerre civile.

Une troisième approche alors se fait jour: Mata Hari est l'espionne tant désirée par l'espionnite. Maladie développée tant dans les milieux officiels qu'au sein du public, l'espionnite touche de nombreux pays européens. La France n'échappe ni au phénomène ni à ses effets dévastateurs. Tenir une espionne, la faire avouer, montrer de la fermeté en la condamnant et l'exécutant, voilà de quoi rassurer des populations perturbées par une année difficile.

Danseuse sans l'être, espionne sans l'être, Mata Hari a sans doute cumulé de bonnes raisons françaises de finir devant un peloton d'exécution en octobre 1917. Le manque permanent d'argent, le souci de satisfaire des besoins frivoles, la disposition à montrer et à donner beaucoup d'elle-même la conduisent dans les bras des puissants. Ensuite, il suffit d'un contexte international, dont elle semble pourtant si éloignée…

L'affaire Landru

PAR ÉRIC ALARY

Le nouveau Barbe-Bleue

C'est l'une des affaires les plus troublantes de l'entre-deux-guerres. Alors que la France n'en finit pas de panser les plaies béantes de la Grande Guerre, le 25 février 1922, à six heures dix du matin, à la prison de Versailles, le célèbre bourreau Anatole Deibler guillotine Henri Désiré Landru.

Onze meurtres lui ont été imputés lors de son procès en 1921. Le 24 février 1922, le président de la République, Alexandre Millerand, a rejeté le recours en grâce. Le procès a été spectaculaire, décrit dans ses moindres détails par la presse populaire. Tantôt il est présenté comme jovial tantôt comme courtois. Pour autant, il a tué, dépecé le corps de ses victimes, en a enterré certaines parties et brûlé d'autres. Les journalistes le présentent comme le nouveau Barbe-Bleue.

Le fourneau fume...

Le destin de Landru est pour le moins étrange. Marié à une blanchisseuse, il est le père de quatre enfants. D'ailleurs, il a été décrit comme un bon père. C'est tout à fait par hasard qu'il tombe entre les mains de la justice en avril 1919. À la Belle Époque, Landru a déjà été condamné à des amendes, à de la prison pour une multitude d'escroqueries et d'abus de confiance ; il change sans cesse d'identité. Il ne reste jamais très longtemps en prison puisque les psychiatres le déclarent souvent « malade », atteint mentalement, sans être fou. En 1914, alors qu'il est en fuite, un nouveau procès pour escroquerie le condamne à être déporté à vie au bagne de Cayenne.

En 1915, il cherche des solutions pour subvenir aux besoins de sa famille. Avide d'argent et de reconnaissance sociale, il se fait passer pour un veuf auprès des femmes qu'il parvient à séduire. Il met en œuvre une technique très élaborée pour attirer ses victimes : par petites annonces dans *Le Petit Journal*, il essaie de prendre contact, comme par exemple : « M. 45 ans, seul, s. famille, situation 4000 ay. inter. désire épous. dame âge situation, rapport. C.T. 45 Jal. »

Cette annonce est froide, mais des femmes seules recherchent à tout prix un foyer pour échapper à la solitude et vivre aisément. Celles repérées par Landru ont un point en commun : elles sont riches et seules ; la guerre a éloigné des millions d'hommes. Anna-Collomb répond à l'annonce du *Petit Journal*, le 7 mai 1915 : « J'ai trente-neuf ans, sans enfant et pour ainsi dire sans famille. [...] Je suis parvenue à faire quelques économies qui, avec le petit peu que j'avais quand mon mari est mort, s'élèvent à huit mille francs. » Anna avait en réalité quarante-quatre ans. Peu importe. Elle veut rencontrer à tout prix « M. 45 ans ». Anna obtient vite une promesse de mariage. Tout semble parfait lorsqu'elle annonce cette bonne nouvelle à sa famille le 26 décembre 1916. Ensuite, elle disparut à jamais... Puis, Landru attire Célestine Buisson et ainsi de suite. Le piège fatal se referme à plusieurs reprises sur ces femmes seules.

Landru joue les bourgeois aisés et promet le mariage. Après avoir passé des annonces matrimoniales dans les journaux, il reçoit ses futures victimes dans une garçonnière (il en change sans cesse afin de n'éveiller aucun soupçon) à Vernouillet, puis à Gambais dans les Yvelines. Sans doute, avec une éloquence bien rodée, Landru parvient à convaincre ses victimes de lui signer une procuration sur leurs comptes. L'affaire est ainsi ficelée, mais que faire des femmes ? Landru a déjà en tête de les tuer, enfermé qu'il est dans un autre monde. Après sa condamnation au bagne, il a atteint le point de non-retour. Les femmes sont étranglées. Puis, les corps sont brûlés en partie dans le fourneau de la villa. Malgré les mauvaises odeurs senties par les voisins, Landru n'est pas gêné dans sa terrible quête d'argent ; il est vu à plusieurs reprises dans la rue au bras d'une dame chaque fois différente. Il retourne de temps à autre voir sa famille, afin de lui procurer de quoi survivre en des temps de pénurie. Cette liberté d'action, pour un homme recherché par la police, a été possible car la France était en pleine guerre ; le pays était tourné vers d'autres préoccupations ; Landru, considéré par la police comme « criminel en fuite », est assez tranquille pour tuer et se déplacer dans la région parisienne. Il va ainsi pouvoir traquer des femmes seules. Pourtant, brutalement et par hasard, les « affaires » de Landru s'arrêtent.

Une stratégie macabre

En 1918, le maire de Gambais a des doutes, car plusieurs lettres lui demandent des nouvelles de deux femmes soi-disant fiancées avec un homme de la commune, dont l'identité n'est jamais la même (M. Dupont, M. Frémyet, par exemple ; Landru aurait eu jusqu'à quatre-vingt-dix identités différentes !). Intrigué, le maire tente de démêler ces affaires et réunit les deux familles qui constatent avec effroi que le fiancé des deux disparues est le même ! Les familles portent plainte. Après une enquête policière vaine sur les identités du fiancé mystérieux, c'est par hasard que Landru est localisé après que la proche d'une disparue l'a reconnu en sortant d'un magasin de faïences. Il est enfin arrêté en avril 1919.

Les perquisitions dans les villas louées par Landru révèlent la présence de débris humains dans des tas de cendres retrouvés dans un hangar et dans une cuisinière. Plus d'un kilo de débris d'os humains calcinés est ainsi ramassé par les policiers. L'affaire apparaît vite comme « monstrueuse » aux enquêteurs. Ceux-ci découvrent que

Landru a tenu une comptabilité d'une minutie extrême : des scies à métaux ont été achetées et les noms des « fiancées » figurent sur le carnet de comptes et sur un ensemble d'agendas au contenu assez mystérieux. Pour autant, certaines listes sont éloquentes :

« 8 février 1917, une douzaine de scies à métaux de 0,22 : 6,60 F ; 25 avril 1917, scie à bûches : 4,25 F ; 6 juin 1917, scie circulaire : 3,15 F ; 6 mars 1918, six douzaines de scies à métaux : 25 F. »

Mais ce qui révèle encore plus la « stratégie » macabre de Landru, c'est la découverte de reçus de billets de train : des allers et retours lui étaient réservés pour se rendre à Vernouillet ou à Gambais tandis que seuls des allers simples étaient achetés pour les « fiancées » ! Le « voyage » chez Landru était toujours sans retour possible, sauf pour Fernande Segret, âgée de vingt-six ans, qui a miraculeusement échappé aux griffes du tueur.

Un dossier de sept mille pages...

Pendant tout le procès qui s'ouvre le 7 novembre 1921, Landru devient une célébrité du crime et des médias. Ceux-ci emploient volontiers une terminologie empruntée à la rubrique « spectacle » des journaux. Devant le Palais de Justice, les curieux sont très nombreux ; certains proposent même de l'argent pour pouvoir être « spectateurs » du procès. Colette ou encore Mistinguett, entre autres, font partie des célébrités qui viennent aux audiences. Landru n'est que trop flatté par tant de curiosité mondaine. Distingué pendant le procès, il reste le plus souvent flegmatique ; la barbe est bien taillée et son allure générale ne dévoile en rien un personnage diabolique. Il va sans cesse nier les faits qui lui sont reprochés, demandant même qu'on lui montre les cadavres. Le dossier de sept mille pages ne contient pas de preuves totalement décisives, mais après le passage de cent cinquante témoins à la barre, les magistrats sont convaincus de sa culpabilité : toutes les femmes venues dans les maisons de Landru n'en sont jamais ressorties. Son avocat, maître Moro Giaferri, plaide pendant cinq heures avec une belle éloquence. Mais Landru est condamné à mort ; il a plaidé son innocence jusqu'au jour de son exécution.

Héros de la presse et des curieux en mal de sensations fortes, Landru fait partie de l'évolution des représentations médiatiques qui se cristallisent sur le « sensationnel ». On entre alors dans l'ère de la « théâtralisation » des médias. Cela dit, Landru est un tueur en série et il a su jouer pendant sa vie du contexte fort singulier de la Première Guerre mondiale et du désir de séduire pour gagner de l'argent et tuer des femmes seules.

Elle est bleue la barbe à Landru
Ses yeux en boutons de bottine
Accrochent au hasard des rues
Les veuves et les orphelines.

(Chanson de René Masson)

Le bagne

Le 1er août 1953, les derniers condamnés au bagne quittaient la Guyane pour retrouver le sol métropolitain. Pendant près de trois siècles, les régimes autoritaires ou démocratiques français avaient organisé la déportation outre-mer de criminels et de prisonniers politiques.

L'histoire du bagne s'inscrit à la fois dans l'histoire judiciaire de l'État français, dans l'histoire des représentations du fait criminel au sein de la société, et enfin dans celle de l'expansion coloniale de la France. Elle est indissociable de l'histoire des galères. D'ailleurs les deux termes restent synonymes, dans le langage populaire, de conditions dignes de l'enfer. On y retrouve deux constantes : la volonté d'isoler des individus considérés, à des titres divers, comme présentant un risque de contagion grave pour le reste du corps social, et celle de tirer parti de la force de travail de ces hommes perçus comme des « rebus » – et donc une charge – de la société.

Dès le milieu du XVIe siècle, la royauté institue le système de la chiourme : les condamnés sont utilisés comme rameurs à bord de navires de l'État, les galères, où l'espérance de vie n'excède pas cinq ans. À la fin du XVIIe siècle on compte près de douze mille galériens. Louis XIV y fait envoyer nombre de contrebandiers, de vagabonds, mais aussi de protestants. Lorsque le recours aux galères diminue, les forçats quittent ces bâtiments de guerre pour aller travailler dans les arsenaux royaux ; et en 1748 un édit fait remplacer les galères par des bagnes, établissements pénitentiaires, installés pour les plus importants à Toulon, Rochefort et Brest. Les condamnations sont l'occasion de mises en scène où se presse d'ailleurs la foule des badauds : jusqu'en 1836 une « chaîne » (évoquée par exemple dans Les Misérables de Victor Hugo) de cent à trois cents condamnés, enchaînés par le cou, part de Paris pour rejoindre les trois principales villes de bagne. La condamnation au bagne et aux travaux forcés s'applique alors aux criminels, aux opposants politiques ou aux délits militaires, mais on peut y retrouver également de « simples » voleurs comme en témoigne l'exemple littéraire de Jean Valjean… Les condamnés à perpétuité connaissent les conditions de détention les plus dures : ils gardent leurs fers en permanence tout en accomplissant des travaux de force. Le marquage au fer rouge est encore en usage, la délation fait partie du quotidien, sans compter le recours aux forçats pour encadrer d'autres forçats. Autour du bagne gravitent plusieurs professions : gardes, bourreaux, flagelleurs (responsables des coups de fouet), mais aussi coiffeurs, écrivains publics, médecins, pour n'en citer que quelques-unes… Dans ce monde carcéral, les relations entre condamnés et représentants de la loi sont souvent complexes et ambiguës comme en témoigne le cas d'Eugène François Vidocq, condamné en 1897 à huit ans de bagne pour faux en écriture, évadé du bagne de Toulon, et devenu indicateur de la police de Paris en 1806 avant d'être nommé chef de la Sûreté de Paris entre 1811 et 1827 !

Dans le premier tiers du XIXe siècle, la demande – liée aux peurs sociales – se fait de plus en plus pressante pour que les bagnards soient totalement isolés des populations. Ce sont en particulier les « libérés », c'est-à-dire ceux qui ont purgé leurs peines, qui inquiètent les responsables politiques et judiciaires. Comme le commissaire Javert, de Victor Hugo, nombreux sont ceux qui estiment en effet que la criminalité et le vol sont ancrés dans ce qu'on appellerait aujourd'hui les gènes. En outre, on explique que les forçats employés dans les arsenaux occupent des emplois que pourraient tenir d'« honnêtes citoyens ». La question des opposants politiques soucie également les responsables politiques. Ainsi Napoléon III, qui arrive au pouvoir par un coup d'État le 2 décembre 1851, reprend une pratique inaugurée avec la Révolution française consistant à envoyer outre-mer les condamnés politiques. Plus de trois cents révolutionnaires de 1848 sont ainsi déportés en Guyane, aux îles du Diable (rebaptisées îles du Salut), jusqu'en 1866. Écartée en 1851 au profit de la Guyane par les responsables militaires et administratifs du Second Empire, la Nouvelle-Calédonie devient une nouvelle terre de déportation à partir de 1857. De 1864 à 1924, ce furent ainsi plus de vingt mille personnes qui furent déportées sur le « Caillou ». À partir de 1872, et jusqu'à l'amnistie de 1880, les révoltés de la Commune de Paris, dont la célèbre Louise Michel, y ont été envoyés en masse. Parmi les bagnards les plus célèbres de la IIIe République, on retiendra le nom d'Alfred Dreyfus, qui survécut dans de terribles conditions, entre 1895 et 1899, à l'île Royale puis à l'île du Diable. Henri Charrière, qui fut envoyé au bagne de Cayenne en 1931, s'inspira de son expérience et de celles d'autres bagnards pour écrire le roman à succès Papillon, publié en 1969 et immortalisé au cinéma par Steve McQueen.

L'installation des bagnes outre-mer eut pour prétexte la mise en valeur des territoires coloniaux. Mais derrière cet argument, il y avait clairement l'objectif d'éloigner définitivement des individus jugés indésirables sur le territoire métropolitain. Le Second Empire définit en 1854 la « transportation » : tout condamné à moins de huit ans de travaux forcés devait, à la fin de sa peine, résider dans la colonie un temps égal à celui de sa condamnation. Il se retrouvait alors plongé dans une terrible misère qui le conduisait souvent à commettre à nouveau des délits. Au-delà d'une peine de huit ans, il devait y résider jusqu'à la fin de sa vie… La IIIe République inventa quant à elle la « relégation » : les récidivistes ayant été condamnés à des peines de prison en France se retrouvaient déportés au bagne.

Si les ministres de la République étaient très précisément informés des conditions de vie exécrables des bagnards, il fallut attendre les reportages d'Albert Londres en 1923 pour que l'opinion publique française soit enfin sensibilisée à cette ignominie. L'Armée du Salut, avec Charles Péan, joua un rôle important dans les années 1930 pour aider les bagnards à une réinsertion digne de ce nom. Sous la pression du Guyanais Gaston Monnerville, petit-fils d'esclave devenu sous-secrétaire d'État aux colonies, la déportation guyanaise fut abolie en 1938. Cela n'empêcha pas l'envoi de six cent soixante-dix relégués au bagne à la fin de cette même année… Les bagnards de Guyane ont vécu les années de guerre dans des conditions si terribles que d'un peu plus de cinq mille en 1939, ils n'étaient plus que mille quatre cent deux à la libération du territoire en 1943. Sous la direction de l'Armée du Salut, les premiers bagnards sont rapatriés à Marseille le 17 août 1946. Il s'en était fallu de peu : quelques mois auparavant le garde des Sceaux cherchait encore à relancer les convois vers les bagnes outre-mer, quitte à trouver une nouvelle destination. Mais les responsables de la IVe République avaient alors à l'esprit l'horreur absolue de l'univers concentrationnaire nazi…

Gilles Gauvin

L'affaire Seznec

PAR DAVID CANARD

Un coupable idéal ?

Novembre 1924 : Guillaume Seznec clame son innocence lors de son procès à Quimper. Ce négociant en bois de Morlaix, né en 1878, est accusé de l'assassinat de son ami Pierre Quémeneur, conseiller général du Finistère, et de faux en écriture privée. Le 4 novembre 1924, la cour d'assises du Finistère condamne Guillaume Seznec aux travaux forcés à perpétuité. Il suit alors le chemin terrible des 73 000 condamnés au bagne via la citadelle de Saint-Martin-de-Ré.

Le profil du parfait coupable

Après la Première Guerre mondiale se tissent de nombreux trafics, juteux pour certains : revente des stocks américains abandonnés par l'armée ; les voitures, et plus précisément des Cadillac, sont très prisées et acheminées vers la Russie.

Le 25 mai 1923, Guillaume Seznec et Pierre Quémeneur partent pour Paris. Ils doivent livrer à un certain Gherdy ou Charley une première voiture.

Les pannes s'enchaînent sur la route. Les deux compagnons doivent se séparer. Guillaume Seznec revient seul avec le véhicule. Aux policiers, il a affirmé avoir déposé le conseiller général à la gare de Houdan dans les Yvelines. On ne reverra plus jamais Pierre Quémeneur.

Pourtant, à la gare du Havre, une valise contenant la promesse de vente du manoir de Traou-Nez dans les Côtes-d'Armor, propriété de Pierre Quémeneur, est retrouvée. Seznec est alors accusé d'être l'auteur de cet acte et d'avoir imité la signature de son ami.

Le 1er juillet, Guillaume Seznec est arrêté et inculpé d'assassinat. C'est le début de « l'affaire ».

Lors d'une troisième perquisition, la police découvre chez Seznec, dans un bâtiment proche de la scierie, une machine à écrire Royal-10 qui est devenue la pièce maîtresse du procès. Des enquêtes de graphologie et le témoignage du vendeur de la machine au Havre confirment la culpabilité de Seznec, accusé d'avoir acheté celle-ci et d'y avoir tapé la promesse de vente de la propriété pour un prix dérisoire.

Seznec nie ces accusations, mais présente le profil du parfait coupable ; taxé d'arrogance, il se défend avec maladresses et imprécisions, étant sur la défensive. Le 4 novembre 1924, la cour d'assises du Finistère condamne Guillaume Seznec aux travaux forcés à perpétuité. Il suit alors le chemin terrible des soixante-treize mille condamnés au bagne via la citadelle de Saint-Martin-de-Ré. Le 7 avril 1927, il embarque à bord du *Martinière* à destination de la Guyane. Il survivra à vingt et un ans de bagne.

Une enquête mal menée ?

Cette question a souvent été posée. En effet, l'enquête fut dirigée par le commissaire Cunat de la brigade mobile de Rennes et l'inspecteur Pierre Bonny de la Sûreté générale. Ce dernier policier a eu une vie plutôt turbulente : il a été accusé de falsifications de preuves dans l'affaire Stavisky en 1933, soupçonné d'assassinat dans l'affaire Prince, puis révoqué de la police pour corruption en 1935. Avant d'être fusillé pour collaboration à la Libération (il fut un agent principal de la Gestapo), Bonny exprime au docteur Paul, médecin légiste chargé d'assister à son exécution, le regret d'avoir « envoyé au bagne un innocent ».

L'épuisant combat d'une famille

Les membres de la famille de Guillaume Seznec, décimée par l'affaire, ont lutté toute leur vie pour l'innocenter. Sa fille Marie est décédée au Carmel de Jersey où elle était entrée pour soigner les lépreux en Guyane et ainsi se rapprocher de son père.

Sa femme, Marie-Jeanne, meurt dans la misère le 14 mai 1931, après le placement de ses quatre enfants dans des orphelinats sous de faux noms. C'est alors la mère de Guillaume, Mme Seznec qui, à quatre-vingt-cinq ans, reprend le flambeau jusqu'à sa mort en 1935.

Guillaume Seznec a refusé une grâce qu'on lui proposait en 1933 en déclarant : « Il n'y a que les coupables qui demandent pardon. » Le 14 août 1938, sa peine a été alors commuée de la condamnation à perpétuité en une autre peine de vingt ans de travaux forcés. En 1946, le général de Gaulle le gracie.

Le 1er juillet 1947, Seznec rentre en métropole et débarque au Havre. Puis, il retrouve enfin sa famille et sa Bretagne chérie. Épuisé physiquement et psychologiquement par ces années de détention, il est souvent comparé à une « ombre vivante ». Il poursuit son combat pour obtenir la révision de son procès, mais le 14 novembre 1953, il est renversé par une camionnette qui prend la fuite ; il décède le 13 février 1954. Une plainte a été déposée pour assassinat par Robert Badinter, avocat du moment.

Le 23 juin 1989, l'Assemblée nationale a voté à l'unanimité la loi dite Seznec qui précise que la révision d'un procès peut intervenir quand « des faits sont de nature à faire naître un doute sur la culpabilité » et non plus quand ils prouvent son innocence.

Continuent alors les multiples démarches pour réhabiliter Guillaume Seznec. De nombreux acteurs du procès reviennent sur leurs déclarations et « des faits nouveaux » sont mis au jour.

Les années 1990 voient défiler plusieurs commissions de révision qui finissent par rejeter en 1996, par trois voix contre deux, la demande de révision. En novembre 1998, Collette Noll, résistante, reconnaît un agent double de la Gestapo qui a dénoncé tout son réseau ; il s'agit du fameux Gerdhy (Boudjema Gherdi) que l'acte d'accusation en

1924 qualifiait de « pure création de l'imagination de Seznec ». Or, ce fut un personnage clef du procès.

L'existence de cet homme permet de lancer une nouvelle requête adressée en 1998 ; c'est finalement le 27 janvier 2001 que Marylise Lebranchu, ministre de la Justice, demande la réouverture du procès en saisissant officiellement la commission de révision. Le 11 avril 2005, cette commission donne un avis favorable à la poursuite de la révision du procès, qui est ainsi renvoyée devant la chambre de révision de la Cour de cassation.

L'espoir renaît...

Le 5 octobre 2006 naît un espoir de victoire pour Denis Le Her-Seznec, petit-fils du condamné, et ses proches, grâce aux conclusions de l'avocat général Jean-Yves Launay qui constate que, lors du procès, Guillaume Seznec a été victime d'une « machination policière » mais que, désormais, le magistrat a « acquis l'intime conviction de l'innocence de Seznec ».

Mais, le 14 décembre 2006, la chambre de révision, composée de trente-trois hauts magistrats, déclare qu'il « n'existe aucun fait nouveau ou élément inconnu de la juridiction au jour du procès, de nature à faire naître un doute sur la culpabilité de Guillaume Seznec », ce à deux voix près. Elle rejette ainsi la requête et le fait de « décharger la mémoire du mort au profit du doute ». Quatre-vingt-trois ans de combat apparaissent comme inutiles aux proches de la famille Seznec. Cette décision balaie les innombrables rebondissements et contre-enquêtes sur cette affaire.

Pourtant, le « crime » de Pierre Quémeneur n'a jamais été démontré : pas de cadavre, pas de squelette retrouvé, six des onze jurés du procès originel ont demandé en 1934 la révision du procès. De plus, certaines personnes auraient rencontré le conseiller général après l'affaire. Et Guillaume Seznec a toujours clamé son innocence… Son petit-fils, Denis Le Her-Seznec, fait appel devant la Cour européenne des droits de l'homme contre la décision de fin 2006.

Le milieu

Les termes ne manquent pas pour désigner la grande criminalité française, à savoir la criminalité organisée, tels « pègre », « French Connection » et « milieu ». Le milieu se différencie des mafias étrangères en ce qu'il est beaucoup moins hiérarchisé.

Alors que la grande violence a reculé, les Français tentent de panser les plaies de la saignée de 1914-1918. Dans l'imagerie sociale, le milieu est apparu au grand jour après la Première Guerre mondiale. Il est sorti des bas-fonds de certains quartiers. On parle encore de la pègre dans les années 1910 et 1920.

Si la délinquance juvénile a reculé, une nouvelle donne se fait jour dans le monde du crime avec l'apparition de la drogue. Depuis une loi de 1916, l'importation, la détention ou l'usage de l'opium, de la cocaïne et de la morphine sont strictement interdits. Les années 1920 sont des années de prospérité pour les truands qui se modernisent et s'organisent non plus à l'échelon d'une ville ou d'une région, mais à l'échelle nationale. C'est dans les milieux de la prostitution que la criminalité organisée se développe, et plus spécialement dans la partie méridionale du pays. Des batailles rangées entre gangs rivaux se multiplient à Paris au cœur de Montmartre et de Pigalle. Le poignard de l'apache de la Belle Époque a laissé la place au revolver du gangster, du souteneur ou du « dealer ». La criminalité augmente et certains observateurs pensent que l'accroissement du nombre d'orphelins de la Grande Guerre n'y est pas pour rien. Le gangster s'habille de façon élégante – souvent en voulant imiter les gangsters américains –, ce qui contraste avec l'allure plus négligée de l'apache. Les beaux gosses dominent les quartiers du crime.

Dans les années 1930, la presse (Paris Soir, L'Excelsior) développe la mode des reportages sur le monde de la pègre avec des plumes prestigieuses comme celles de Georges Simenon, de Colette, de Blaise Cendrars, d'Antoine de Saint-Exupéry, entre autres. Les lecteurs raffolent de ces écrits sensationnels sur les cadavres découverts par la police et mutilés. La presse populaire se délecte devant l'inefficacité de la police que les gangsters ne cessent de contourner et de tromper. Peu à peu, dans la presse, le terme « milieu » se substitue à « pègre ».

Le crime organisé a besoin de structures beaucoup plus stables que les bandes d'avant-guerre. Parmi ses grands organisateurs de l'entre-deux-guerres, Paul Carbone, associé à François Spirito, est l'un des plus célèbres caïds du milieu marseillais des années 1910 jusqu'aux années 1940. Ces deux hommes ont fondé un véritable empire de la prostitution.

Toutefois, l'Occupation va profiter au milieu qui reprend des forces – après des années plus difficiles pendant la crise économique – et en profite pour se réorganiser. Certains caïds marseillais, tels Paul Carbone et Spirito, vont servir la Gestapo, après l'invasion de la zone non occupée. C'était du donnant-donnant. Les occupants fermaient les yeux sur leurs affaires et les bandits organisaient traque et torture de résistants. La Résistance a d'ailleurs tué Carbone en 1943. Spirito est parvenu à fuir le pays tout comme Auguste Ricord, futur membre éminent de la French Connection. Nombre d'autres membres du milieu se tournent vers le marché noir, le trafic de faux tickets de rationnement. La famille Guérini fut plutôt proche de la Résistance, tout comme Marcel Francisci. Ces truands, devenus résistants, vont profiter de leur popularité dans les années suivantes.

Dans les années 1950 et 1960, une organisation criminelle française met en place une filière de transport d'héroïne de Marseille jusqu'aux États-Unis. Elle prend le nom de « French Connection ». L'essentiel de l'héroïne consommé aux États-Unis venait de cette nouvelle organisation, liée aux mafias sicilienne et italienne. Mais en 1971, après plusieurs demandes insistantes des autorités américaines, les policiers et les douaniers français traquent les bandits de la French Connection. Beaucoup sont alors arrêtés en 1971-1972. Entre-temps, nombre de grands bandits ont été victimes de règlements de comptes ou d'arrestations. Gaëtan Zampa, un fleuron du milieu marseillais des années 1960 jusqu'aux années 1980, a repris en partie le terrain laissé libre par la French Connection. Il a été soupçonné pour l'assassinat du juge Michel en 1981. Il affronta un autre grand truand, Francis le Belge. Tous furent arrêtés. Des fidèles de ces bandits ont poursuivi leur route, mais avec moins de brio que ces grands chefs du milieu.

Éric Alary

Les sœurs diaboliques

PAR OLIVIER GOUDEAU

L'amour et la folie

Les conditions de vie des servantes sont particulièrement difficiles au début du XXe siècle. Le dévouement total à l'égard de leur patron et l'extrême sévérité des bourgeois les empêchent très souvent de connaître autre chose de la vie que les tâches pénibles des maisons bourgeoises. Ce sort cruel et misérable ressort au grand jour en France en 1933, dans la ville du Mans, au travers d'un crime d'une rare cruauté. Ce fait divers à la portée nationale sera repris par la presse de gauche dont L'Humanité *pour dénoncer les conditions de vie des plus humbles dans une société exacerbée par les tensions entre les classes laborieuses et les classes dirigeantes.*

Une vie austère

Janvier 1933. Au Mans, Christine Papin, vingt-huit ans, et Léa Papin, vingt et un ans, travaillent comme servantes depuis sept ans pour le compte de la famille Lancelin. Les deux sœurs, très proches depuis que leur mère les a abandonnées, connaissent une enfance difficile. Placée à sept ans dans un orphelinat religieux très dur, Christine quitte à quinze ans ce lieu de servitude pour un autre à l'initiative de sa mère qui réapparaît dans sa vie. Fini, les prières aux petites heures du jour, place maintenant au dévouement patronal et aux excès de zèle des bourgeoises. Son salaire ? Elle est obligée de le verser à sa mère. Elle est rejointe quelques années plus tard par sa cadette. Comme sa sœur, Léa connaît l'enfer du pensionnat religieux. Elle est retirée par sa mère de l'établissement afin d'être placée chez des bourgeois. Mais Christine veille. Elle vole au secours de sa sœur et se charge de son émancipation. Christine et Léa se brouillent définitivement avec leur mère. Elles deviennent alors inséparables et leur relation est quasi fusionnelle. D'ailleurs, en dehors du travail, elles ne parlent à personne.

Au départ, les deux sœurs ne travaillent pas pour les mêmes patrons. C'est seulement en 1926 que René Lancelin, un ancien avocat, accepte de les prendre ensemble. Leurs états de service sont bons. Leurs anciens maîtres les ont toujours considérées comme travailleuses et honnêtes. Comme chez la plupart des bourgeois, les deux sœurs connaissent une existence difficile. Surveillées, souvent réprimandées, elles doivent composer avec une patronne distante qui fait porter ses ordres par sa fille sous la forme de mots écrits. Comme la plupart des patronnes, Mme Lancelin se gante pour vérifier les poussières des meubles et des plinthes. Les jours se suivent et se ressemblent, les tâches s'enchaînent du petit jour aux heures tardives de la nuit avec l'éternelle crainte de casser des objets. En cas de malheur, les dommages sont retenus sur leur salaire.

Or, cet instant tant redouté, Léa Papin le connaît un jour de janvier 1933. Accusée d'avoir déréglé le fer électrique, Léa est obligée d'aller le faire réparer. Elle présente la note à sa patronne qui entre dans une colère noire. La bonne est injuriée et cinq francs sont retenus sur sa pension. Léa encaisse sans rien dire, mais en son for intérieur la blessure reste ouverte. Le soir venu, les deux sœurs se renferment dans leur chambre glacée au dernier étage et pestent contre leur sort et la méchanceté de Mme Lancelin. Pourtant, les Lancelin ne sont pas plus odieux que les autres notables du Mans. Au contraire, leur réputation au Mans à l'égard de leurs domestiques est plutôt bonne. Mme Lancelin a d'ailleurs grandement aidé les deux sœurs pour que leur mère ne perçoive plus une partie de leur revenu.

2 février 1933. Christine et Léa Papin repassent du linge dans une pièce du premier étage de la maison familiale située au 6 de la rue de la Bruyère. Les deux servantes sont seules. Mme Lancelin et sa fille sont sorties. Quant à Monsieur, il est au cercle avec des amis. À dix-sept heures, un événement anodin mais capital se produit. Un dérèglement du fer électrique provoque un court-circuit qui fait sauter les plombs. La maison se retrouve plongée dans l'obscurité totale. L'appareil électrique est de nouveau hors d'état de marche. C'est certain, lorsque leur patronne va rentrer, les deux sœurs vont se faire sévèrement réprimander. Est-ce par peur d'être sanctionnées ou pour profiter de l'occasion? les

deux sœurs décident de se coucher ensemble. Quelques instants plus tard, Mme Lancelin et sa fille ouvrent la porte de leur maison. Elles tentent d'allumer la lumière. Rien. À l'étage, Christine et Léa Papin entendent des éclats de voix. Elles se redressent rapidement. Elles n'attendaient pas leur patronne aussi tôt.

Corps en morceaux...

À dix-neuf heures, M. Lancelin se présente devant son domicile. L'homme est visiblement inquiet de trouver la porte fermée de l'intérieur. Cette situation est d'autant plus étrange qu'il a essayé de joindre son épouse au téléphone il y a moins d'une demi-heure. Personne n'a répondu. Pourtant, l'ancien avocat doit manger avec sa femme et sa fille chez son beau-frère, maître Ringeard. Étrange. Si elles ne sont pas là, les deux servantes devraient au moins répondre. Or rien. Il se dit que Léa et Christine Papin doivent être en train de travailler et qu'elles ne l'entendent pas. Il décide alors de passer un nouveau coup de téléphone. Le résultat est le même. Il reprend la direction de la rue de la Bruyère, accompagné de son beau-frère. Là, il frappe et sonne à la porte de son domicile. Personne ne répond. L'ancien avocat recule pour mieux observer la façade. À l'intérieur, l'obscurité est totale. Tout à coup, il remarque une lumière vacillante dans la chambre des bonnes. Elles sont donc là. Pourquoi ne répondent-elles pas? La situation n'est pas normale. Alors que les deux hommes prennent la direction du commissariat de la rue de la Comédie, près de l'hôtel de ville, René Lancelin explique à maître Ringeard qu'à son premier passage, il avait cru remarquer une faible lueur provenant du premier étage. Elle ressemblait à celle d'une bougie qu'on promène. Or, en appelant dans la rue, la lumière s'était aussitôt éteinte. Cette fois, il n'y a pas de doute. Ils sont deux à avoir vu de la lumière.

Arrivés au commissariat, les deux hommes en ressortent quelques minutes plus tard accompagnés de deux agents et d'un brigadier. En passant par un immeuble voisin grâce à l'aide d'un des gardiens, les trois policiers, maître Ringeard et René Lancelin pénètrent enfin dans une maison plongée dans le noir. L'action des boutons électriques ne produit rien. Il n'y a plus de courant. L'inquiétude gagne les cinq hommes, surtout l'ancien avocat qui décide de rester au rez-de-chaussée avec un agent. Maître Ringeard et deux policiers, armés d'un revolver et d'une lampe de poche, entament la longue ascension des escaliers de la maison. Tout en gravissant les marches, les trois hommes s'attendent au pire. Les yeux rivés sur le faisceau lumineux de la petite lampe, ils tentent de percevoir quelque chose d'anormal. Soudain, un cri effroyable fait sursauter M. Lancelin et l'agent restés au rez-de-chaussée. Aussitôt, l'ancien avocat, qui a reconnu la voix de son beau-frère, tente de s'élancer dans les escaliers, mais il en est de suite empêché par les policiers. Si les agents barrent la route au mari, c'est que le spectacle à l'étage est inimaginable. Dans les marches, quelques mètres avant le palier, ils viennent de découvrir un œil humain baignant dans une mare de sang. À l'étage, la scène est épouvantable. Deux cadavres aux visages atrocement mutilés et déformés sont étendus sur le palier. Il s'agit de Mme Lancelin et de sa fille. Cette dernière est allongée, la face contre le sol «la tête nue, le manteau relevé, la jupe relevée, le pantalon baissé, laissant apercevoir de profondes blessures sur les grands fessiers et des entailles multiples sur les mollets. Le cadavre de Mme Lancelin repose sur le dos, les yeux ont disparu, la bouche n'existe plus, les dents ont été projetées. On trouve par terre des fragments d'os et de dents, un œil, des épingles à cheveux, un sac à main, un trousseau de clés, un paquet défait, de nombreux morceaux de faïence blanche, un bouton de manteau[1] ». À première vue les armes du crime sont restées près des corps. On trouve un couteau de cuisine, un gros pot en étain déformé, aplati et couvert de sang, le couvercle brisé ainsi qu'un marteau couvert de sang. Les projections d'hémoglobine ont taché les murs du palier. On en trouve jusqu'à deux mètres vingt de hauteur.

Les agents enjambent les corps et montent au dernier étage, là où dorment les servantes. Ils craignent de trouver Léa et Christine Papin dans le même état que les femmes Lancelin. Ils sont d'ailleurs convaincus que le double crime est l'œuvre d'un déséquilibré qui s'est introduit dans la maison. Lorsqu'ils arrivent sur le palier, ils remarquent un filet de lumière s'échappant du dessous de la porte. Les hommes appellent, frappent et essaient d'ouvrir. En vain. Rejoints par le commissaire, les policiers décident d'enfoncer la porte. Sous les coups d'épaule des agents, celle-ci finit par céder. La vue qui s'offre alors à eux leur semble surréaliste. Au lieu des deux corps sans vie qu'ils imaginaient trouver, ce sont deux êtres hébétés, enlacés dans le même lit qui leur font face. Face aux uniformes des policiers, les deux sœurs se serrent encore plus fort avant de se lever. Les paroles qui sortent alors de leur bouche stupéfient les enquêteurs : « Oui, c'est nous qui avons tué. Nous ne regrettons rien. »

1. Rapport des enquêteurs.

Histoire d'amour et démence

Les deux femmes sont emmenées au commissariat où elles sont interrogées. Face aux enquêteurs, elles confirment leur première déclaration. Elles ont tué leurs patronnes car, selon elles, Mme Lancelin s'est jetée sur Christine lorsque les deux sœurs lui ont annoncé que le fer était de nouveau hors d'usage. Se sentant attaquée, l'aînée des Papin lui a sauté au visage avant de lui arracher les yeux avec les doigts. Ensuite, Léa serait descendue à la cuisine pour aller chercher un marteau et un couteau avant que les deux sœurs ne se défoulent sur le corps de leur victime. À bout de force, les deux meurtrières, une bougie à la main, seraient descendues au rez-de-chaussée pour fermer la porte à clé. Elles auraient ensuite pris le soin de se laver avant de se coucher ensemble.

Pourtant, malgré l'atrocité des faits, les deux sœurs avouent que les Lancelin étaient de bons patrons. Alors pourquoi ce crime horrible? Pour un fer à repasser qui ne fonctionne plus. Cela semble bien léger. Le mobile est trop futile. Dans leur déclaration, les deux criminelles reconnaissent aussi qu'elles ne pensaient pas que leurs patronnes reviendraient à la maison. Il était convenu que Mme Lancelin et sa fille iraient directement à leur rendez-vous pour dîner. Léa et Christine auraient donc été surprises de ce retour, peut-être même en plein ébat amoureux. Par peur d'être dénoncées, les sœurs se seraient alors ruées sur leurs patronnes pour les empêcher de parler. Dans ce cas, l'hypothèse du crime de la lutte des classes tomberait à l'eau au profit d'un crime d'amour. Un amour fusionnel entre une Christine Papin dominatrice, mais incapable de vivre sans sa cadette, et une Léa sous l'influence de son aînée.

Dans la presse, l'affaire fait grand bruit. D'une portée régionale, l'affaire prend rapidement une ampleur nationale. Les communistes font de ce crime un symbole de l'oppression des classes laborieuses obligées de tuer leur patron pour échapper à leur condition d'esclave.

Le procès des sœurs s'ouvre au Mans le 28 septembre 1933. Les spectateurs s'attendent à retrouver les horribles portraits circulant dans la presse depuis des mois. Il n'en est rien. Dans le box des accusés, ce sont deux femmes apeurées qui prennent place.

Si les longs débats permettent de comprendre que c'est Christine qui a attaqué la première sans être menacée par sa patronne, ils ne révèlent rien sur le mobile du crime. Le juge d'instruction avait conclu son enquête en expliquant qu'il n'y avait pas de mobile. Serait-ce alors un acte de démence comme le laisse penser l'arrachage des yeux? Les experts, qui ne passent que trop peu de temps avec les accusées pour comprendre leur état psychologique, les jugent responsables de leurs actes. D'ailleurs, la population mancelle comprendrait-elle qu'on puisse ne pas juger «les sœurs diaboliques»? Probablement pas. Depuis le début du procès, la cause est entendue. Les propos du docteur Logre, appelé par la défense, ne changeront rien. Pourtant, le médecin explique que l'acte des deux sœurs était trop exceptionnel pour être considéré comme normal. Quarante-cinq minutes suffisent aux jurés pour reconnaître les sœurs coupables. Accusée du double meurtre, Christine est condamnée à mort. Léa, mise en cause dans l'assassinat de Mme Lancelin hérite d'une peine de dix années de travaux forcés. L'aînée des Papin échappe à la sanction suprême grâce à l'intervention du président de la République, Albert Lebrun, le 22 janvier 1934. Sa peine est commuée en vingt années de travaux forcés. Complètement aliénée, elle meurt trois ans plus tard dans un hôpital psychiatrique. Léa est libérée le 2 février 1943 et s'établit à Nantes. Vivant avec sa mère, elle exerce alors les métiers de servante puis de couturière. Elle meurt le 24 juillet 2001 à l'âge de quatre-vingt-neuf ans. Elle est enterrée à Nantes.

L'affaire Stavisky

PAR GILLES GAUVIN

La république des affaires

«Stavisky se suicide d'un coup de revolver qui lui a été tiré à bout portant». La une du Canard Enchaîné *du 10 janvier 1934 résume à elle seule le scepticisme de l'opinion publique française à l'égard des raisons officielles de la mort du «beau Sacha».*

Suicidé ?

Dans le contexte de crise économique et sociale, née avec le krach boursier de Wall Street en 1929, la violente campagne de presse déclenchée par l'extrême droite française autour de cette affaire mettant en scène un escroc de confession juive d'origine russe, lié à des hommes politiques, conduit aux émeutes du 6 février 1934 autour de l'Assemblée nationale. Mais que sait-on exactement sur cette affaire Stavisky qui faillit emporter la IIIe République?

Serge Alexandre Stavisky, né le 20 novembre 1886 en Ukraine, arrive à l'âge de deux ans en France. Après des études au lycée Jeanson de Sailly, beau garçon, il comprend très vite le parti qu'il peut tirer de son succès auprès des femmes. Marié une première fois en 1910, il dépense la dot de sa femme, puis épouse en 1928 Arlette Simon, mannequin parisien. Sa première arrestation a lieu en 1909 pour avoir fabriqué de fausses cartes de visite lui permettant d'entrer gratuitement au Palais-Royal… Avec la complicité de son grand-père, il monte la même année une escroquerie autour d'un projet de théâtre qui ne voit jamais le jour. Les deux hommes empochent en fait des cautions demandées aux employés qu'ils embauchaient! Sacha est condamné à quinze jours de prison avec sursis et à vingt-cinq francs d'amende, mais la peine ne fut jamais appliquée. Son grand-père étant décédé, Stavisky s'associe avec un dénommé Amouroux et monte encore toute une série d'escroqueries financières, mais toutes les plaintes dont il fait l'objet restent toujours sans conséquences judiciaires. En 1915, il est condamné à six mois de prison, mais n'effectue jamais sa peine. Jusqu'en

1926, le nombre d'escroqueries qu'il monte est considérable et il passe toujours à travers les mailles du filet judiciaire. Cependant, en juillet 1926, il finit par être arrêté dans le cadre de deux plaintes déposées par des agents de change qu'il a floués avec la complicité d'une véritable bande organisée. Après avoir passé dix-sept mois en prison, il réussit à obtenir une libération sous condition en feignant des problèmes de santé.

Un « artiste » de l'escroquerie

Sa «carrière» d'escroc prend à partir de là une autre dimension. Le personnage, qui se fait appeler Serge Alexandre, inspire d'autant plus confiance qu'il s'est créé un important réseau de relations : il se fait voir dans le beau monde, fréquente assidûment les casinos... Il dispose en outre de complicités dans la police et la justice. Stavisky a en fait décidé de flouer des crédits municipaux (appelés monts-de-piété jusqu'en 1918) qui permettent d'obtenir des prêts sur gages à des taux inférieurs à ceux du marché financier. Si le remboursement n'intervient pas, l'institution vend alors les objets laissés en gages aux enchères publiques. Pour fonctionner, le système demande que les crédits municipaux trouvent eux-mêmes de l'argent. Ils empruntent donc en émettant des bons de caisse, donnant droit à des intérêts, remis à des sociétés et à des épargnants. Les crédits municipaux prêtent ensuite cet argent, mais avec des intérêts supérieurs à ceux qu'ils doivent eux-mêmes rembourser afin de réaliser des bénéfices.

Stavisky, alias Serge Alexandre, s'attaque tout d'abord au crédit municipal d'Orléans. Avec la complicité du directeur du crédit, Desbrosses, il fait mettre en gage de fausses émeraudes ou des bijoux volés, en échange de quoi des bons sont émis pour obtenir des emprunts auprès de souscripteurs. À cela s'ajoute la fabrication de faux bons de caisse. Lorsque l'escroquerie est éventée en 1931, Serge Alexandre, pour éviter les affres de la justice, rembourse le déficit du crédit municipal avec de l'argent provenant de la Compagnie foncière des travaux publics qu'il a créée. L'escroc rejoint alors Bayonne dont le député-maire radical, Garat, qu'il connaît bien, cherche à ouvrir un crédit municipal.

Le mont-de-piété de Bayonne est créé le 28 septembre 1931. Trois des cinq personnes nécessaires au fonctionnement de l'institution sont des complices de Stavisky. Seuls le contrôleur, chargé de vérifier l'émission des bons, et le garde-magasin n'appartiennent pas à la bande. Tissier, le directeur-caissier qui procède à l'émission des bons, est épaulé dans sa tâche par… Desbrosses. Les relations de Garat, premier magistrat de Bayonne, permettent au crédit municipal de trouver facilement des acheteurs de bons. De plus, le député-maire, à qui Stavisky verse de coquettes sommes, obtient du ministère du Commerce qu'un de ses protégés soit nommé au poste de contrôleur des crédits municipaux. Par leurs réseaux de connaissances dans le monde politique et médiatique, les escrocs font en sorte que Dalimier, ministre radical dans le gouvernement radical d'Édouard Herriot, signe deux lettres pour inciter les grandes compagnies d'assurances à acheter d'importantes quantités de bons du crédit municipal de Bayonne. Il y a eu manipulation, mais il n'en reste pas moins que de nombreuses compagnies ont agi sur ce qu'elles pensaient être des recommandations garanties par le ministre. Stavisky, qui a expérimenté son système à Orléans, fabrique de faux bons, qui lui permettent de se faire payer des sommes très importantes par des banques ou des compagnies d'assurances. Et tout cela, bien sûr, gagé sur de faux bijoux presque identiques à ceux utilisés à Orléans.

Les rouages de la supercherie se grippent le jour où les premiers prêts contractés par le crédit municipal viennent à échéance. Stavisky et ses complices arrivent dans un premier temps à manœuvrer pour retarder les demandes de remboursement de plusieurs prêteurs, dont l'Urbaine Vie qui voulait récupérer quatre bons d'une valeur de deux millions deux cent mille francs à échéance du 2 juillet 1933. Mais les articles de presse qui flairent l'escroquerie incitent le préfet des Basses-Pyrénées à diligenter une enquête sur la demande du ministre du Commerce et de celui de l'Intérieur. Le receveur des Finances de Bayonne qui se rend à l'improviste au crédit municipal en décembre 1933 découvre le pot aux roses. Il constate en effet que les valeurs indiquées sur les bons dont l'Urbaine Vie demande le remboursement ne correspondent pas aux montants indiqués sur les souches conservées au crédit municipal. Tissier avoue alors l'escroquerie et il est arrêté le 23 décembre. Stavisky, qui avait tenté en vain de corrompre le ministre des Finances Georges Bonnet au moment où le remboursement des sommes prêtées au crédit municipal arrivait à échéance, prend alors la fuite dans les Alpes avec Pigaglio, un de ses fidèles. Il essaie de faire croire à sa mort dans un important accident de train qui fait deux cents morts dans le Paris-Nancy du 24 décembre et s'installe à Chamonix. Le nouveau séide qui lui est envoyé par ses complices parisiens, Henri Voix, accompagné de sa maîtresse, multiplie les maladresses. Le couple loue en effet à son nom, le 1er janvier 1934, la villa Les Argentières. Mais on finit par remarquer qu'il y a trois individus dans la maison, dont un étrange dandy. La police prévenue par la propriétaire, qui se trouve être la fille d'un préfet, identifie Stavisky. Le 6 janvier, le commissaire Charpentier et les inspecteurs Girard et Le Gall trouvent la villa déserte, mais arrivent à repérer les trois fuyards dans un chalet dit le Vieux Logis. À Paris, le député Bonnaure, qui avait aidé Stavisky dans l'affaire du crédit municipal de Bayonne, le donne également à la police.

Mort suspecte et chute du gouvernement Chautemps

Le 8 janvier 1934, vers deux heures et quart, les policiers investissent le chalet. Une fouille des pièces et du sous-sol est entreprise pendant un très long moment avant qu'ils ne se décident, après en avoir référé à Paris par téléphone, à investir la seule chambre restée fermée. Après que Charpentier a frappé à la porte et demandé d'ouvrir, un coup de feu retentit. Les policiers font alors le tour de la maison, brisent une fenêtre pour entrer et découvrent Stavisky, un pistolet à la main, dans une mare de sang. Pendant près de deux heures, les policiers continuent alors leurs fouilles, laissant l'escroc agoniser. Il décède finalement à l'hôpital le 9 janvier à trois heures et quart du matin. La commission d'enquête parlementaire qui fut réunie à partir de février 1934 ne manqua pas de soulever de nombreuses zones d'ombre sur les conditions de cette interpellation, pensant même que tout n'avait pas été fait pour s'assurer de la capture de Stavisky vivant.

À l'annonce du suicide, l'idée d'une exécution organisée pour éviter que l'escroc ne parle s'est immédiatement répandue dans l'opinion. Le grand public apprend en effet qu'entre 1929 et 1933 Stavisky a bénéficié de dix-neuf remises de peine par la justice, accordées par Pressard, procureur de la République à Paris. Or ce dernier est le beau-frère du président du Conseil, Camille

Chautemps. Le 27 janvier, le gouvernement Chautemps tombe. Mais l'extrême-droite française ne veut pas en rester là. Elle orchestre une violente agitation qui conduit aux émeutes du 6 février 1934 et qui font quinze morts à Paris. Le décès suspect du conseiller à la cour, Albert Prince, le 21 février 1934, écrasé par un train près de Dijon, ajoute encore à l'idée d'une conspiration politico-financière. En effet, en tant que chef de la section financière du parquet de la Seine, Prince avait enquêté sur Stavisky. Et c'est sur lui, alors qu'il n'avait pas grand-chose à se reprocher, que le procureur Pressard fait retomber la responsabilité de la grande mansuétude judiciaire à l'égard de Stavisky.

Le procès de l'affaire se déroule du 4 novembre 1935 au 18 janvier 1936. Sur les dix-neuf inculpés, huit condamnations sont prononcées, la plus lourde étant pour Tissier : sept ans de travaux forcés. Le mythe du complot reste ancré dans les mémoires…

Les grandes heures de la médecine légale

Face à un corps sans vie et parfois en absence d'indices probants, les enquêteurs ont rapidement compris qu'ils avaient tout intérêt à collaborer avec les médecins. Cette branche particulière, appelée médecine légale, fait de l'expertise du cadavre une phase capitale de l'enquête judiciaire. Mais l'autopsie du corps de la victime n'est pas l'unique champ d'investigation de cette science. À la fin du XIXe siècle, on essaie de comprendre de façon scientifique ce qui pousse un homme à commettre l'irréparable. Parmi les théoriciens de l'époque, un connaît un succès considérable avec un livre, L'Homme criminel publié en 1876. Son auteur, un professeur de médecine légale à Turin, Cesare Lombroso, influencé par les théories de Darwin, y explique qu'il existe un criminel-né qui serait plus ou moins reconnaissable selon des caractéristiques physiques. Il classe les criminels dans les catégories suivantes : les criminels-nés, les criminels fous, les criminels d'occasion, les criminels d'habitude et les criminels passionnels. Avec cette théorie, qui explique aussi que le criminel est avant tout un être malade, Lombroso devient le porte-drapeau de l'école positiviste italienne, mais aussi un homme célèbre dans le monde entier. Dans son livre, La Bête humaine paru en 1889, Émile Zola adhère aux thèses du médecin italien. Il y présente un Étienne Lantier victime de dégénérescence. Le personnage du livre hérite des tares de ses ancêtres, un atavisme lié notamment à l'alcoolisme. C'est ce « patrimoine génétique » qui va le conduire au crime. « L'hérédité a ses lois, comme la pesanteur[1] » a d'ailleurs dit l'auteur de J'accuse comme pour mieux montrer son appartenance à l'école positiviste.

1. Émile Zola, *La Bête humaine*, Paris, 1889. Les clés de l'œuvre, dossier historique et littéraire, Paris, 1991 ; Pocket, p. 433.

En France, ces thèses fatalistes sont férocement combattues par certains scientifiques. Parmi eux, Alexandre Lacassagne et Gabriel de Tarde. Si le dernier, un brillant juriste né en 1843, explique que ce sont les influences sociales qui poussent un homme vers le crime, l'influence du premier est encore plus grande. Médecin de formation, Alexandre Lacassagne (1843-1924) fonde à la fin du XIXe siècle la célèbre école de médecine légale de Lyon. S'appuyant sur les techniques scientifiques connues pour résoudre certaines affaires, le médecin fondateur avec Gabriel de Tarde des Archives d'anthropologie criminelle (dont certaines thèses sont toujours valables aujourd'hui) connaît la consécration en 1889 lorsqu'il identifie le cadavre décomposé de l'huissier Gouffé dans une malle près de Lyon. Grâce à son travail d'identification notamment sur les jambes et les mâchoires de la victime, les assassins sont arrêtés. Aujourd'hui encore, Lyon, grâce à l'héritage de Lacassagne et au musée de Médecine légale qu'il a fondé, demeure un des hauts lieux de la criminologie clinique française.

Olivier Goudeau

L'affaire Louis Barthou

PAR PATRICK BRUNET

Victime du terrorisme… et de la police !

Le mardi 9 octobre 1934, à seize heures, le roi de Yougoslavie Alexandre Ier débarque du croiseur Dubrovnik à Marseille. Il doit se rendre à Paris rencontrer les dirigeants français. Il est accueilli par le ministre des Affaires étrangères Louis Barthou. Marseille est en fête ; les rues sont pavoisées et la foule des grands jours se presse tout au long du parcours qui doit mener les deux hommes à la préfecture où une réception doit être donnée en l'honneur du roi.

L'INCONSCIENCE ?

Alexandre Ier et Barthou prennent place en compagnie du général Georges, chargé d'escorter le roi pendant son voyage, à bord d'une voiture découverte, une Delage. Il faut que le voyage soit un succès populaire, il faut que les gens puissent voir le roi comme l'a dit Barthou… Seuls deux cavaliers, dont le lieutenant-colonel Piollet, protègent les côtés de la voiture dans le cortège, les autres troupes avancent devant ou derrière le véhicule.

Sur la Canebière, les policiers ont du mal à contenir la foule. Soudain, un homme s'élance vers la voiture en criant « Vive le roi ». Il monte sur le marchepied de la Delage et tire à bout portant à deux reprises sur Alexandre Ier. Il tire sur le général Georges qui tente de s'interposer (et est sauvé par une décoration !), puis tue un policier. Piollet réussit à lui donner des coups de sabre… Dans la confusion, la police réagit brutalement, des coups de feu partent dans tous les sens.

Le roi meurt à la préfecture moins d'une heure plus tard. Son assassin, plusieurs fois sabré, piétiné et presque lynché, décède à dix-neuf heures dans les locaux de la Sûreté. Louis Barthou a été touché au bras. Il est amené à l'hôtel-Dieu. Une balle a sectionné une artère et il meurt juste avant d'être opéré. Les secours ont *été* trop lents. Le ministre a été victime d'une balle tirée par… un policier français ! Le rapport balistique le révélant, rédigé en 1935, ne sera rendu public qu'en… 1974. Louis Barthou n'est pas le seul dans ce cas : les quatre autres morts dans la foule ont tous été victimes de balles tirées par la police française…

En France, très rapidement, les journaux mettent en cause une sécurité mal organisée, un service d'ordre insuffisant ainsi qu'une présence d'étrangers trop peu contrôlés... Les chefs de la Sûreté nationale sont démis de leur fonction et Sarrault, ministre de l'Intérieur, démissionne. En fait, les autorités françaises ont sous-estimé les risques malgré divers renseignements. Alexandre Ier qui a échappé fin 1933 à un attentat a refusé de porter son gilet pare-balles trop « gênant »...

Les raisons d'un voyage

Alexandre Ier est venu en France à l'instigation de Louis Barthou. Le ministre français est un vieux routier de la politique française. Né en 1862, béarnais, Louis Barthou est député de 1889 à 1922, puis sénateur. Avocat de formation, c'est un brillant orateur en même temps qu'un homme de lettres. Depuis 1894, il a été quinze fois ministre et en 1913, président du Conseil. Lorsque la droite revient au pouvoir après 1934, Louis Barthou devient ministre des Affaires étrangères assez logiquement étant depuis 1918 un spécialiste des questions internationales. En 1934, Louis Barthou qui a lu *Mein Kampf* est conscient d'un certain isolement français face à la remontée en puissance de l'Allemagne dirigée par Hitler depuis janvier 1933. Les Alliés anglais refusent l'idée même d'une possibilité de conflit. La Société des Nations a prouvé son impuissance face aux premiers coups de force des dictatures. Et la France a dû accepter fin 1932 l'égalité des droits pour l'Allemagne en matière d'armement.

Même si Hitler en 1933-1934 feint de souhaiter l'entente avec la France, Barthou estime que la France a besoin de renforcer ses alliances et d'encercler diplomatiquement l'Allemagne. Il ouvre des négociations avec l'Italie fasciste (qui s'inquiète des positions d'Hitler concernant l'Autriche) et avec l'URSS. Il souhaite resserrer les liens avec les pays de l'Est européen alliés de la France depuis le milieu des années 1920 : Pologne, Roumanie, Tchécoslovaquie, Yougoslavie... Cette dernière, inquiète des visées de Mussolini sur certains de ses territoires, souhaite des liens plus étroits avec la France.

Une thèse couramment admise...

Qui a tué Alexandre Ier ? Le nom varie selon les sources : Kelemen, Géorguiev, Suck, Tchernozemsky, etc. Car l'assassin a utilisé tous ces noms à un moment de sa vie de tueur professionnel... Seule certitude, il est membre de l'ORIM, organisation terroriste macédonienne, dont il s'est fait tatouer le symbole : un crâne placé sur deux tibias entrecroisés ! Mais il agit, ce jour-là, pour les oustachis croates. On se rend des services entre organisations terroristes...

La situation yougoslave est à l'origine de l'attentat. En 1918, l'éclatement de l'Autriche-Hongrie permet la naissance du « royaume des Serbes, Croates et Slovènes » qui se dote d'une constitution en 1921. Mais les Croates sont déçus ; ils espéraient un État fédéral qu'ils n'obtiennent pas. Le nouveau royaume est très centralisateur et dominé par les Serbes. L'assassinat du chef du principal parti croate en 1928 accroît les tensions. Face à la demande d'autonomie des Croates, le roi Alexandre Ier instaure en 1929 une dictature autoritaire et traditionaliste, le « royaume de Yougoslavie » (des Slaves du Sud) où les partis « régionaux » sont interdits.

Ante Pavelic, un des chefs croates, fuit le pays et crée le mouvement Oustacha (« les insurgés » ou « les révolutionnaires »), en fait, un groupe armé fascisant de moins de mille hommes. Protégés par Mussolini et la Hongrie (où ils ont leur camp d'entraînement), les oustachis veulent l'indépendance de la Croatie et pratiquent pour cela le terrorisme. Pavelic est l'instigateur de l'attentat de Marseille, son bras droit en est l'organisateur. Les complices du tueur ou ceux qui devaient intervenir à Paris, s'il avait échoué, sont des oustachis. Arrêtés, ils sont jugés à Aix-en-Provence en 1935-1936. À l'issue du procès, Pavelic et son lieutenant Kvarternik sont condamnés à mort par contumace en France, mais Benito Mussolini qui les a fait arrêter refuse l'extradition. En 1944, Ante Pavelic instaurera avec l'aide des Allemands et des Italiens un État croate, une des plus sanglantes dictatures du XXe siècle.

Se pose alors le problème de la complicité de Mussolini. L'enquête franco-yougoslave estime qu'il est possible que les armes aient été fournies par les services secrets italiens, mais les investigations ne sont pas poussées plus loin. Car, de toute façon, il n'est pas question pour les Français d'accuser Mussolini. Le successeur de Barthou, Pierre Laval, est un partisan d'une alliance avec l'Italie fasciste, plutôt qu'un resserrement des liens avec les pays d'Europe de l'Est ou l'URSS. Enfin, certains historiens ont estimé que celui qui bénéficia le plus de la mort de Barthou fut… Hitler. Faut-il voir la main de celui-ci derrière l'attentat? Certains penchent pour cette hypothèse, mais d'autres font remarquer que le terroriste n'a pas visé Barthou qui fut victime d'une balle perdue et de la désorganisation des secours… Ainsi, la thèse de l'attentat oustachi reste aujourd'hui largement dominante dans l'historiographie.

La police scientifique

La police scientifique repose sur la criminalistique qui se définit comme l'ensemble des principes scientifiques et des méthodes techniques destinés à aider la justice à prouver l'existence d'un crime et l'identité de son auteur.

Une telle approche de l'enquête apparaît relativement tôt dans l'histoire judiciaire. Dès 1248, un traité chinois, le Hsi Duan Yu (littéralement « le lessivage des erreurs ») expose les moyens de distinguer sur un cadavre les traces de strangulation et de noyade. Toutefois, les réels progrès datent de la fin du XIXᵉ siècle avec des travaux sur la toxicologie et l'entomologie criminelle. En 1880, l'Anglais William J. Herschel établit les bases de la dactyloscopie, le relevé des empreintes digitales. De son côté, le Français Alphonse Bertillon crée un système d'identification des criminels par leurs mensurations et leur portrait photographique. Malgré un succès initial, cette méthode anthropométrique est supplantée par la dactyloscopie.

Au début du XIXᵉ siècle, la France ne compte qu'un seul laboratoire de police scientifique situé à Paris : le laboratoire central de la préfecture de police, créé en 1878. En 1910, Edmond Locard en installe un nouveau dans les combles du palais de justice de Lyon. Trois autres sont encore mis en place à Marseille (1927), Lille (1932) et Toulouse (1938).

Dans la seconde moitié du XXᵉ siècle, la police scientifique se renforce davantage grâce aux progrès technologiques. Dans les années 1950, le commissaire Chabot met au point à Lyon le portrait-robot. En 1968, les empreintes digitales sont automatisées avec la méthode du « corrélateur optique ». Vingt ans plus tard, le Fichier automatisé des empreintes digitales (FAED) permet de disposer de plus de 1,6 million d'empreintes digitales. En 2000, le Fichier national des empreintes génétiques (FNAEG) témoigne des avancées de la recherche.

Au début du XXIe siècle, Lyon redevient un pôle de la police scientifique avec l'installation du siège national de la police technique et scientifique à Écully. Entité autonome, elle regroupe les services de la documentation criminelle et de l'identité judiciaire ainsi que le laboratoire central de la police, en collaboration avec la gendarmerie qui s'est dotée en 1987 de son propre laboratoire (l'IRCGN) au fort de Rosny.

Benoît Haberbusch

L'affaire Violette Nozière

PAR LISE BURNOL

Une vie de mystères

C'était le temps du tango, du fox-trot et des surréalistes. Ceux-ci se passionnent, comme la France entière, pour une affaire au délicieux parfum de scandale : l'affaire Violette Nozière, la « fleur vénéneuse », la « fille aux poisons ».

Violette rêvait de bains de lait
De belles robes de pain frais
De belles robes de sang pur
Un jour il n'y aura plus de pères
Dans les jardins de la jeunesse
Il y aura des inconnus
Tous les inconnus
Les hommes pour lesquels on est toujours neuve
Et la première
Les hommes pour lesquels on échappe à
soi-même
Les hommes pour lesquels on est la fille de
personne
Violette a rêvé de défaire
A défait
L'affreux nœud de serpent des liens du sang.

Paul Éluard

LA « FILLE AUX POISONS »

Le 10 octobre 1934 débute son procès aux assises de la Seine. La jeune fille, Parisienne de dix-huit ans, est accusée d'avoir empoisonné son père et sa mère avec un somnifère, le Soménal. Le père est mort, mais la mère, Germaine Nozière, a pu être réanimée et s'est constituée partie civile contre sa propre fille. Elle veut défendre l'honneur de son mari, Jean-Baptiste Nozière, mécanicien des chemins de fer, que la parricide accuse, comble du scandale, de pratiques incestueuses : il aurait abusé d'elle depuis ses douze ans…

Dans le cabinet du juge d'instruction, Violette a affirmé que seul son père était visé et a raconté les violences familiales, le dégoût du géniteur monstrueux, de soi et des hommes, la tentation du suicide avant le passage à l'acte fatal : le parricide.

Dès lors, la France, sous le choc, se passionne et se divise pour ce feuilleton sordide, incroyable mais vrai. Malgré elle, Violette devient la diva tragique du fait divers, en rupture de valeurs bourgeoises. Son seul nom inspire à l'opinion des sentiments mêlés de fascination, d'horreur et de dégoût.

Pour les bien-pensants, elle est le symbole de la jeunesse dévoyée du Paris décadent et chaotique des années folles. Pour d'autres, comme les surréalistes, elle devient une muse porteuse du germe révolutionnaire en réaction contre le pouvoir petit-bourgeois, celle qui a osé défaire « l'affreux nœud de serpent des liens du sang ». Ils prennent sa défense dans un ouvrage collectif, recueil de poèmes (d'André Breton, René Char, Paul Éluard) enrichi d'illustrations (de Salvador Dali, Yves Tanguy, Max Ernst, René Magritte), mais celui-ci rencontre peu de succès. Car en 1933, la France est encore un pays bien-pensant, où tuer ses parents est le crime suprême, que rien ne peut excuser.

Jour après jour, les crieurs des journaux relancent le feuilleton. Pas de demi-mesure. On maudit Violette ou on l'adore. La jeune fille brune au teint pâle est comparée à une fleur vénéneuse. Inceste et parricide défraient la chronique. Rapidement, la révélation de sa double vie passionne et scandalise l'opinion publique.

Pauvre victime ou monstre dépravé ?

On apprend que la nuit, en cachette de ses parents, Violette fuit le minuscule et modeste appartement familial de la rue de Madagascar, dans le 12e arrondissement, pour traîner dans les bars du Quartier latin, où elle fume, boit, fréquente des étudiants, se prostitue parfois. Pire encore, on apprend qu'elle est atteinte de la syphilis !

Elle est tombée amoureuse d'un garçon médiocre à la réputation douteuse, Jean Dabin, « Camelot du roi » et gigolo à ses heures, qui rapidement profite d'elle. Elle vole les économies de ses parents puis, le 21 août 1933, commet l'irréparable : le double parricide. Le potage du soir est un bouillon de onze heures… Aussitôt après les faits, elle disparaît et n'est arrêtée qu'une semaine plus tard. La police la trouva attablée à la terrasse d'un café, dégustant une glace à la vanille…

Mythomane, voleuse, prostituée, le portrait que les journaux tracent d'elle ne ressemble pas à celui d'une victime. Seul Louis Aragon, chroniqueur judiciaire à *L'Humanité*, fait doubler les ventes de son journal en s'investissant avec passion en sa faveur. Sa chronique est un plaidoyer permanent pour l'amour.

Les rebondissements du procès alimentent chaque jour le débat : sa mère, bien que partie civile, finit par lui pardonner et supplie même le jury : « Pitié, pitié pour mon enfant ! » Violette a toujours nié avoir voulu la mort de cette mère qu'elle désirait simplement mettre dans l'impossibilité d'aider son mari. Cette mère qui, durant des années, ne voyait et n'entendait rien. N'a-t-on pas retrouvé des revues pornographiques dans l'appartement familial, revues que le père, d'après Violette, obligeait la fille à regarder avant d'abuser d'elle ?

Malgré la révélation de ce huis clos familial oppressant, la thèse de l'accusation est la seule retenue. Aucune pitié pour la parricide. Violette Nozière est condamnée à la peine capitale. À l'époque, on ne guillotinait plus les femmes, et sa peine est officiellement commuée en réclusion à perpétuité le 25 décembre 1934 par le président Albert Lebrun.

L'affaire Violette Nozière n'est pas pour autant close !

Elle se maria et eut de nombreux enfants !

En prison, celle qui avait scandalisé la France entière fut gagnée par la piété, et voulut rentrer au Carmel. Un ecclésiastique, le père Sertillanges, plaide sa cause auprès du maréchal Pétain : cette femme n'est pas un démon, mais un ange ! En 1942, le chef du nouvel État français commue la peine à vie à douze années de prison.

Grâce à une conduite exemplaire, Violette est même libérée plus tôt que prévu, le 29 août 1945, après avoir effectué dix ans de réclusion. Elle épouse alors le fils du greffier de la prison de Rennes qu'elle avait connu lors de son incarcération et renaît à la vie dans la plus grande discrétion. Le général de Gaulle lève son interdiction de séjour sur la majeure partie du territoire français, ce qui permet au couple de réaliser son rêve : ouvrir un café à Paris.

Sa mère vient vivre avec eux. Violette devient elle-même mère de cinq enfants, étonnant retour à la conformité sociale de celle qui fut célébrée comme le symbole de la résistance au modèle familial petit-bourgeois !

L'affaire Violette Nozière connaît un dernier rebondissement : fait unique dans l'histoire de la justice française concernant un condamné à mort, la cour de justice de Rouen la réhabilite le 18 mai 1963, trente ans après son crime. Elle retrouve ainsi le plein exercice de ses droits civiques. Son casier judiciaire redevient vierge : le crime est effacé ! Violette, devenue Violette G., meurt trois ans plus tard, le 18 novembre 1966, à l'âge de soixante et un ans.

En 1978, le cinéaste Claude Chabrol lui redonne vie et célébrité sous les traits de l'actrice Isabelle Huppert. Mais lui-même se refuse à expliquer Violette : il avoue, comme les surréalistes avant lui, être « tombé amoureux », fasciné par « ses ambiguïtés : meurtrière et sainte, menteuse et fidèle, puérile et géniale »... Refusant encore moins de juger, cherchant simplement à montrer pour comprendre, il en fait un personnage rêveur, idéaliste et frustré, magistralement interprété par son actrice fétiche.

Gamine blessée au destin d'exception, qui était vraiment Violette Nozière ?

Personne ne le sait véritablement.

L'affaire Weidmann

PAR VÉRONIQUE DE FOLIN

Le dernier guillotiné en public

Eugen Weidmann, né en 1908 à Francfort (Allemagne), doit surtout sa célébrité aux circonstances qui ont entouré sa mort : il fut la dernière personne guillotinée en public en France, en 1939.

UN ÊTRE ÉNIGMATIQUE

Un mystère entoure la véritable personnalité de Weidmann. Qui était-il en effet : un serial killer colérique et distant? un psychopathe? un brigand cultivé, séduisant et charmeur? un espion à la solde de l'Allemagne nazie? Son procès n'a jamais réussi à faire la part des choses, et si la justice l'a reconnu coupable de six meurtres, bien des zones d'ombre demeurent encore aujourd'hui.

Weidmann était un meurtrier déterminé, organisé, méthodique et qui, de son propre aveu (*Le Cahier rouge*, ses confessions écrites en prison à l'initiative de son avocat), était parfaitement maître de lui, cynique au dernier degré, et sans aucun remords. Ses confessions relatent ses méfaits avec cruauté et précision, jetant toute la lumière sur l'auteur du crime, délaissant sa victime dans un rôle purement passif et négligeable, en terminant ainsi : «Ah! si vous saviez comme il est parfois difficile de tuer et quel désespoir vous envahit quand on rentre bredouille!»...

En définitive, on sait peu de chose de celui à qui Georges Bernanos fit passer, en 1937, par l'intermédiaire de son avocate maître Renée Jardin Birnie, le message suivant : «Je voudrais qu'il [Weidmann] fût capable de comprendre que des religieux, dans leur solitude, font mieux que de le plaindre, prennent fraternellement désormais une part de son épouvantable fardeau.» Quel pouvait donc être le secret de ce criminel, qui intrigua et séduisit bien des intellectuels de son temps?

Eugen Weidmann «travaillait» surtout au revolver, instrument qu'il maniait avec joie et aisance, qui lui permettait de terroriser ses victimes et de les achever; et privilégiait la méthode du «kidnapping». Il espérait ainsi pouvoir, toujours de son propre aveu, agir rapidement et s'enrichir facilement.

UN MALFAITEUR PRÉCOCE

Le parcours délictueux de Weidmann a démarré très tôt dans sa vie. Dès l'adolescence, il est chef de bande, et il a déjà fait de nombreux séjours en maison de correction. Jeune, il quitte l'Allemagne pour le Canada, où il multiplie les méfaits, qui lui valent de passer du temps en prison, avant d'être renvoyé en Allemagne, en 1932.

Dès cette époque, il échafaude un projet de kidnapping qui, ayant échoué, lui a valu une peine de six années de prison. C'est alors, dans le milieu carcéral, qu'il rencontre deux Français condamnés pour trafic de devises : Roger Million et Jean Blanc. Une solide amitié naît alors entre les trois compères. Million et Blanc, libérés les premiers, rentrent en France en 1937. Quelque temps plus tard, Weidmann, bénéficiant d'une remise de peine pour bonne conduite, les rejoint à Paris.

C'est alors que le scénario des divers kidnappings se met en place. Le moment semble idéal : l'Exposition universelle vient d'être inaugurée à Paris et les riches touristes étrangers affluent dans la capitale. C'est Weidmann qui mène le grand jeu : très bel homme, rusé, intelligent et cultivé, parfaitement bilingue (français et allemand), il n'a aucun mal à accumuler les conquêtes. Rapidement, il se fait engager comme interprète sous un nom d'emprunt, Karrer. La bande trouve alors un pied-à-terre à La Celle-Saint-Cloud, La Voulzie, qui deviendra leur sinistre repère. Le scénario est mis au point, et les acteurs du drame sont aux aguets.

On n'a jamais vraiment pu percer les motivations des criminels. Plusieurs hypothèses ont ainsi été avancées : panique des ravisseurs face à leur victime, pénurie d'argent, sadisme, ou bien encore obéissance aux ordres nazis (on sait que les parents de Weidmann étaient national-socialistes). On a souvent évoqué cette obédience au nazisme, sans jamais cependant trouver le moindre indice permettant d'étayer cette thèse de façon probante.

Le « roi » du kidnapping meurtrier

La série noire commence en juillet 1937. La première victime se nomme Jean de Koven. En séducteur averti, Weidmann n'a aucun mal à emporter la confiance de cette belle jeune fille américaine, qui ne résiste guère au charme du jeune homme. Elle le suivra sans méfiance à La Voulzie, qui sera sa dernière demeure. La demande de rançon (cinq cents dollars) parvient à sa tante. Néanmoins, pendant ce temps, la jeune fille a déjà été froidement abattue à bout portant. Weidmann l'a séduite pour la rançonner, et n'ayant pas obtenu l'argent escompté, a froidement exécuté son otage. Sans aucun remords.

Cinq autres victimes suivront rapidement, dans une spirale de violence et de terreur. En septembre 1937, le chauffeur de taxi Couffy tombe à son tour. Le 4 octobre, Jeannine Keller est abattue ; le 16 octobre, c'est au tour de Roger Leblond. En novembre, c'est au tour de Fritz Frommer, un escroc familier de la bande de Weidmann. La dernière victime, Raymond Lesobre, est tuée le 27 novembre 1937.

La traque commence

La police retrouve la trace du meurtrier à la suite d'une plainte déposée par l'oncle d'une des victimes, Frommer.

L'interpellation de Weidmann est très mouvementée, car il blesse deux policiers avant d'être arrêté.

Le dénouement de l'affaire est assez rapide : Weidmann avoue très vite les six crimes : oui, il a kidnappé et étranglé la jeune danseuse américaine Jean de Koven, qu'il a ensuite inhumée sous le perron de sa villa ; oui, il a tué Lesobre d'une balle dans la nuque, dans l'escalier de la cour de la villa Mon Plaisir ; oui, Frommer a également été abattu froidement, et il gît dans la cave, mais il n'a eu que « ce qu'il mérite » ; oui, pour le chauffeur Couffy, c'était bien lui, etc. Par ailleurs, Weidmann dénonce ses complices : Jean Blanc, spécialiste du trafic de devises, et Colette Tricot, successivement la maîtresse de Roger Million puis de Weidmann.

Le procès dure une bonne année, et le verdict tombe, le 31 mars 1939, devant la cour d'assises de Seine-et-Oise : indulgence d'une part : acquittement pour Colette Tricot, vingt mois de prison pour Jean Blanc ; et grande sévérité d'autre part : la mort pour Million et Weidmann.

Si Roger Million est gracié par le président de la République Albert Lebrun, Weidmann n'échappe pas à sa condamnation à mort. L'exécution eut lieu le matin, aux yeux de tous, et particulièrement d'une masse de journalistes qui en profitèrent pour prendre d'innombrables séries de photographies au sensationnalisme douteux. Mais c'est surtout l'attitude de la foule après l'exécution, et notamment l'empressement des « tricoteuses » qui, dans un délire de reliques macabres, se précipitèrent et se battirent pour tremper leur mouchoir dans le sang de la guillotine, qui choqua. Le gouvernement s'en émut, et dès le 24 juin, le président du Conseil Édouard Daladier promulgua un décret-loi abolissant les exécutions capitales publiques. Désormais, les condamnés à mort seraient exécutés dans l'enceinte des prisons, à l'abri des regards de la foule.

Que penser donc, en définitive, d'Eugen Weidmann, lorsque l'on évoque la célèbre diatribe de Colette à son égard : « Dommage qu'il faille le guillotiner, il a une jolie tête » ?

L'après-Seconde Guerre mondiale

Des affaires criminelles plus sophistiquées

L'affaire Petiot
L'affaire Alexis de Villeneuve
L'affaire Mis et Thiennot
L'affaire Dominici
L'affaire Marie Besnard

L'instruction

Dans le système du code de 1808, l'instruction préparatoire ou information judiciaire est confiée à un magistrat spécialisé, le juge d'instruction, qui recueille les preuves de l'infraction. Elle est strictement secrète, écrite et non contradictoire. Tout se passe à huis clos dans le cabinet du magistrat instructeur, assisté seulement de son greffier. L'inculpé n'est pas averti de l'inculpation ni des charges pesant contre lui. Il n'est pas non plus assisté d'un avocat. Le ministère public, en revanche, a le droit de consulter le dossier à tout moment, de requérir toutes les mesures d'information et même d'assister aux opérations de l'instruction.

Le caractère inquisitoire de cette procédure est quelque peu tempéré par l'institution de la Chambre du conseil composée d'au moins trois juges, qui clôture l'instruction et décide de la transmission des pièces au parquet en vue de la saisine de la chambre d'accusation de la cour d'appel. Il appartient ensuite à la chambre d'accusation de prononcer, soit un arrêt de non-lieu, soit un arrêt de renvoi devant le tribunal de police, le tribunal correctionnel ou la cour d'assises. La présence du juge d'instruction au sein de la Chambre du conseil gâche cependant l'esprit et le fonctionnement de cette formation collégiale, parce que, dans la pratique, les autres magistrats s'en remettent le plus souvent à l'opinion de leur collègue. C'est pourquoi la loi du 17 juillet 1856 supprime la Chambre du conseil rendue inutile et transporte ses pouvoirs au juge d'instruction.

Les caractères secret et non contradictoire ont aussi été atténués par la loi Constans du 8 décembre 1897 qui développe les droits de la défense.

S'il le désire, l'inculpé bénéficie désormais du concours d'un avocat qui est présent à ses côtés lors des interrogatoires. Il n'empêche que, selon la formule suggérée par Balzac, le juge d'instruction demeure encore aujourd'hui « l'homme le plus puissant de France ».

Jean-Marie Augustin

L'affaire Petiot

PAR ÉRIC ALARY

Crime en série sous l'Occupation

Dans l'histoire des affaires criminelles, celle qui concerne Petiot est singulière à plus d'un titre. Elle se situe à Paris sous l'occupation allemande.

Le parcours de Petiot dans la première partie du XXe siècle n'est pas commun : il devient médecin alors que rien ne le destinait vraiment à cette vocation. Par surcroît, il parvient à vivre quasi normalement avant-guerre alors que nombre de signes et d'événements montrent un personnage étrange, ce bien avant la découverte des cadavres calcinés dans sa chaudière à bois. Nombre d'observateurs ont souvent comparé Petiot à Landru. Curieuse coïncidence aussi : comme Landru, il brûle les cadavres, mais surtout ses agissements ont encore lieu dans un contexte de guerre. Qui est vraiment Petiot, ce personnage érigé en « quasi-vedette » de la presse pendant les semaines de son procès, après la Libération ?

Mentalement troublé

Marcel Petiot est né dans l'Yonne en 1897. Son enfance est jalonnée d'incidents troublants : il étrangle son chat et dort à côté de son cadavre. Il est blessé pendant la Grande Guerre, puis réformé en 1918 pour des troubles mentaux. Il décide alors d'entreprendre des études de médecine ; celles-ci sont facilitées pour les anciens combattants. Excellent étudiant, il devient médecin et il exerce à partir de 1922 à Villeneuve-sur-Yonne ; son charisme lui attire beaucoup de sympathie de la part de la population, même si sa kleptomanie est aussi connue. Maire de la ville en 1927, il se marie avec la fille d'un notable, puis est élu conseiller général en 1931. Déjà les tribunaux le rattrapent pour de fausses déclarations d'assurance maladie, entre autres escroqueries. Cela lui vaut une révocation de son poste de maire en 1935. Il part alors à Paris où il est arrêté pour des vols, puis interné comme aliéné mental en prison.

21, rue Le Sueur

Commence alors sans doute l'une des histoires les plus meurtrières du XXe siècle : en 1941, il restaure un hôtel particulier du 12e arrondissement, 21 rue Le Sueur. Il y apporte des modifications effrayantes : une cave avec doubles portes, une chambre à gaz avec une porte munie d'un judas qui lui permet de voir agoniser ses victimes, un puits rempli de chaux vive pour la décomposition des corps ! Tout est prêt pour la macabre besogne qui n'a qu'un motif : le vol des personnes « convoquées » chez lui. Dès 1943, il propose ses « services » quasi exclusivement à des Juifs traqués, pour les faire passer en Argentine via la ligne de démarcation, la zone non occupée et l'Espagne. Petiot avait soi-disant tout pensé ; il avait organisé des filières de passage pour ce faire. Les personnes qui arrivaient chez Petiot croyaient ainsi être en transit ; elles attendaient leur départ pour l'Amérique latine…

Le « docteur Eugène » (son nouveau nom) organise un réseau de rabatteurs qui laisse penser à un réseau de la Résistance. D'ailleurs, les Allemands le croient résistant et donc l'arrêtent, le torturent avant de le libérer. Petiot continue de profiter des persécutions qui frappent les Juifs.

Il ne s'agit donc nullement de Résistance. Le 9 mars 1944, alors que Paris est toujours occupée, les pompiers parisiens sont appelés par des habitants qui se plaignent des mauvaises odeurs s'échappant de la cheminée du 21 rue Le Sueur. Ils y découvrent une cinquantaine de valises et plus de six cents kilogrammes d'objets. Mais le pire est à venir. Dans la cave, la découverte est édifiante :

des cadavres dépecés sont sur le point d'être brûlés dans la chaudière déjà bourrée de chairs incandescentes. Le commissaire Massu, le «flic» le plus célèbre de France, membre de la préfecture de police de Paris, se rend sur les lieux (c'est lui qui inspire à Georges Simenon le personnage du commissaire Maigret que les Français découvrent dans la revue *Détective* créée par Joseph Kessel).

L'enquête du «premier flic de France»

Au départ, l'enquêteur pense qu'il s'agit peut-être d'une officine de la Gestapo et de ses acolytes français qui siègent non loin de là, rue Lauriston et avenue Foch. Toutefois, deux gardiens de la paix, présents sur les lieux, lui racontent qu'un homme à vélo est sorti de la foule curieuse; il leur a raconté qu'il s'agissait sûrement de «boches» ou de «collabos» qui avaient été tués par la Résistance dans l'hôtel particulier. Cette remarque est rapportée par les deux agents et inquiète vivement le commissaire; il ne sait pas trop quelle affaire il a à traiter. Elle semble inédite. En effet, revenant d'une course dans le quartier, Petiot a sans doute vu les pompiers arriver chez lui et a poussé le cynisme jusqu'à jouer un badaud parmi d'autres.

Chez l'assassin, Massu découvre aussi une citerne avec des restes humains, rongés par la chaux vive; sans doute une trentaine de personnes y sont entassées! Très vite, un médecin dépêché sur les lieux reconnaît des techniques de dépeçage propres à celles de médecins légistes. Le commissaire fait des vérifications auprès des Allemands qui assurent qu'ils ne sont pour rien dans cette affaire. Puis il reconstitue la «carrière» criminelle de Petiot alors introuvable. À la Libération, Massu est arrêté et emprisonné, puis il passe devant le comité d'épuration de la PJ. Il sort de Fresnes en avril 1945. Entre-temps, Petiot a été arrêté le 31 octobre 1944, dans une station de métro, par le «capitaine Simonin» de la Direction générale des études et recherches (en fait, il s'agit du commissaire Soutif condamné pendant l'épuration à vingt ans de travaux forcés par contumace pour «intelligence avec l'ennemi»). Alors que la France de la Libération découvre des actes nobles et des drames sans nom liés à la guerre et à l'Occupation, elle apprend aussi l'arrestation du docteur Petiot – alors appelé le capitaine Valéry affecté à la caserne de Reuilly au sein des Forces françaises de l'intérieur –, puis son jugement pour vingt-sept assassinats supposés. L'opinion française est alors déchirée par l'épuration. Petiot va en jouer comme nombre d'autres accusés de l'épuration légale.

Petiot, faux résistant

C'est le commissaire Pinault qui reprend l'affaire pour l'instruction. Petiot est incarcéré à la prison de la Santé où il noue très vite des relations amicales avec certains détenus. Petiot raconte même qu'il a été résistant ; son délire se poursuit durant toute l'instruction. Il reproche aux magistrats qui vont le juger de ne pas avoir résisté sous l'Occupation. D'ailleurs, les magistrats sont gênés par ces accusations, car il est vrai que le corps a été très impliqué, voire zélé, dans l'application des lois répressives du régime de Vichy et des Allemands. Petiot sait profiter du malaise que connaît la France au moment de la Libération et des épurations qui s'ensuivent. Et puis l'action clandestine ne laisse pas de traces ; de fait, il en joue et il a su semer le doute pendant son procès. Cela dit, ses allégations sur sa résistance ne peuvent pas tenir très longtemps face aux preuves accumulées. Le juge d'instruction Golletty lui dit lors du premier interrogatoire : « On vous accuse de vingt-sept assassinats » ; Petiot rétorque : « Erreur, j'ai fait exécuter soixante-trois individus que nous jugions dangereux : des officiers allemands ou des agents de l'ennemi. Tous des salauds... » Le cynisme de Petiot sur nombre de questions posées ne manque pas de troubler le jeune juge. Le criminel n'a fait aucun aveu et le procès va devoir se fonder sur beaucoup de suppositions. Au moment où Petiot apprend la date de son procès, qui doit durer trois semaines, il réplique : « Enfin, on va se marrer... »

« ÇA NE VA PAS ÊTRE BEAU ! »

Petiot est donc jugé du 18 mars au 4 avril 1946 pour vingt-sept assassinats. Il répète avoir tué soixante-trois personnes qui trahissaient la France ! Les magistrats prennent possession d'un dossier de procédure de trente kilogrammes et classent près de trois tonnes de pièces à conviction. À son arrivée au tribunal, une foule haineuse attend la mise à mort annoncée de celui que la presse appelle déjà le « nouveau Landru ».

Petiot joue comme un acteur de théâtre ; il se défend et dit avoir commis des actes de résistance en éliminant des « boches » et des « collabos ». Il est à l'aise pendant le procès, une fois seul dans le box des accusés. Onze non-lieux sont prononcés pour des co-inculpés, dont son épouse, son frère et des rabatteurs. Petiot répète à satiété qu'il a été torturé par la Gestapo, ce qui est avéré ; il affirme donc ainsi qu'il était forcément un résistant. Il affirme qu'il portait même le pseudo de Fly Tox ; il va jusqu'à réclamer la croix de la Libération !

La cour va se déplacer rue Le Sueur, jusqu'au « palais de Barbe-Bleue », titre la presse écrite. L'avocat général explique comment agissait Petiot pour accompagner ses victimes jusqu'à la petite pièce triangulaire où il les tuait et les observait à travers le judas en train d'agoniser. Le transport de justice a mis mal à l'aise Petiot lorsque les jurés se sont arrêtés devant la fosse à chaux où avaient été empilés des cadavres. De retour au tribunal, Petiot adopte une attitude étrange ; il somnole souvent, alors qu'il risque sa tête à chaque affaire évoquée. Il est beaucoup moins démonstratif après le déplacement du tribunal chez lui.

Le dernier jour du procès voit la fin du réquisitoire, la plaidoirie de la défense et enfin le verdict. L'avocat général prononce un réquisitoire sans indulgence pour l'accusé et requiert la peine de mort sans aucune hésitation, traitant Petiot de menteur, de simulateur et d'illusionniste. L'avocat de Petiot, l'un des plus efficaces du barreau parisien, maître René Floriot, prononce une très longue plaidoirie qui est même applaudie par le public. Ses propos tentent de montrer que Petiot n'est pas l'homme monstrueux que la presse présente. Il rappelle que Petiot a été un docteur bourguignon admirable qui ne faisait pas payer ses consultations aux plus pauvres de ses patients et qu'il s'occupait sans compter des enfants malades ; selon l'avocat, il est donc difficile d'admettre que son client ait pu tuer un enfant comme le prétendent les enquêteurs. Pourtant, il est quasiment sûr que son client en a tué un, âgé de huit ans, en compagnie de ses parents : parmi les objets retrouvés, il y avait un pyjama d'enfant. Pendant tout le procès, Petiot a refusé systématiquement de donner le nom de ses victimes. Sans remords, il a reconnu cependant dix-neuf de ses crimes et en a nié huit.

Le 26 mai 1946, à la Santé, Petiot est guillotiné. En sortant une dernière fois de sa cellule, il lance encore à ceux qui viennent assister à son exécution : « Messieurs, ne regardez pas, ça ne va pas être beau ! ». Le couperet tombe. La France peut enfin tourner l'une des plus sombres pages de l'histoire du crime.

L'affaire Alexis de Villeneuve

PAR GILLES GAUVIN

Violence et politique

Place de la Cathédrale à Saint-Denis de La Réunion, 25 mai 1946, dix-sept heures dix. Dans une cohue indescriptible, trois coups de feu retentissent. Alexis de Villeneuve, chef de file du MRP et principal opposant à la mouvance communiste, s'effondre à proximité du portail de la cure.

Qui a tué Alexis de Villeneuve ?

Dans les minutes qui suivent deux jeunes hommes sont interpellés : Raymond Orré, qui portait sur lui un pistolet 6.35 appartenant au député communiste Raymond Vergès, ainsi que Paul Vergès, fils du député qui a eu le pistolet en main avant de le confier à Orré. Deux autres interpellations interviennent plus tard : celles de Roger Bourdageau, imprimeur du quotidien communiste *Témoignages*, et celle d'Émile Quessoi, conseiller municipal communiste.

Cour d'assises de Lyon, 23 juillet 1947. Après trois quarts d'heure de délibération du jury, Paul Vergès est condamné à cinq ans de prison avec sursis, Roger Bourdageau à un an avec sursis, Orré et Quessoi, acquittés, doivent verser le franc symbolique de dommages et intérêts. Les condamnés bénéficièrent ensuite de la loi d'amnistie du 6 août 1953 et pourtant cette affaire n'a cessé d'être évoquée ouvertement dans les luttes politiques à la Réunion. Une plaque commémorative marque même aujourd'hui le lieu du drame comme un lieu de mémoire collective.

Un contexte politique tendu

Qui a tué Alexis de Villeneuve ? Eugène Rousse, mémorialiste du Parti communiste réunionnais, s'est attaché à démontrer dans un ouvrage paru en 2000 que les quatre accusés ont été victimes d'un règlement de comptes politique. S'appuyant sur la description des lieux et l'emplacement de Paul Vergès au moment des coups de feu, l'auteur démontre que ce dernier ne peut être l'auteur du crime. Paul Vergès, élu président du conseil régional de la Réunion en 1998 et en 2004, frère du célèbre avocat parisien Jacques Vergès, a lui-même fait le choix d'évoquer publiquement l'affaire pour rappeler son innocence dans un livre paru en 2000 (Jean-Pierre Thierry, *Vergès et Vergès. De l'autre côté du miroir*, Paris, JC Lattès).

Au-delà de l'affrontement des mémoires, l'histoire de ce meurtre politique reste révélatrice du climat de guerre froide dans lequel la France bascule entre 1946 et 1947. La presse nationale n'avait porté aucune attention particulière à la transformation des vieilles colonies de la Réunion, la Martinique, la Guadeloupe et la Guyane en départements français le 19 mars 1946. Cette loi de départementalisation, votée à l'unanimité le 16 mars, avait été obtenue de haute lutte par les élus de gauche de ces territoires, dont le docteur Raymond Vergès. Élu à l'Assemblée constituante de 1945, sous une étiquette de rassemblement des forces progressistes (le Comité républicain d'action démocratique et sociale), le «docteur des pauvres» rejoignait le groupe communiste. La Réunion, marquée par des rapports sociaux ancrés dans la colonisation et l'esclavage, connaissait alors un retard démocratique, conséquence du sous-développement économique et social. Les élections sont le théâtre de violences et de fraudes dans lesquelles s'illustrent les partisans de tous bords. Aussi, la campagne électorale pour les élections législatives de 1946 ne déroge-t-elle pas à la règle. Une des pratiques les plus répandues est en particulier de perturber les réunions politiques des adversaires, voire même de les rendre impossibles dans la mairie dont on a le contrôle. Et à ce jeu, les partisans du maire de Saint-Benoît, Alexis de Villeneuve, n'ont rien à apprendre des partisans de Raymond Vergès, maire de Saint-Denis…

Le 25 mai 1946 une grande réunion politique est prévue par Alexis de Villeneuve, place de la Cathédrale de Saint-Denis. Malgré une circulaire envoyée à tous les maires le 11 mai 1946 indiquant que «les réunions [électorales] ne peuvent avoir lieu sur la voie publique», le maire de Saint-Benoît a annoncé un discours pour seize heures trente, en compagnie d'autres chefs de file de la droite locale. À quelques pas de la préfecture, de la grande place du Barachois en bord de mer, mais aussi de l'hôtel de ville et du monument aux morts de la Grande Guerre, le lieu n'a pas été choisi au hasard. Il symbolise la défense des valeurs traditionnelles dont se réclame Alexis de Villeneuve. En 1936, les lieux avaient déjà amené à un accrochage entre les partisans de Raymond Vergès, venu fleurir le monument aux morts, et ceux d'Alexis de Villeneuve, dénonçant les partisans du drapeau rouge et de l'*Internationale*, «chant révolutionnaire destructeur de la religion, de la famille et de la patrie». Au cœur de la vie politique de la capitale insulaire, cet espace présente également un avantage : il est prévu que les discours soient prononcés d'un balcon qui donne sur la place de la cathédrale. Mais face à la cathédrale, de l'autre côté de la rue de la Victoire, se trouve également le logement du docteur Raymond Vergès, candidat à l'élection législative auquel s'oppose Alexis de Villeneuve...

25 mai. Seize heures trente. La place de la Cathédrale et les rues adjacentes se sont remplies d'une foule immense, mais les discours tardent à venir. Une quarantaine de gendarmes sont présents, essentiellement dans la rue de la Victoire qui borde la place de la Cathédrale. C'est alors qu'entre en scène un groupe de femmes descendant la rue de la Victoire, du monument aux morts vers la place du Barachois. Ce sont les «pétroleuses» du parti communiste : elles défilent en faisant le plus de bruit possible à

l'aide de vieux bidons en fer-blanc. La manœuvre n'est pas nouvelle. Mais Alexis de Villeneuve n'est pas décidé à subir le tintamarre. Il se porte au-devant des femmes et les prend violemment à partie. Une furieuse mêlée s'ensuit, jusqu'à ce que trois coups de feu claquent. Le candidat MRP est mortellement touché.

Une affaire devenue nationale !

La violence liée aux élections n'est alors pas particulière à la Réunion. Le 30 mai 1946, l'éditorial à la une de *Combat*, journal national qui se revendique du gaullisme, est titré : « Les élections à l'ombre des revolvers. » L'article dénonce la violence de la campagne électorale dans toute la France, citant l'assassinat d'Alexis de Villeneuve comme un exemple parmi d'autres. Mais le meurtre qui s'est produit à plus de 9 000 kilomètres de Paris suscite un affrontement particulier, via la presse nationale, entre le MRP et le PCF. *L'Aube*, relais du MRP, dénonce le 28 mai un « inqualifiable attentat ». Quant à *L'Humanité*, journal du PCF, il explique le 28 mai que « les réactionnaires qui se savent battus cherchent les provocations ». Et le quotidien communiste n'hésite pas à comparer cette « provocation des fascistes » à « l'incendie du Reichstag » par Hitler…

Le lendemain, 29 mai, Marcel Cachin consacre à la une du quotidien communiste un long article, titré « La réaction est responsable de l'attentat de la Réunion ». Il explique que Paul Vergès est victime d'une machination et qu'Alexis de Villeneuve est le responsable de la violence qui s'est déchaînée. Il accuse également le gouverneur d'être responsable des événements pour n'avoir mené aucune épuration. Maurice Kriegel-Valrimont, député et figure de la Résistance, qui est également avocat et vice-président de la Haute Cour de justice, ainsi que

Robert Paumier, membre du Comité central et attaché au cabinet du ministre de la Reconstruction, sont envoyés dans l'île. Le 8 janvier 1947, les défenseurs de Paul Vergès obtiennent finalement de la Cour de cassation le « dépaysement » du procès pour garantir la sérénité des débats.

Le procès qui se déroule à Lyon du 18 au 23 juillet 1947 est l'occasion d'une couverture médiatique sans précédent de la vie politique insulaire. *Le Monde*, *Combat*, *Libération*, *Le Populaire*, mais surtout *L'Aube* et *L'Humanité* font du procès un véritable feuilleton judiciaire. Les observateurs retiennent tous la grande confusion des témoignages. Au total une cinquantaine de témoins défilent à la barre, dont vingt-huit venus de la Réunion. Au matin du verdict, le 23 juillet, l'envoyé spécial de *Combat* est dubitatif : « Au procès Vergès, à chacun sa vérité… Et la somme de ces vérités atteint cinq millions de francs. » Les journaux s'amusent tout particulièrement des dépositions en mauvais français des témoins créolophones, dont celles des « pétroleuses » du parti communiste qui organisaient le tintamarre, rue de la Victoire. Le *Progrès de Lyon* du 23 juillet 1947 témoigne d'ailleurs du regard très paternaliste porté sur les Réunionnais par une grande partie de la presse populaire : « Selon le caractère, les yeux ou le cerveau de ces grands enfants qui n'ont pas derrière eux toute une hérédité de morale ou de conventions, les faits se substituent, se transposent et changent d'aspect. Si bien qu'on n'ose plus parler de mensonges tellement ces derniers sont frais, naïfs et fervents. Ils en deviennent attendrissants. » La question centrale du procès est en fait celle de la « main noire » à qui Paul Vergès explique avoir arraché l'arme dans la mêlée, mais que nul n'est capable d'identifier.

Le verdict entraîne bien sûr des réactions contradictoires que résume *Le Monde* du 25 juillet : « Verdict de conciliation pensent les uns, jugement bâtard estiment ceux qui aspirent à une vérité plus absolue. De gauche à droite, les opinions varient : il fallait ou acquitter Vergès innocent ou frapper d'une peine ferme l'accusé convaincu d'assassinat. » Les journaux retiennent que le jury a opté pour le sursis en raison de « la très belle conduite patriotique du jeune résistant Vergès » (engagé volontaire à l'âge de dix-sept ans, il est lieutenant FFL et a gagné une citation sur le champ de bataille). *L'Humanité* du 24 juillet titre pour sa part en première page : « Paul Vergès est libre ! C'est l'aveu de l'innocence. Mais cédant à la pression de la réaction, le tribunal de Lyon le condamne à cinq ans de prison avec sursis. » Quant à Paul Vergès, il déclare le 23 juillet : « Je suis indigné de cette contradiction qui, en même temps, nous condamne et nous acquitte. »

LES JURIDICTIONS

	ORDRE JUDICIAIRE					ORDRE ADMINISTRATIF	
Troisième degré de juridiction : cassation	Cour de cassation					Conseil d'État	
Deuxième degré de juridiction : appel	Cour d'appel					Cour administrative d'appel	
	Pénal		**Civil**			**Administratif**	
Premier degré de juridiction	Tribunal correctionnel	Cour d'assises	Tribunal de grande instance	Tribunal d'instance	Tribunal de commerce	Tribunal administratif	Autres juridictions administratives
	Juges de proximité	Tribunal de police	Tribunal des affaires de sécurité sociale Juges de proximité	Tribunal paritaire des baux ruraux	Conseil de prud'hommes		

L'affaire Mis et Thiennot

PAR JEAN-MARIE AUGUSTIN

Une innocence toujours clamée

La Brenne, au sud-ouest du département de l'Indre, est une contrée sauvage et giboyeuse, parsemée d'étangs. Le dimanche 29 décembre 1946, c'est le jour de la fermeture de la chasse et les deux frères Mis, Stanislas, vingt et un ans, et Raymond, vingt ans, fils du métayer de la Blinerie, sur la commune de Saint-Michel-en Brenne, ont invité quelques gars du coin pour tirer des lapins de garenne.

Un garde-chasse assassiné

Pendant ce temps, au château de Blizon, le maître des lieux, Jean Lebaudy, héritier d'une famille qui s'est enrichie dans le sucre, réunit quelques-uns de ses métayers et leurs enfants autour d'un arbre de Noël. Parmi les invités endimanchés et intimidés se trouve Louise Boistard, l'épouse d'un garde-chasse, avec ses deux fillettes. Quant à son mari, il n'est pas là, il est dans les bois à traquer les braconniers.

Tard dans la soirée, Louise Boistard regagne sa maison, au lieu-dit Au Loup. Quand elle arrive, son mari n'est toujours pas rentré. Elle ne s'inquiète pas et va se coucher en pensant qu'il est resté chez des amis à faire une partie de cartes, mais, à deux heures du matin, elle a un mauvais pressentiment. Elle se lève et court chez Paul Naudet, qui exploite la ferme voisine de la Dorasserie. L'ayant fait entrer dans sa cuisine, le fermier l'écoute et se souvient tout à coup que la veille, il a aperçu les frères Mis au milieu d'un groupe de chasseurs, près de l'étang des Rondièrres. Il les a entendus tirer des coups de fusil. Qui sait si Boistard n'a pas été tué par eux lorsqu'il les a surpris en flagrant délit de braconnage sur les terres de Lebaudy?

Les frères Mis sont polonais. Leur père Jacob est arrivé en France en 1932, chassé par la pauvreté de son village natal. Installé à la Blinerie depuis seulement six mois, il travaille dur avec sa femme et ses six enfants, mais son voisin Paul Naudet le déteste. Pour lui, ces étrangers qui baragouinent un mauvais français sont des vauriens. Ils ne pensent qu'à voler et braconner.

Naudet emmène Louise Boistard chez Henri Béthune, le régisseur des terres de Jean Lebaudy. Lui aussi est persuadé que les Polonais sont dans le coup ; tout comme René Beigneux, le chef des gardes-chasse et Désiré Brunet, un métayer dévoué à Lebaudy, qui affirme avoir entendu, la veille, vers quinze heures trente, une altercation entre Boistard et les chasseurs près de l'étang Nuret.

Des aveux sous la torture

Les gendarmes du Blanc, venus enquêter sur place, se rangent à leur avis. Jacob Mis et ses deux fils sont arrêtés et conduits à la gendarmerie de Mézières-en-Brenne où ils rejoignent Gabriel Thiennot, un jeune maçon de dix-neuf ans, qui a chassé le dimanche en leur compagnie. Dans les jours qui suivent Jacob Mis est relâché, mais d'autres chasseurs sont également arrêtés et placés en garde à vue : il s'agit de Jean Blanchet, de Bernard Chauvet, d'André Chichery et de deux autres frères, Émile et Gervais Thibault.

Le 31 décembre 1946, le corps du garde-chasse est découvert dans l'étang des Saules. Sur le cadavre, on trouve un couteau de poche, un briquet, et une montre qui est arrêtée à cinq heures cinq. D'après le médecin légiste, Boistard a été abattu de quatre coups de fusil dont un mortel. Trois ont été tirés de dix à quinze mètres, le quatrième à bout portant dans le côté droit.

La poursuite de l'enquête est confiée au commissaire Georges Daraud, chef de la 20e brigade mobile de la police judiciaire de Limoges, qui s'est fait remarquer durant l'Occupation par son zèle à traquer ceux qu'il appelait les « communo-gaullistes ». Le policier arrive à faire dire à Louise Boistard que Gabriel Thiennot a menacé son mari, en novembre 1944, pour une obscure histoire de fusil, mais de telles preuves ne sont pas suffisantes. Il cherche à provoquer des aveux et pour faire avouer, le commissaire ne connaît qu'une seule méthode. Les suspects, nus et enchaînés, sont torturés dans les locaux de la gendarmerie et, le soir venu, dans deux salles de la mairie de Mézières. Ils se voient dicter des aveux avec toujours le même acharnement : ce sont Raymond Mis et Gabriel Thiennot qui ont commis le crime, les autres n'ont fait qu'assister. Parmi les sévices imposés, il y a les coups de poing dans les côtes, l'agenouillement sur une tringle triangulaire, la torsion des parties génitales et la « prière des Juifs » que Daraud se targue d'avoir inventée. Le supplice consiste à lier les mains dans la posture de la prière puis à casser les doigts en insérant entre les phalanges des bâtonnets de bois que l'on serre peu à peu.

Hurlant de douleur et saisis de convulsions, les jeunes gens finissent par craquer et à signer tout ce qu'on leur demande. Les gendarmes et les policiers font dire en outre à Christian Grosjean et à Albert Nicéron, son domestique, qu'après avoir quitté le groupe de chasseurs au cours de l'après-midi, ils ont vu l'un des frères Mis et Gabriel Thiennot tuer le garde-chasse à deux cents mètres environ du lieu où ils se trouvaient. Or, Grosjean, âgé de seize ans, a témoigné sous l'effet de la peur, après qu'on lui a montré des taches de sang sur les murs, et son domestique, âgé de vingt et un ans, est un simple d'esprit. Pendant ce temps, Jean Lebaudy qui suit l'affaire de très près fait distribuer des bouteilles de champagne et des cigarettes aux enquêteurs par l'intermédiaire de son régisseur. Il fait également un don de cent mille francs à partager entre les œuvres sociales de la police et celles de la gendarmerie.

Des arrêts vite cassés

Le 8 janvier 1947, le juge d'instruction Raymond Haulon décide de dissocier le cas de Mis et de Thiennot de celui des autres inculpés. Les deux premiers seront jugés par une cour d'assises et les six autres par le tribunal correctionnel. Le procès en assises s'ouvre à Châteauroux le 24 juin 1947. Lorsque les deux accusés déclarent avoir parlé sous les coups des policiers et des gendarmes, le président Petit leur rappelle qu'ils ont signé des aveux complets et les ont confirmés devant le juge d'instruction. Au cours de l'audition des témoins, leur avocat, maître Charlet, fait remarquer au commissaire Daraud que l'empreinte de galoche relevée à côté du cadavre du garde-chasse ne correspond ni à la chaussure de Mis, ni à celle de Thiennot ; en revanche, elle pourrait bien appartenir à Désiré Brunet. Le président répond aussitôt que la déposition de Désiré Brunet ne permet en aucun cas de le soupçonner. En ce qui concerne l'heure figurant sur la montre de Boistard, maître Charlet interroge encore Daraud et lui demande pourquoi c'est dix-sept heures cinq qui a été retenue et non pas cinq heures cinq. Le témoin répond qu'il se fie au rapport d'autopsie, mais en réalité celui-ci s'appuie sur ce que le commissaire a indiqué lui-même au médecin légiste.

Le 29 juin, Raymond Mis et Gabriel Thiennot sont condamnés à quinze ans de travaux forcés. À l'annonce du verdict, le public manifeste sa désapprobation et invective les jurés. Le lendemain, en audience civile, Louise Boistard obtient quatre cent mille francs de dommages-intérêts. Le 13 octobre, le tribunal correctionnel du Blanc condamne Stanislas Mis, Bernard Chauvet et Émile Thibault à deux ans de prison pour le délit « d'abstention volontaire d'empêcher un fait qualifié de crime ».

Jean Blanchet, André Chichery et Gervais Thibault sont condamnés à dix-huit mois sous le même chef d'inculpation.

Émile Thibault qui a été mis en liberté conditionnelle pour raison de santé rend visite à Maurice Patin, conseiller à la Cour de cassation, pour le convaincre de l'innocence de ses camarades. Grâce à ce haut magistrat, l'arrêt de la cour d'assises de l'Indre est cassé le 22 mai 1948 et l'affaire prend dès lors une dimension nationale. Mis et Thiennot choisissent maître André Le Troquer pour assurer leur défense et maître Maurice Garçon est l'avocat de la partie civile depuis le premier procès. Le choc Le Troquer-Garçon qui promet du spectacle doit avoir lieu à la cour d'assises de la Vienne, les 1er et 2 décembre.

À Poitiers, maître Maurice Garçon rappelle que l'arrêt précédent n'a été cassé que pour une question de procédure. Pour lui la preuve de la culpabilité est indiscutable et, fixant les jurés, il leur dit sur le ton de l'injonction : « Ce serait une lâcheté de votre part de ne pas prendre la décision qui s'impose ». Face à lui, maître Le Troquer essaie de démontrer que le garde-chasse a pu être tué par son propre fusil, mais il n'arrive pas à emporter la conviction des jurés. Le verdict est même aggravé : vingt ans de travaux forcés. Dans le public, c'est la stupeur, puis l'indignation. Les protestations fusent et des slogans sont repris par la foule : « Mis et Thiennot innocents ! Le coupable est dans la salle. » La partie civile obtient cette fois cinq cent mille francs de dommages-intérêts.

L'arrêt de la cour d'assises de la Vienne est cassé à son tour pour vice de forme, le 9 décembre 1949, et le troisième procès s'ouvre le 4 juillet 1950, à Bordeaux. Les violences de la police et de la gendarmerie, les déclarations de Béthune, les énormités de Nicéron qui s'est rétracté en présence de cinq témoins créent le scandale, mais les jurés n'en tiennent pas compte. Mis et Thiennot sont condamnés à quinze ans de prison. Trois ans après, on en revient donc au verdict de la cour d'assises de Châteauroux, mais la partie civile conserve ses cinq cent mille francs de dommages-intérêts. Huit jours après le verdict de Bordeaux, Émile Thibault retourne chez le conseiller Patin qui lui dit : « Écoutez-moi, mon petit, quelle que soit la cour où nous pourrions encore les renvoyer, ils seront condamnés. Trop de magistrats sont compromis, la couleuvre est trop longue, ils ne l'avaleront jamais. Mais sachez bien que je suis certain de votre innocence. »

Mis et Thiennot sont transférés à la centrale de Toul pour purger leur peine. En 1954, ils sont graciés par le président Coty. En 1980, 1988, 1993 et 1996, ils introduisent des requêtes en révision de leur procès, allant jusqu'à faire plusieurs jours de grève de la faim, mais elles sont à chaque fois rejetées par la Cour de cassation. Gabriel Thiennot est décédé en 2003. Avec Raymond Mis, il a toujours clamé son innocence[1].

1. En janvier 2007, une nouvelle requête en révision – déposée le 9 juin 2005 – de leur procès a été examinée par la commission de révision. La requête a été rejetée le 19 mars 2007.

L'affaire Dominici

PAR BENOÎT HABERBUSCH

L'horreur est dans le pré

Après les grands procès de la Libération, l'affaire Dominici est la première à marquer les annales judiciaires françaises de l'après-guerre. Son retentissement médiatique et ses nombreux rebondissements frappent durablement les esprits.

Une nuit funeste à la belle étoile

Le 4 août 1952, une voiture verte Hillman s'arrête sur un terre-plein situé entre la route nationale 96 et la Durance, à cent soixante-cinq mètres de la ferme la Grand'Terre appartenant à la famille Dominici. À son bord, un couple d'Anglais et leur fille souhaitent s'offrir une nuit à la belle étoile au cours de leur voyage en Haute-Provence. La présence de touristes étrangers reste assez exceptionnelle dans une France rurale marquée par l'épreuve de la dernière guerre. Du reste, ces estivants ne sont pas des vacanciers ordinaires, puisque le chef de famille, sir Jack Drummond, soixante et un ans, nutritionniste, a acquis une certaine renommée en établissant un régime alimentaire adapté aux privations endurées par l'Angleterre durant la Seconde Guerre mondiale. Sa femme, Anne, quarante-huit ans, épousée en secondes noces, a d'abord été son assistante. Sa fille, Elisabeth, dix ans, a choisi cette partie de camping improvisée à la suite de l'après-midi passé à Digne pour assister à une corrida. Le lendemain, la famille doit rejoindre un couple d'amis, les Marrian, à Villefranche-sur-Mer.

Le 5 août 1952, vers six heures, alors qu'il rentre chez lui de son travail de nuit en moto, Jean-Marie Ollivier, vingt-sept ans, aperçoit à proximité de la Hillman un fermier, Gustave Dominici, qui lui fait signe de s'arrêter et lui demande d'avertir la gendarmerie de la présence d'un cadavre. Sans demander plus d'explications, le jeune homme file aussitôt vers la brigade d'Oraison. En fait, ce n'est pas un mais trois cadavres qui attendent les enquêteurs.

Avant l'arrivée de ces derniers, plusieurs témoins pénètrent encore sur les lieux du triple meurtre. Leurs récits, essentiels, contribuent néanmoins à compliquer cette énigme policière, en raison de nombreuses contradictions. Tout d'abord, Faustin Roure, brigadier-chef à la gare de Lurs, vient vers six heures et demie, vérifier la voie ferrée, car il a été prévenu la veille par Gustave Dominici qu'un éboulement s'était produit sur la voie à cause de l'engorgement de son champ. L'homme souhaite constater si le déblaiement a bien été réalisé avant le passage du premier train. C'est par ses deux collègues, Clovis Dominici et Marcel Boyer, qu'il apprend la présence des trois cadavres. Il découvre d'abord dans la pente le corps d'Elisabeth, pieds nus et vêtue d'un pyjama bleu. Près de la Hillman, il trouve, sous une couverture, le corps d'Anne Drummond disposé parallèlement au véhicule. Le mari, recouvert d'un lit de camp, gît de l'autre côté de la route. Si Marcel Boyer affirme ne pas s'être approché des cadavres, Clovis donne, quant à lui, deux versions. Dans la première, il prétend n'avoir vu que le cadavre d'Elisabeth. Dans la seconde, plus logique, il découvre coup sur coup les parents, puis l'enfant. Autre témoin, Jean Ricard, en vacances à Ganagobie, passe aux alentours de sept heures près du cadavre de lady Anne qui est toujours parallèle à la voiture. Ce n'est plus le cas à l'arrivée des gendarmes.

Les méandres de l'enquête au cœur du clan Dominici

En matière d'investigation judiciaire, les premières heures sont souvent capitales. Or, dans le crime de Lurs, plusieurs contretemps vont saper le travail des enquêteurs. Arrivés les premiers sur les lieux, le maréchal des logis-chef Louis Romanet et le gendarme Raymond Bouchier, de la brigade d'Oraison, font néanmoins des constatations précises. Ils notent avec exactitude la position des corps, les traces de balles chez les parents et les terribles blessures portées à la tête de la fillette. Un morceau de bois est même extrait de son crâne. Auprès des corps, aucune trace de lutte n'est relevée, mais il règne un désordre indescriptible dans et autour de la voiture. Le vol paraît un mobile possible dans un premier temps, car aucun argent n'est retrouvé, hormis de la petite monnaie et un billet de cinq mille francs glissé dans le carnet de voyage de l'enfant. À côté du corps d'Elisabeth, des traces de pas partent dans la direction opposée au cadavre. Les gendarmes les protègent avec des branchages après les avoir photographiées. Toutefois, ils ne peuvent empêcher la foule de piétiner la scène de crime et perdent ainsi ces précieux indices. Dépêché sur les lieux, le docteur Dragon fait une découverte cruciale : la rigidité cadavérique des corps prouve que les parents ont été tués bien avant l'enfant. Cet élément capital ne sera pourtant pas repris au procès.

En raison de la gravité des faits, la 9e brigade de Marseille est alertée, mais le commissaire Edmond Sébeille ne vient qu'en début d'après-midi. Il fait aussitôt évacuer les curieux venus en nombre. Il part ensuite assister à l'autopsie. L'examen révèle que sir Jack a reçu deux balles dans le dos et que lady Anne a été abattue de trois balles qui l'ont traversée de haut en bas. De retour sur les lieux du crime, le commissaire Sébeille apprend qu'on a retrouvé la crosse et la partie métallique d'une arme de guerre américaine flottant dans un bras mort de la Durance. La première journée d'enquête s'achève avec la collecte de plusieurs indices intéressants tels que ce pantalon de velours séchant dans la cour des Dominici (alors qu'on n'y fait jamais la lessive) ou encore ce vélo rouge appartenant à Gustave et retrouvé près du campement des Drummond. Curieusement, aucun de ces éléments ne sera exploité par les policiers.

D'ailleurs, le commissaire Sébeille ne s'intéresse à la Grand'Terre qu'à partir du 6 août. Son enquête se heurte alors au mutisme et à la singulière notion de la vérité à géométrie variable des Dominici. Il faut aussi tenir compte de l'omniprésence de la presse qui attise le climat passionnel de l'affaire. Une première reconstitution est organisée dans la nuit du 20 au 21 août 1952. Le 27, les routes sont à nouveau bloquées, car un mystérieux témoin marseillais, Panayotou, prétend avoir assisté à l'assassinat. Malgré une description détaillée, son récit confronté aux lieux s'avère peu crédible. En effet, d'où il était censé se trouver, il n'a pas pu distinguer la scène.

De septembre à décembre 1952, Edmond Sébeille passe la main au commissaire principal Constant. Celui-ci parvient à établir que la petite Elisabeth vivait encore quand Gustave l'a découverte. Ce dernier est condamné par le tribunal de Digne à deux mois de prison pour non-assistance à personne en danger.

Avec le retour de Sébeille, l'enquête se concentre sur Gaston Dominici. À soixante-quinze ans, ce patriarche est l'âme de la Grand'Terre. Son épouse, Marie, dite la Sardine en raison de sa grande discrétion, apporte un soutien sans faille à son mari. Le couple compte neuf enfants, dont Gustave et Clovis. Alors que le premier vit à la ferme familiale avec sa femme Yvette et son fils Alain qui vient de naître, le second a quitté le foyer paternel pour travailler à la SNCF. Les deux frères vont jouer un rôle de premier plan durant le procès. Autre personnage important, Roger Perrin, dix-sept ans, petit-fils de Gaston, s'attire d'emblée la sympathie du commissaire mais son implication dans l'affaire reste floue en raison de ses nombreux mensonges.

Pendant plusieurs mois, l'enquête semble s'enliser. Le 12 novembre 1953, un nouveau déploiement se produit à la Grand'Terre. Les témoins de la première heure sont convoqués pour une reconstitution. Tout le monde est ensuite emmené au palais de justice de Digne. Le commissaire Sébeille s'intéresse à Gustave qui reconnaît avoir déplacé les corps. Après plusieurs heures d'interrogatoire, il avoue que son père lui a dit être l'assassin dès le 5 août à 4 heures, en présence de Clovis.

Le 17, le commandant Bernier de la gendarmerie de Digne vient arrêter Gaston. L'interrogatoire dure vingt-trois heures. Laissé seul avec un policier, le patriarche lui confesse son crime en patois. Le coupable demeuré insaisissable depuis ces longs mois semble enfin trouvé.

Le procès du « Patriarche de la Grand'Terre »

Avant d'être jugé, Gaston Dominici patiente dans la vieille prison Saint-Charles de Digne, à quelques dizaines de mètres de sa maison natale. Son procès s'ouvre le 17 novembre 1954. Le palais de justice de Digne n'a pas été conçu pour recevoir une affaire d'une telle ampleur. Dans la salle exiguë, la proximité de l'accusation, de la défense et du public accroît la tension dramatique. L'affluence est telle que la foule déborde jusqu'aux grilles du palais. Le caractère exceptionnel du procès est surtout visible à travers la centaine de photographes et de journalistes de la presse écrite et radiophonique. On trouve là des représentants des journaux nationaux mais aussi internationaux. Des moyens sans précédents sont déployés pour informer les rédactions le plus rapidement possible. Dans la salle, de grandes plumes du monde littéraire, telles que Jean Giono,

Armand Salacrou et Madeleine Jacob, donnent une autre dimension à ce fait divers.

D'emblée, la personnalité de Gaston Dominici retient l'attention. Cet homme parti de rien a réussi, par un travail acharné, à acquérir une position sociale modeste mais honorable. Avec lui, les médias de la ville sont confrontés directement à la France rurale de cette époque. Manquant de vocabulaire français, le patriarche peine d'ailleurs à suivre les débats et ses réponses desservent sa défense. En raison de son fort caractère, l'assistance attend des révélations, mais le vieil homme ne cesse de clamer son innocence et dénonce la façon dont ses aveux lui ont été extorqués.

Durant le procès, plusieurs éléments sont avancés contre l'enquête officielle. Lors des expertises, le docteur Dragon réaffirme sans hésiter ses conclusions : la fille a été tuée après les parents. De son côté, le capitaine de gendarmerie Henri Albert livre le « plus beau témoignage du procès » selon Giono. Méthodiquement, l'officier démontre les incohérences suspectes de Roger Perrin. La version de ce dernier, entachée de mensonges, alimente le doute. Malgré cela, l'accusation ne faiblit pas contre Gaston.

Les témoignages des membres de la famille Dominici contribuent d'autant moins à éclaircir l'affaire qu'ils sont dispensés de prêter serment. Leurs éclats de voix, leurs silences, leurs mystères stupéfient le public. La confrontation avec Clovis est particulièrement douloureuse, mais c'est avec Gustave que l'émotion est la plus intense. Tandis que le fils revient sur les accusations portées contre son père, ce dernier lui lance : « Il faut que tu dises qui c'est. Il faut que tu le dises pour la famille, pour moi, pour ton nom ! » L'audience est suspendue, alors que la vérité semblait prête à éclater. Après les réquisitoires des parties civiles et du ministère public, les avocats de la défense ne parviennent pas à convaincre les jurés de l'innocence de leur client. Le 28 novembre 1954, après douze jours de débats, Gaston Dominici est condamné à mort.

L'incroyable longévité du crime de Lurs

L'affaire de Lurs ne s'achève pas avec la sentence prononcée à l'encontre de Gaston Dominici. Dès la fin de l'audience, ce dernier promet de nouvelles révélations mettant en cause son fils Gustave. Envoyant un mémoire au garde des Sceaux, Guérin de Beaumont, les avocats obtiennent une contre-enquête. Le 25 février 1955, le juge Pierre Carrias est chargé du dossier. Les commissaires Charles Chenevier et Charles Gillard entendent Gaston aux Beaumettes. Le patriarche accuse Gustave et Roger Perrin mais brouille les pistes. Les deux policiers se heurtent aussi à la solidarité du clan Dominici qui défend ses membres mis en cause sans accabler pour autant Gaston. Les auditions se succèdent mais la vérité reste insaisissable tant les Dominici se jouent de cette dernière. Le rapport rédigé par les commissaires Chenevier et Gillard n'apporte rien de nouveau. Le 13 novembre 1956, le juge Carrias rend donc une ordonnance de non-lieu. Gaston reste et demeure le seul coupable. «Il m'apparaît en effet hautement improbable, déclare-t-il, que des responsabilités puissent être trouvées en dehors de cette famille. Je ne vois, en effet, comment on pourrait interpréter le comportement de Gaston Dominici, aussi bien que celui de son fils Gustave, tout au long des deux enquêtes, comme celui des habitants d'une maison auprès de laquelle un crime vient d'être commis et qui n'ont rien à se reprocher.»

Le 13 juillet 1960, le général de Gaulle gracie Gaston Dominici. L'homme n'est plus que l'ombre de lui-même. Il a perdu ses cheveux et sa moustache. Il n'achève pas ses jours à la Grand'Terre dont il était si fier. Après avoir séjourné chez deux de ses filles, il meurt d'une congestion pulmonaire à l'hospice de Digne le 4 avril 1965.

En 1973, Claude Bernard-Aubert réalise un film intitulé *L'Affaire Dominici*. Jean Gabin y joue Gaston comme il a joué *La Horse*, en Parisien et en Normand. Il a même jugé superflu de prendre l'accent bas-alpin qui fait la personnalité du patriarche.

En 1997, le journaliste William Reymond avance une nouvelle version de l'affaire. Sir Jack Drummond aurait été en fait un agent des services secrets britanniques dont les vacances n'auraient servi que de couverture. Il aurait été éliminé par un commando communiste conduit par l'énigmatique Wihelm Bartkowski. Le 12 mai 1997, la demande de révision formulée par la famille Dominici est rejetée par la commission de révision de la Cour de cassation. En 2003, Alain Dominici, petit-fils du patriarche, et Reymond reprennent, sans succès, cette thèse dans un livre appelé *Lettre ouverte pour la révision*. À défaut d'un retour au prétoire, l'affaire se rappelle à la mémoire des Français en octobre 2003 avec le téléfilm en deux parties de Pierre Boutron diffusé sur TF1. Michel Serrault campe le rôle de Gaston Dominici et Michel Blanc celui du commissaire Sébeille. Le réalisateur accrédite la thèse du complot sur fond de guerre froide. Loin d'être clos, le débat suscite de nouveaux ouvrages, comme *Affaire Dominici, le dernier témoin* de Jean-Loup Charrier et du journaliste Jean-Michel Verne. S'appuyant sur un manuscrit inédit de l'avocat marseillais Pierre Charrier, artisan de la défense de Gaston Dominici et décédé en 1999, les deux hommes démontent les pistes de la Résistance, des rôdeurs ou des espions de l'Est et mettent en avant la responsabilité du cercle familial. En 2004, Jean-Charles Deniau et Madeleine Sultan, ayant retrouvé et interviewé le mystérieux Bartkowski, réfutent aussi la thèse de l'espionnage dans leur livre *Dominici, c'*était une affaire de famille ! Pour eux, tous les Dominici présents à la Grand'Terre la nuit du 5 août 1952 étaient, sinon coupables, du moins informés.

L'affaire Marie Besnard

PAR JEAN-MARIE AUGUSTIN

Le poison de la rumeur

Loudun, en 1949, est une petite ville figée dans son silence. On chuchote derrière les volets clos et, depuis la mort de Léon Besnard, cordier de son état, la rumeur laisse entendre qu'il a été empoisonné par sa femme.

Un couple sans histoire

Il est vrai que Marie Besnard ne s'est jamais intégrée à Loudun. Elle est née en 1896, aux Liboureaux, commune de Saint-Pierre-de-Maillé, où ses parents, Pierre Davaillaud et Marie-Louise Antigny, étaient cultivateurs. Elle est en outre veuve d'un premier mariage. En 1920, Marie Davaillaud s'est unie à son cousin Antigny, mort en 1927. Elle revient alors aux Liboureaux, puis son père l'envoie à Loudun, chez une cousine. Elle y rencontre Léon Besnard qui l'épouse en 1929.

Pendant dix-huit ans, Léon et Marie forment un ménage sans histoire. Ils font de nombreux héritages et sont pris, entre 1938 et 1945, dans un tourbillon funéraire qui touche leurs proches l'un après l'autre : le père de Marie, les parents de Léon, sa grand-mère maternelle, sa grand-tante, sa sœur cadette, deux de ses vieilles cousines, auxquels il faut ajouter un couple d'amis qui ont mis leur maison en viager auprès des Besnard. À l'époque, ces décès en cascade n'ont pas intrigué les habitants de Loudun, car les défunts sont morts en majorité à un âge avancé.

Après la mort de son père, en 1940, Léon a repris la corderie. Sa seule vraie passion est l'élevage des chevaux. Pour l'aider, il a engagé comme domestique un prisonnier allemand, Alfred Dietz, dont on dira plus tard qu'il est l'amant de la maîtresse de maison. Les Besnard ont aussi quelques amis : Mme Pintou qui est leur locataire et les frères Massip, deux célibataires qui vivent dans un château proche de Loudun.

Léon Besnard meurt d'une crise d'urémie, le 25 octobre 1947. Peu de temps après, Mme Pintou vient rendre visite aux frères Massip dans leur château. Elle leur raconte que la veille de sa mort, elle s'est trouvée un moment seule au chevet de Léon et celui-ci lui a dit : « Oh ! là ! là ! Qu'est-ce qu'on m'a fait prendre. » Elle lui demanda alors : « Qui ? L'Allemand ? » Il lui répondit : « Non, Marie… L'autre jour, aux Liboureaux, quand elle a servi la soupe, il y avait déjà un liquide dans mon assiette. »

Rumeur, expertises et contre-expertises

Auguste Massip, intrigué, veut en savoir davantage. Il cherche dans son Larousse médical au mot « urémie », mais aucun des symptômes que présentait Léon ne correspond à cette maladie. Alors, machinalement, Massip regarde à la lettre « A… arsenic ». Il lit l'article et Mme Pintou approuve. Le 4 novembre, il est dans le cabinet du juge d'instruction de Loudun.

L'enquête menée par la gendarmerie locale aboutit à la confusion du dénonciateur. Les accusations portées contre Marie seraient sans doute tombées dans l'oubli si un événement totalement étranger à la mort de Léon ne s'était produit. Un cambriolage survient dans la maison où Mme Pintou est locataire. L'enquête est confiée à l'inspecteur Normand qui multiplie les perquisitions et entend les témoignages, mais ne trouve rien d'intéressant. Le déclic se produit à partir du moment où Mme Pintou est entendue. Sa déclaration s'intéresse peu au cambriolage. En revanche, elle renouvelle ses accusations contre Marie Besnard et apporte des précisions supplémentaires sur les circonstances de la mort de Léon. L'inspecteur Normand peut s'estimer satisfait. L'affaire Marie Besnard est en marche.

À Poitiers, le juge d'instruction Pierre Roger ordonne, le 9 mai 1949, de procéder à l'autopsie du cadavre de

Léon Besnard. Les organes essentiels sont prélevés et expédiés dans des bocaux, avec de la terre du cimetière, au docteur Béroud, directeur du laboratoire de police technique de Marseille.

Dans son rapport, l'expert est tout à fait affirmatif. Des doses anormales d'arsenic ont été décelées dans les restes de Léon et il n'y en a pas dans la terre du cimetière. La preuve de l'empoisonnement est ainsi rapportée. Le 21 juillet, Marie Besnard est conduite à la prison de Poitiers. Alfred Dietz que l'on croit son complice est également arrêté, mais il est relâché, faute de preuves suffisantes.

Dans la presse locale, «la Marie» est présentée comme une espèce de bourgeoise lubrique en proie au «démon de midi». L'amour serait le premier mobile du crime, mais il pourrait y en avoir un second : l'intérêt. Auguste Massip a déjà suggéré au magistrat instructeur que la rage de succéder aurait poussé Marie Besnard à empoisonner son mari, mais aussi tous ceux de qui elle avait des chances d'hériter. La rumeur est persistante, aussi le juge Roger ordonne d'exhumer les corps des parents et des proches de l'inculpée.

Les exhumations se déroulent dans le cimetière de Loudun où sont enterrés les parents de Léon, sa sœur cadette, sa grand-mère et sa grand-tante, mais aussi aux Trois-Moutiers, pour ses deux vieilles cousines, et à Saint-Pierre-de-Maillé où sont inhumés les parents Davaillaud. On va même jusqu'à retirer le corps du premier époux de Marie Besnard, enterré à Angles-sur-l'Anglin.

Les prélèvements sont envoyés à Marseille où le docteur Béroud utilise en particulier la méthode de Marsh. Découverte en 1836 et utilisée dans le procès de Mme Lafarge en 1840, elle se manifeste, lorsque le tube contenant la matière organique est chauffé, par la formation d'un anneau d'arsenic à reflets brillants.

Au fur et à mesure des analyses, le docteur Béroud fait parvenir les rapports à Poitiers. Sauf pour deux cas, l'expert marseillais conclut à un empoisonnement criminel. Il affirme en outre que la terre d'aucun des cimetières ne contient d'arsenic. À deux reprises, les avocats de Marie Besnard demandent une contre-expertise, mais elle leur est refusée par le juge Roger, en raison de la garantie indiscutable que présente la compétence du docteur Béroud.

Le procès de celle que les journaux présentent comme «la Brinvilliers du XXe siècle» s'ouvre à Poitiers, le 20 février 1952. L'audition des témoins commence par les fossoyeurs, le médecin légiste et le docteur Béroud qui a pratiqué les analyses. Lorsque celui-ci entre dans le prétoire, maître Gautrat établit qu'aucun inventaire sérieux des bocaux envoyés à Marseille n'a été effectué. Des viscères ont été mélangés. Des bocaux manquent. D'autres sont arrivés en surplus par rapport au nombre indiqué au départ de Poitiers. En définitive, les règles médico-légales de constitution des échantillons n'ont pas été respectées.

Comme le docteur Béroud s'est vanté de pouvoir reconnaître à l'œil nu l'arsenic qui se dépose sous la forme d'un anneau à l'intérieur des tubes utilisés dans la méthode de Marsh, maître Gautrat lui demande de le confirmer :

«– L'arsenic et l'antimoine sont-ils les seules substances qui peuvent former les anneaux de Marsh ?

– Oui, répond le docteur Béroud.

– À vue, vous pouvez les différencier facilement.

– Oui, répond encore le docteur Béroud.»

Dans un effet de manche savamment calculé, maître Gautrat fait alors jaillir de sa robe six petits tubes en verre et les présente à l'expert :

– Voici six tubes portant l'anneau de Marsh. Quels sont ceux qui contiennent de l'arsenic?»

Le docteur Béroud prend les tubes, les fait miroiter dans la lumière, puis affirme sur un ton péremptoire:

«Je crois que ces deux-ci...»

Maître Gautrat bondit en produisant le certificat de laboratoire qui les a délivrés: «J'aime mieux vous le dire tout de suite, aucun n'en contient, les anneaux sont tous des anneaux d'antimoine.»

L'effet est énorme, l'accusation est démantelée et le président Favard lève l'audience. Le lendemain, le professeur Perperot révèle qu'ayant analysé la terre des cimetières, il a découvert qu'elle contient de l'arsenic alors que l'expert marseillais affirmait ne pas en avoir trouvé. Serait-il concevable, dans ces conditions, que des cadavres pussent fixer l'arsenic présent dans le sol?

Pour le savoir, la cour, dans son arrêt du 25 février 1952, désigne de nouveaux experts. Tous les échantillons ayant été utilisés ou rendus inutilisables par le docteur Béroud, il faut procéder à une seconde exhumation des cadavres. Or, dans le cimetière de Loudun, les dépouilles ont été mélangées, lorsqu'on les a enfouies après les avoir déterrées une première fois. C'est ainsi que dans le cercueil de la sœur de Léon Besnard, on trouve deux maxillaires inférieurs, trois omoplates, deux sacrums, ainsi que trois vertèbres de trop.

À la suite d'une requête du procureur général pour cause de sûreté publique, la cour de Cassation dessaisit la cour d'assises de la Vienne au profit de celle de la Gironde. Le deuxième procès de Marie Besnard s'ouvre donc à Bordeaux, le 15 mars 1954. À la différence du procès de Poitiers où la priorité a été accordée aux experts, celui-ci tente de revenir à la source de l'affaire, c'est-à-dire au petit monde de Loudun qui a porté les premières accusations.

À la barre, Mme Pintou n'est plus aussi sûre d'elle et les frères Massip transforment la salle d'audience en spectacle de cirque. D'autres témoins sont entendus, puis s'ouvre enfin le débat scientifique. Les trois experts conviennent qu'ils ont trouvé beaucoup d'arsenic dans la terre et les cadavres, mais pour eux, le poison fixé dans leurs cheveux provient indiscutablement de la voie interne et a donc été ingéré. Au contraire, les conseillers techniques de la défense, invités à déposer comme de simples témoins, proclament son caractère exogène. Par l'effet de la putréfaction, l'arsenic de la terre peut cheminer dans le canal central du cheveu et créer des zones d'imprégnation au même titre que l'arsenic absorbé lorsque le sujet était en vie. Justement, un entrepreneur de monuments funéraires vient révéler que les eaux séjournent longtemps dans le cimetière de Loudun. En outre, dans un coin, le gardien cultive des pommes de terre qu'il traite avec des produits contenant des arséniates. Entraînés dans l'eau, ils gagnent les tombes et imprègnent les cadavres.

L'accusation ruinée

Ces observations capitales ruinent l'accusation. Elles apportent la preuve que, si on trouve de l'arsenic dans un cadavre, il peut très bien provenir de la terre du cimetière où il a été inhumé. C'est pourquoi, par arrêt du 1er avril 1954, la cour d'assises de la Gironde ordonne de nouvelles expertises. Marie Besnard est toutefois mise en liberté provisoire sous caution. Elle est libre et rentre dans sa maison de Loudun.

Les nouveaux experts demandent l'exhumation de cadavres étrangers à l'affaire qui serviront de témoins. C'est la troisième fois qu'on exhume des corps, mais il s'agit cette fois de défunts «disparus sans laisser de famille ou d'amis». Les prélèvements sont pratiqués avec le maximum de garanties. Cependant, les travaux de comparaison s'annoncent difficiles. À Saint-Pierre-de-Maillé, l'un des cadavres-témoins a séjourné dans une mare pendant trois ans avant d'être inhumé dans le cimetière. À Loudun, aucune tombe n'est inondée comme celle de Léon Besnard.

Six ans s'écoulent entre la nomination des derniers experts et la remise de leur rapport. C'est seulement le 20 novembre 1961 que le troisième procès s'ouvre à Bordeaux. Tous les experts sont entendus, ainsi que les conseillers techniques de la défense, mais cette nouvelle querelle des anciens et des modernes n'apporte aucune certitude. Même si les experts de l'accusation concluent à la «haute probabilité» de l'imprégnation arsenicale des corps avant la mort, il n'est plus possible de suivre une voie aussi hasardeuse.

Après les experts, c'est le tour des témoins ordinaires. Les frères Massip ont disparu et la déposition essentielle est encore celle de Mme Pintou qui raconte, sans défaillance, la «grande scène» de la mort de Léon Besnard, en réussissant la prouesse de donner plus de détails qu'elle n'en avait fourni au procès de 1954.

Après le réquisitoire et les plaidoiries, le verdict est prononcé le 12 décembre 1961. Toutes les réponses du jury sont négatives; Marie Besnard est acquittée au bénéfice du doute et rentre à Loudun. Elle publie ses *Mémoires* en 1962 et meurt en 1980, à l'âge de quatre-vingt-trois ans. Elle a toujours refusé d'être enterrée dans le cimetière de Loudun et a préféré faire don de son corps à la science.

Les affaires criminelles de fin de siècle

PAR ÉRIC ALARY

Spaggiari
Mesrine
Les affaires Boulin et Markovic
Carlos
L'affaire Grégory
Omar Raddad

La fin du XXe siècle a connu une succession d'affaires dites «célèbres». Outre l'aspect parfois cruel ou ignoble de plusieurs affaires, les médias ont joué un rôle encore plus fort que jamais dans les affaires faisant de Spaggiari ou de Mesrine des «quasi-vedettes». Leur écho résonne encore aujourd'hui grâce à l'effet amplifié donné par les médias: l'affaire Grégory ou encore l'affaire Omar Raddad, deux affaires où la presse n'a pas toujours été impartiale. D'autres affaires sont liées aux milieux politiques. D'autres encore révèlent parfois certaines dissensions au sein des services policiers français. Enfin, certaines affaires ont été très médiatisées, car d'un genre nouveau – le «gang des postiches» dans les années 1980 – ou encore liées au terrorisme – Action directe ou Carlos. Nous ne pouvons pas toutes les traiter et nous n'avons retenu ici que quelques exemples significatifs.

Le «casse du siècle» d'Albert Spaggiari

Un petit voleur...

Avec Mesrine, Albert Spaggiari est sans aucun doute l'un des premiers bandits à avoir autant intéressé les médias. Originaire de Hyères, Spagiarri part en Indochine en 1950, où il commet un premier vol. Cela lui vaut une extradition vers la France à la fin de 1954. Il reste trois ans à la prison des Baumettes à Marseille. Une fois libéré, il entretient des liens étroits avec l'OAS. En 1961, la police est sur ses traces, car il a été mêlé à un attentat contre le général de Gaulle en novembre. En 1962, il retourne en prison en raison de ses relations avec l'OAS. Il reste à la Santé jusqu'en 1966. Il en profite pour rédiger son premier ouvrage : *Faut pas rire avec les barbares*. Il décide, semble-t-il, de «se ranger» en tenant un atelier de photographie à Nice.

L'as des coffres

Toutefois, en juillet 1976, son nom ressurgit dans les chroniques judiciaires de façon spectaculaire puisqu'il organise ce que la presse a qualifié de «casse du siècle». Il entreprend en effet de creuser un tunnel, à partir du réseau des égouts niçois, jusqu'au-dessous de la chambre forte de la Société générale à Nice. Le cambriolage est spectaculaire et permet de voler 50 millions de francs dans 350 coffres. Des photographies de célébrités locales dénudées découvertes dans les coffres sont affichées dans la salle. Spaggiari prend le temps d'inscrire cette phrase restée célèbre dans la salle dévalisée : « Ni armes, ni violence sans haine. » L'affaire fait la une de toute la presse. Le coup réussi est jugé extraordinaire. Les bandits sont presque admirés pour leur cran. La police pense évidemment autrement.

Pendant trois mois, une équipe de quinze hommes – des membres du milieu marseillais –, très organisée, dirigée par Spaggiari, a opéré dans les égouts : transport d'un matériel assez lourd, creusement du tunnel de huit mètres de long, puis trou effectué dans le mur de la salle des coffres. Les voleurs campaient dans le tunnel. Spaggiari avait parfaitement étudié les lieux en louant lui-même un coffre. Il y plaça un réveil qui sonnait chaque nuit : cela lui permit de vérifier que la banque n'avait pas installé de système antisismique ou acoustique ; le réveil permettait aussi de guider les bandits qui travaillaient dans l'obscurité. Spaggiari prévoit tout en interdisant le café et l'alcool aux hommes pendant leur travail ; il a également mis au point un système de relève qui octroyait des pauses d'une dizaine d'heures à chaque acteur du casse, afin de ne pas se mettre à dos une partie de l'équipe et de compromettre l'opération. Celle-ci fut un succès total et la police eut bien du mal à trouver les traces des gangsters.

Cavale et provocation

Pourtant, très maladroitement, certains membres de l'équipe ont tenté de vendre des lingots, ce qui permit à la police de les repérer et de suivre les traces de Spaggiari.

Ce dernier est alors arrêté à l'aéroport de Nice après avoir accompagné Jacques Médecin, le maire de Nice, en Asie. Il nie avoir participé au casse de la Société générale. Puis, il passe aux aveux. Il choisit Jacques Peyrat comme avocat, un membre du Front national. L'instruction commence. Le 10 mars 1977, alors qu'il est interrogé dans le bureau du juge d'instruction Richard Bouaziz, il s'évade en sautant par la fenêtre ; huit mètres plus bas, il se relève sur le toit d'une voiture et se sauve avec un complice qui l'attendait sur une moto. Les médias font de Spaggiari la première grande « vedette » du banditisme.

Spaggiari est condamné à la prison à perpétuité par contumace. Des témoins l'ont vu ensuite en Argentine. Il aurait subi des transformations physiques afin de revenir incognito voir sa mère et son épouse en France. Mais comble de la provocation, il donne une interview à Bernard Pivot lors de la sortie de son livre le *Journal d'une truffe*, en 1983. La police française s'insurge devant un tel procédé médiatique. Pendant sa cavale, selon des documents de la CIA, Spaggiari aurait également été en relation avec le dictateur chilien Pinochet. Enfin, ses comparses ont toujours minimisé l'importance de Spaggiari dans la réalisation du casse. Certes, il en fut le « cerveau », mais ensuite il aurait été un simple exécutant. Qui dit vrai ?

Au final, retenons que Spaggiari reste dans les annales des affaires criminelles, le plus célèbre bandit de l'après-guerre, après Mesrine. Il est mort en 1989 en Italie, toujours en cavale.

Jacques Mesrine, «l'ennemi public n° 1»

Professionnel du crime

Jacques Mesrine est sans aucun doute l'un des plus grands criminels français depuis la fin de la Seconde Guerre mondiale. Né en 1939, Jacques Mesrine se montre violent dès le plus jeune âge. Parachutiste-commando pendant la guerre d'Algérie, il commence dès son retour à vivre de petits braquages. Il apprend vite en ce domaine, car doué d'une grande intelligence. Pendant les années 1960, Mesrine se mue progressivement en braqueur professionnel. Les arrestations se multiplient pour cambriolages, recels d'armes, etc. Emprisonné, il semble vouloir se ranger une fois libéré. Sa famille lui permet même d'acheter une petite auberge, devenue en peu de temps un lieu de rencontres pour bandits. Entre-temps, il se marie deux fois et rencontre Jeanne Schneider. Il part de France et reprend ses activités de voleur à Majorque, puis à Genève et Paris. De 1965 à 1968, il est reconnu plusieurs fois lors de braquages spectaculaires malgré des déguisements dont il aime jouer. Traqué par la police pour des escroqueries, il parvient à s'enfuir pour le Québec avec Jeanne Schneider; ils travaillent alors tous les deux pour le milliardaire Georges Deslauriers. En 1969, ils enlèvent ce dernier qui les a renvoyés et demandent une rançon à son frère. Après une cavale aux États-Unis, ils sont arrêtés, extradés vers le Québec, puis condamnés à dix (Jeanne) et quinze ans de prison (Mesrine). Celui-ci s'évade, commet de nouveaux braquages très violents avec des complices, puis tue deux gardes forestiers ; il retourne en France pour commettre des hold-up.

« La France a peur »

En 1973, le commissaire Broussard l'arrête une première fois. La presse s'empare de cette arrestation pittoresque : Mesrine a négocié des heures derrière la porte de son appartement, rue Vergniaud (13e arrondissement de Paris), avant d'ouvrir la porte aux policiers. Il leur offre du champagne ! Condamné à vingt ans de prison, il est incarcéré à la Santé, dont il parvient à s'évader en mai 1978 avec François Besse et Carman Rives ; ce dernier est tué par les gardiens de la prison. Personne ne sait encore aujourd'hui comment l'évasion a été organisée.

Mesrine cavale, changeant de lieu de résidence et se déguisant sans cesse. Il attaque le casino de Deauville avec Besse. Le GIGN et des centaines de policiers sont à ses trousses, en vain. Les deux bandits recommencent à narguer les policiers en volant la banque de la Société générale à Drancy.

Le plus incroyable, c'est que Mesrine reçoit des journalistes qui enregistrent ses paroles ; les bandes enregistrées ont été saisies par la police. Mesrine y décrit les conditions déplorables de détention des quartiers de haute sécurité et affirme qu'il ne se laissera jamais prendre vivant. Il met en scène sa vie de criminel et tente de ridiculiser et de défier sans cesse la police française, incapable de le retrouver. En juin 1978, il enlève le milliardaire Henri Lelièvre et obtient une rançon de plusieurs millions de francs. Puis, il essaie d'enlever le juge Petit qui l'avait condamné à vingt ans de prison : celui-ci absent, c'est une partie de la famille du juge qui est alors séquestrée. La police tente de capturer Mesrine et son complice. Ce dernier est arrêté, mais Mesrine est encore en fuite. Il menace de mort son éditeur Jacques Lattès qui avait publié en 1977 son manuscrit intitulé *L'Instinct de mort*. En septembre 1979, Mesrine enlève Jacques Tuillier, journaliste à *Minute*. Il le torture et le blesse grièvement par balle. Le journaliste avait eu tort de présenter Mesrine comme malhonnête à l'égard de ses «associés». L'ennemi public n° 1, comme l'appelle la presse, fait peur à l'opinion et la police monte même des équipes spéciales anti-Mesrine. Cette affaire révèle d'une part des tensions entre différents services de police et d'autre part entre la gendarmerie (notamment le GIGN) et les services du commissaire Broussard.

La fin...

En octobre 1979, Broussard finit par localiser l'appartement parisien de Mesrine. Le 2 novembre 1979, Mesrine, accompagné par sa compagne, est tué au volant de sa voiture par Broussard et les hommes de la Brigade de recherche et d'intervention. Dix-neuf balles ont été retrouvées dans le corps du criminel. La famille de Jacques Mesrine est persuadée qu'il a été exécuté par les policiers. Elle tente depuis de le faire reconnaître par la justice française. En 2006, la Cour de cassation a rejeté un pourvoi de la famille Mesrine qui s'était déjà vue opposer un non-lieu en 2005.

L'affaire Mesrine révèle la difficulté de coordonner parfois tous les services de police pour obtenir des informations efficaces sur un individu. Ajoutons que les policiers et les gendarmes français avaient également affaire à un «as» du braquage, de la cavale et du déguisement. Ce périple a suscité des films comme *Inspecteur la bavure* en 1980 de Claude Zidi, avec Gérard Depardieu ou encore le téléfilm *Chasse à l'homme*, en 2006, d'Arnaud Sélignac, avec Richard Berry, entre autres. Des chanteurs font aussi allusion à Mesrine tels Renaud, le groupe Trust, etc. Des groupes de musique punk portent même son nom.

Les affaires Boulin et Markovic : des affaires au plus près du pouvoir politique

D'autres affaires criminelles ont intrigué les enquêteurs et les journalistes telle l'affaire Markovic, par exemple. En octobre 1968, l'ancien garde de l'acteur de cinéma Alain Delon, Stephan Markovic, est découvert mort dans une décharge. Son cadavre est en état de décomposition avancé. Des lettres ont semblé dans un premier temps impliquer le célèbre acteur et Nathalie Delon. Puis, *Le Figaro* publie une lettre anonyme qui décrit des soirées à la morale douteuse organisée par François Marcantoni (un bandit corse membre du service d'action civique) et impliquant des hauts fonctionnaires ainsi que d'anciens membres du gouvernement. La rumeur enfle sur des photographies de ces soirées qui passeraient sous le manteau dans Paris. Claude Pompidou, l'épouse de l'ancien Premier ministre, y figurerait même. Bref, Pompidou est convaincu qu'il est victime d'une machination d'individus proches du pouvoir, membres du SDECE (remplacé par la DGSE plus tard), afin de détruire toutes ses ambitions présidentielles. Des tensions naissent alors entre de Gaulle et Pompidou. L'affaire Markovic est bel et bien devenue politique. Elle restera sans réponse. Une fois président de la République, Pompidou a choisi de réformer le SDECE, réputé pour l'utilisation de ses « barbouzes ».

Dans les années 1970, parallèlement à l'affaire Mesrine, l'affaire Boulin défraie la chronique judiciaire et bouscule le monde politique. Ministre du Travail en pleine activité dans le gouvernement de Raymond Barre, sous la présidence de la République de Valéry Giscard d'Estaing, Robert Boulin est découvert mort le 30 octobre 1979 dans un étang de la forêt de Rambouillet, noyé dans cinquante centimètres d'eau. L'enquête conclut au suicide. La famille du ministre n'est pas convaincue par l'information judiciaire, bientôt relayée par de grands journaux nationaux français, intrigués par les nombreux mystères qui entourent son décès.

Sa mort est précédée par la réception de lettres anonymes au siège de plusieurs journaux selon lesquelles il aurait acquis une garrigue dans le Var de façon illégale. Robert Boulin se défend sur Europe 1 en disant qu'il n'a rien à se reprocher et qu'il ne peut pas tout dire à l'antenne. Il est retrouvé mort quelques jours après. Depuis, des contre-enquêtes journalistiques et la demande de nouvelles auditions par la fille de la victime relancent sans cesse l'affaire jusqu'en 2007. L'affaire Boulin est donc peut-être encore loin d'être finie.

Carlos, un terroriste à l'échelle du monde

L'apprentissage du terrorisme

S'il est un criminel parmi les plus recherchés du XXe siècle, Ilich Ramirez Sanchez, dit «Carlos» ou – encore «Chacal» –, est de ceux-là. Redoutable terroriste international, il a été recherché par toutes les polices européennes pour les vols et les attentats commis sur le vieux continent. Pourtant, rien dans l'enfance ne destine vraiment Carlos à devenir ce clandestin insaisissable, l'un des plus grands terroristes internationaux, capable de frapper là où il souhaite. Né en 1949, il est le fils d'un riche avocat communiste vénézuélien, mais qui reste dans la légalité et n'emprunte aucunement les chemins de la subversion. Son père lui donne l'un des prénoms de Lénine. Adolescent, le futur Carlos décide pourtant d'apprendre la clandestinité en partant à Cuba. En 1968, Carlos se rend à Moscou où le KGB lui permet de poursuivre des études à l'Université Patrice-Lumumba. Cet établissement sert à former les cadres des pays du tiers-monde. Mais il ne reste pas longtemps car il est considéré comme un étudiant débauché. Sans doute au début des années 1970, il entre au Front populaire de libération de la Palestine.

En 1973, à Londres, il commence son parcours de terroriste en tirant sur le frère juif du président de la chaîne de grands magasins anglais Marks & Spencer. Peu de temps après, Carlos fait exploser une bombe devant une banque londonienne qu'il juge « sioniste ». L'antisémitisme est au fondement de ses premières actions terroristes. En 1974, il est l'auteur de plusieurs attentats à Paris : il fait exploser une voiture devant les locaux de plusieurs journaux français, mais surtout, le 15 septembre, il commet un attentat contre le drugstore Publicis Saint-Germain faisant deux morts et trente-quatre blessés. Fin juin 1975, la DST l'a enfin repéré ; deux policiers sont tués par balles au moment de l'arrêter ; un troisième policier du contre-espionnage est gravement blessé. Carlos parvient à s'enfuir.

L'apogée criminel de Carlos

En décembre 1975, il prend en otage et séquestre pendant vingt-quatre heures onze ministres de l'OPEP à Vienne. Il est le cerveau d'une opération de commando qui fait trois morts. La même année, il se convertit à l'islam et part vivre à Beyrouth jusqu'en 1982. Puis, il cavale dans plusieurs pays du Moyen-Orient où il est protégé, essentiellement en Syrie. Les polices du monde occidental le considèrent comme un terroriste sans pitié à arrêter à tout prix. Au début des années 1980, beaucoup le croyaient mort. Il s'est fait oublier jusqu'au jour où il envoie une lettre à l'ambassade de France de La Haye dans laquelle il exige la libération de proches complices, dont sa compagne, Magdalena Kopp. Ils détenaient alors des kilos d'explosifs. Carlos n'est donc pas mort. Les enquêteurs ont identifié l'origine de la lettre grâce à des empreintes digitales. En 1982, Carlos est accusé d'être responsable de l'attentat du train Le Capitole (cinq morts), puis en 1983, de celui de la gare Saint-Charles de Marseille (deux morts). Entre-temps, il aurait fait exploser une voiture piégée devant le journal *Al-Watan al-Arabi* à Paris (un mort, soixante-trois blessés). Il n'a jamais revendiqué l'attentat.

En 1985, Carlos est vu à Damas avec sa compagne. Mais très vite, le président syrien reçoit des pressions internationales qui le somment de livrer Carlos. Cela permettrait aux Syriens de sortir de leur isolement diplomatique. En 1991, Carlos est jugé indésirable en Syrie et se rend au Soudan. L'année suivante, la France le condamne par contumace à la prison à vie pour la mort des policiers de la DST. En 1994, celle-ci le capture à Khartoum et le fait extrader vers la France où il purge toujours la peine à perpétuité prononcée en 1992. En 2004, il a publié une autobiographie. Il est alors défendu par Jacques Vergès et Isabelle Coutant-Peyre, qu'il a d'ailleurs épousée.

Carlos est donc devenu une véritable «légende» du terrorisme international. Des surnoms nombreux lui ont été donnés dont celui d'«Insaisissable». Les photographies de lui sont très rares; les plus connues le montrent avec des lunettes noires. Aujourd'hui, chacun de ses gestes est observé dans sa cellule. Chacun de ses déplacements vers un juge ou le tribunal est l'objet d'une surveillance policière sans précédent en France, à la hauteur de la réputation du «Chacal».

Crime d'enfant : l'affaire Grégory

L'histoire des affaires criminelles regorge aussi de faits considérés par tous comme les plus ignobles, à savoir les crimes d'enfant. Parmi eux, la fin du XXe siècle a laissé dans les mémoires l'affaire Grégory.

Un petit corps sans vie dans la Vologne

Le 16 octobre 1984, dans les Vosges, le corps de Grégory Villemin, un petit garçon de quatre ans, est récupéré dans la Vologne. L'enfant est mort noyé, les jambes attachées. Ses parents, Christine et Jean-Marie, demeurant à quelques kilomètres du lieu de la macabre découverte, reçoivent le lendemain une lettre anonyme qui déclare revendiquer le crime et signée par un mystérieux «corbeau». Dès le départ, l'affaire est singulière. L'enquête commence, très encadrée par des dizaines de journalistes et les caméras des chaînes de télévision françaises. Les rebondissements vont alors se multiplier.

L'affaire Laroche dans l'affaire Grégory

Personne dans la gendarmerie ne semble être en mesure d'identifier le «corbeau» de la lettre adressée au père de Grégory, le lendemain du crime. Mais un fait incroyable se produit: Bernard Laroche, un cousin de Jean-Marie Villemin, est accusé par sa belle-sœur Muriel d'être le meurtrier. Laroche est arrêté, mais il dit être innocent. Tout le monde, à Lépanges-sur-Vologne, pense que le coupable est démasqué. Toutefois, cette assurance est de courte durée, puisque Muriel revient sur ses propos et affirme qu'elle a menti. Pour autant, le 4 novembre 1984, le jeune juge Jean-Michel Lambert, du tribunal d'Épinal, inculpe Laroche pour le crime commis sur Grégory. Nouveau coup de théâtre le 4 février 1985: le juge libère Laroche. Celui-ci tente alors de reprendre le cours d'une vie normale en retournant travailler. Toutefois, le 29 mars, le père du petit Grégory abat Laroche d'un coup de fusil.

C'est la stupeur et les médias accourent encore plus nombreux à Lépanges-sur-Vologne. Jean-Marie Villemin pense que Laroche est l'assassin de son petit garçon. Ce qui stupéfait à ce stade de l'affaire, ce sont les contradictions des enquêteurs. Le père de Grégory est logiquement incarcéré. La France est tenue en haleine pendant des mois par ce feuilleton macabre que nombre de journaux exploitent.

Une affaire floue et mystérieuse

Mais l'affaire n'en reste pas là. Peu à peu, des soupçons pèsent sur la mère du petit garçon. Elle aurait été vue à la Poste, la veille du crime, selon la rumeur locale. Le 5 juillet 1985, le juge Lambert inculpe Christine Villemin pour l'assassinat de son fils. Elle est incarcérée. Mais les charges manquent et quelques jours plus tard, elle est relâchée grâce à l'intervention de la chambre d'accusation de Nancy. Une enquête minutieuse conduit en 1993 la justice à proclamer un non-lieu pour Christine Villemin, car le dossier ne comprenait aucune charge la désignant. Entre-temps, Marguerite Duras accuse dans *Libération* la mère de Grégory. La presse s'immisce assez loin dans la vie privée des habitants du village, souvent partiale. Le secret de l'instruction a été plusieurs fois violé ; ajoutons des relevés d'indices peu conformes à la rigueur exigée dans une enquête policière de ce type. La gendarmerie et la police étaient de plus en conflit sur cette enquête. L'affaire apparaît souvent comme un fiasco pour les enquêteurs et le juge Lambert.

Au final, on ne sait toujours pas qui a tué le petit Grégory Villemin. Après une dernière analyse d'ADN – qui n'a donné aucun résultat – sur un morceau de timbre, que le « corbeau » aurait pu utiliser, en 2003, l'affaire est considérée comme close. En 2004, l'État a été condamné à verser 70 000 euros d'indemnités pour «faute lourde» aux époux Villemin. Jean-Marie est sorti de prison et le couple refait sa vie loin des Vosges. Cette affaire, parcourue de multiples dérapages, a soulevé les passions entre ceux qui ont cru en la culpabilité de Laroche, ceux qui ont plutôt pensé à la mère de Grégory et ceux qui espèrent un jour connaître le véritable meurtrier du petit garçon découvert mort dans la Vologne, un jour d'octobre 1984. Alors que l'enquête semble suspendue, de nouvelles avancées sont effectuées entre 2008 et 2021. La police scientifique ne cesse de faire d'immenses progrès dans le domaine de la recherche de traces génétiques et dans l'analyse des écrits. En 2008, après quatre ans d'arrêt, l'enquête est rouverte à la demande des parents afin d'analyser un timbre-poste et la lettre d'un «corbeau» pour découvrir d'éventuelles traces d'ADN. En vain. En 2010, la police étudie plusieurs enregistrements d'appels téléphoniques, un cheveu découvert sur le petit garçon et l'une des cordelettes ayant servi à l'attacher. Mais les résultats ne donnent rien de probant. Les analyses se succèdent ainsi que les déclarations fracassantes des avocats et des journalistes.

En 2017, de nouvelles mises en examen et gardes à vue ont lieu au sein de la famille Jacob: le grand-oncle et la grand-tante paternels ainsi que l'épouse de l'oncle de Grégory. Murielle Bolle est entendue comme témoin puis placée en garde à vue avant d'être incarcérée, où elle fera une grève de la faim. Elle est finalement libérée; belle-sœur de Bernard Laroche, elle avait quinze ans au moment de la découverte du corps de Grégory, qu'elle gardait souvent. Elle avait été interrogée par les gendarmes et avait tenu des propos contradictoires.

On observe qu'à chaque fois que l'affaire est relancée, il manque des pièces du puzzle. Il est d'autant plus difficile d'avancer dans l'enquête que les preuves rassemblées en 1984 ne sont pas toujours en bon état pour les analyses scientifiques. Et l'affaire ne cesse de se complexifier : énième coup de théâtre lorsque le public apprend le suicide du juge Lambert en 2017, écrivant dans une ultime lettre ne plus avoir la force de lutter face aux rebondissements innombrables et aux incriminations incessantes dont il est la victime depuis des décennies. En 2018 et en 2020, les mises en accusation de 2017 sont annulées.

Ce qui intrigue les enquêteurs depuis le début, ce sont les lettres et les appels téléphoniques d'un ou de plusieurs « corbeaux ». En avril 2021, des spécialistes en stylométrie auraient identifié « avec une forte probabilité », selon un rapport fuité à des journalistes, une grand-tante de Grégory comme le principal « corbeau » et quatre autres auteurs probables, ce que ne confirment pas d'autres analyses de graphologues. Le procureur de Dijon a juste confirmé que ces analyses avaient été ajoutées au dossier après l'étude de lettres anonymes.

Avec l'affaire Grégory, une affaire de vengeance, c'est plus d'un tiers de siècle de l'histoire de la société française qui défile sous nos yeux. L'affaire n'est pas finie... Le nombre de pistes considérées ne cesse de grandir avec le temps – au risque de commettre des erreurs judiciaires – et malgré les progrès de la police scientifique, ce qui confirme que l'enquête n'a pas été menée dans les règles de l'art en 1984.

L'affaire Omar Raddad : la certitude du doute

Le 26 juin 1991, Ghislaine Marchal, âgée de soixante-cinq ans, est retrouvée morte, baignant dans son sang, frappée de plusieurs coups de couteau, dans la chaufferie de sa villa de Mougins (Alpes-Maritimes). La police pourrait s'attendre à première vue à un crime crapuleux ou à une vengeance dans les milieux aisés de la Côte d'Azur. Mais très vite, au fil des années, ce crime devient une affaire passionnée qui concerne même les plus hautes autorités du pays. Le doute est au cœur de toute l'affaire.

«OMAR M'A TUER.»

Sur le mur de la chaufferie, deux inscriptions auraient été écrites par Ghislaine Marchal avec son propre sang: «Omar m'a tuer» et «Omar m'a t...». Sans doute n'a-t-elle pas eu la force de finir la seconde inscription. Le jardinier est ainsi dénoncé. Les médias s'emparent de l'affaire et même le roi du Maroc intervient en faveur du jardinier auprès de Jacques Chirac, président de la République.

L'enquête avance très vite puisque le jardinier de la propriété, Omar Raddad, d'origine marocaine, est inculpé d'homicide volontaire et écroué à la prison de Grasse. Âgé de vingt-huit ans, il nie les faits *ipso facto*. Des experts en graphologie identifient dès le mois d'août suivant les inscriptions comme étant bien de la main de Mme Marchal, ce qui a été déterminant pour la suite de l'affaire, laissant peu de chance au jardinier de trouver les moyens de se défendre. De plus, le jardinier a changé son emploi du temps brutalement le jour du meurtre; il est allé chez Mme Pascal, dans une propriété voisine de celle de Mme Marchal. Il a affirmé aux enquêteurs qu'il était rentré chez lui pour déjeuner, ce qu'aucun témoin n'a pu confirmer.

L'instruction judiciaire semble alors classique et aisée.

Le 2 février 1994, le procès de Raddad s'achève par une condamnation à dix-huit ans de prison; les expertises des graphologues ont lourdement pesé même si des doutes subsistent dès le début. La défense de Raddad a affirmé que Mme Marchal ne pouvait pas commettre une telle faute à «tuer», même agonisante. De plus, d'aucuns s'accordent à penser que la graphologie n'est pas toujours une science absolument fiable. Omar Raddad commence alors une grève de la faim de plus d'un mois. Son pourvoi en cassation est rejeté par la Cour de cassation en mars 1995.

Fin 1995, un détenu affirme qu'un autre prisonnier lui a avoué qu'il était le coupable du meurtre de Mme Marchal, ce sans preuves. Il s'agirait d'un certain FB. Celui-ci a porté plainte pour diffamation. Puis, un coup de théâtre surgit : le président de la République Jacques Chirac gracie partiellement Omar Raddad le 10 mai 1996 ; la peine est réduite de quatre ans et huit mois. Mais l'affaire n'est pas finie : maître Vergès, défenseur de Raddad, demande une nouvelle expertise graphologique qui n'a plus rien à voir avec la première ; elle affirme que Mme Marchal ne peut pas être l'auteur des inscriptions en lettres de sang. Le 2 septembre 1998, Omar Raddad est mis en liberté conditionnelle. Il vient alors de passer sept années en prison. Toutefois, pour la justice, il reste coupable. Le garde des Sceaux n'a pas demandé la révision du procès.

Une révision manquée

Maître Vergès n'en reste pas là et demande une révision du procès. Il obtient en 2000 une nouvelle expertise graphologique qui conclut à l'impossibilité de donner une identité sûre sur l'auteur des inscriptions. En 1991, l'analyse génétique n'a pas pu être utilisée, car la technique n'était pas encore fiable à 100 %. Mais la science évolue vite au service des investigations. En 2001, un chevron qui a servi à tuer Mme Marchal est étudié : l'ADN retrouvé est bien masculin, mais n'appartient pas à Omar Raddad. Le 14 mai 2001, maître Vergès obtient gain de cause puisque l'avocat général de la Cour de cassation demande la transmission du dossier de Raddad devant la Cour de révision. Après plusieurs étapes juridiques, le 20 novembre 2002, la Cour de révision affirme que la culpabilité de Omar Raddad existe bien même si l'ADN retrouvé n'est pas le sien. Omar Raddad voit donc réduites à néant toutes ses chances d'être à nouveau jugé en France. Maître Vergès veut aller jusqu'au bout du combat et a décidé de porter l'affaire devant la Cour européenne de justice.

L'affaire a suscité une grande émotion; certaines vedettes du show-business connaissaient Mme Marchal et souhaitaient que la vérité émergeât au plus vite, tandis que des plumes éminentes prenaient la défense de Omar Raddad tel Jean-Marie Rouart, membre de l'Académie française et directeur du *Figaro Littéraire*, dans plusieurs articles du *Figaro* et dans un ouvrage publié en 1994, *Omar, la construction d'un coupable*. Il est persuadé que Raddad est un coupable idéal. Il se livre à une véritable enquête de terrain et essaie de comprendre pourquoi certaines pistes n'ont pas été explorées. Pour Rouart, l'enquête a été faite à charge; il accuse même et est poursuivi pour diffamation. D'autres intellectuels viennent soutenir Raddad.

Entre 2002 et 2005, c'est maître Vergès qui va jusqu'au bout des démarches auprès de la Cour européenne des droits de l'homme, laquelle déclare, le 4 janvier 2005, «irrecevable» la demande de Omar Raddad contre l'État français. La justice française n'est donc pas contredite.

Puis, l'affaire connaît un nouveau rebondissement en 2010-2011: la nouvelle avocate de Omar Raddad demande une expertise sur des prélèvements d'ADN effectués en 2001 sur une porte, mélangés au sang de Ghislaine Marchal. Le 29 juin 2011, le parquet de Grasse affirme que les prélèvements ne sont pas en mesure d'être utilisés pour dresser un profil génétique. D'autres expertises ADN sont demandées par la défense de Raddad en 2014 et 2016, en vain. Les juges invoquent des procédures de prélèvements mal assurées en 1991.

L'inscription «Omar m'a tuer» reste l'une des grandes énigmes judiciaires depuis les années 1990. Cette histoire a inspiré l'acteur et réalisateur Roschdy Zem, d'origine marocaine, pour réaliser le film de cinéma *Omar m'a tuer*, sorti dans les salles en 2011, inspiré par le livre écrit par Omar Raddad et Sylvie Lotiron, publié en 2002, *Pourquoi moi?*

Michel Fourniret, un tueur en série hors norme

Si le XXe siècle a retenu les noms de quelques tueurs en série tels que le docteur Petiot ou encore Guy Georges (violeur et tueur en série à Paris, condamné à la réclusion criminelle à perpétuité en 2001 pour sept meurtres), le XXIe siècle a été très marqué par la découverte en France et en Belgique des crimes odieux et des viols répétés de Michel Fourniret, assisté parfois par son épouse Monique Olivier. Ce dossier est unique dans les annales criminelles françaises.

L'enfance d'un tueur en série

L'homme ne s'est jamais beaucoup épanché sur sa jeunesse. Il est né en 1942 à Sedan dans un milieu ouvrier ardennais et a été scolarisé jusqu'au collège, où il n'est pas très aimé de ses camarades qui le considèrent comme un voleur et où il se bat souvent. Plus tard, Fourniret décide de s'orienter vers un apprentissage en tant que fraiseur dans l'automobile. Il fait partie des commandos de l'air pendant ses deux années de service militaire en Algérie. Il obtiendra une pension d'ancien combattant de 300 euros annuels après en avoir fait la demande en 1999. De retour en France, il se marie en 1964 et devient père pour la première fois. Il est alors ouvrier fraiseur et menuisier. En 1967, une première ligne est ajoutée à son casier judiciaire pour agressions sur mineurs ; il fait de la prison. Son épouse demande alors le divorce. Il se remarie une deuxième fois en 1970 et a trois nouveaux enfants. Il est aussi un grand lecteur et aime apprendre par cœur certains passages de livres, et il apprécie également beaucoup jouer aux échecs.

Les mots qu'il a sur sa mère devant les enquêteurs sont peu élogieux ; il la présente comme une femme sans pitié au passé trouble sous l'occupation allemande, malade psychiatrique et qui aurait exercé des sévices sexuels sur lui. Son père, lui, était ouvrier métallurgiste à Sedan, alcoolique notoire et peu présent à la maison. Il divorce de son épouse et obtient la garde de ses trois enfants dont Michel Fourniret qui a alors douze ans. Ce passé constitue un ensemble de ruptures douloureuses pour ce dernier.

Le périple criminel de « l'ogre des Ardennes »

Entre le milieu des années 1960 et 1984, son casier judiciaire se remplit de condamnations pour violence, voyeurisme, agressions et viols sur mineurs en Loire-Atlantique et en région parisienne. Ses victimes sont nombreuses, et essentiellement des jeunes filles dont il est obsédé par la virginité.

Il est incarcéré en mars 1984. En juin 1987, la cour d'assises de l'Essonne le condamne à sept années de prison, dont deux avec sursis et trois ans de mise à l'épreuve pour treize agressions sur mineurs de moins de quinze ans. Sa deuxième femme demande alors le divorce. Pour l'heure, il n'a pas encore tué.

Une fois incarcéré, il fait la connaissance de Monique Olivier, visiteuse de prison, qui a lu la petite annonce publiée par Fourniret dans la presse: «Prisonnier cherche contact pour rompre solitude.» 217 lettres sont alors échangées entre les deux amants en une année. Le 22 octobre 1987, il sort libre de Fleury-Mérogis pour conduite exemplaire. Il part avec Monique Olivier vivre dans l'Yonne. Ils se marient en 1989 et un fils naît de cette union.

Leur vie à Saint-Cyr-les-Colons est discrète aux yeux des voisins. Il n'empêche qu'une longue série de crimes et de viols commence en décembre 1987, avant même leur mariage: avec l'aide de Monique Olivier, Michel Fourniret enlève, viole et tue Isabelle Laville, alors âgée de dix-sept ans. À partir de là, le couple sillonne la France entre l'Yonne et les Ardennes, enlevant, violant et tuant plusieurs femmes et filles.

Le couple s'installe dans les Ardennes et fait la connaissance de Farida Hamiche, la compagne de Jean-Pierre Hellegouarch – encore en prison et avec qui Fourniret s'est lié d'amitié – qui connaît l'emplacement de la cachette d'un magot important ayant appartenu au célèbre «gang des postiches», à l'origine de vingt-sept attaques de banques entre 1981 et 1986. Il accompagne la femme vers le lieu de la cache du «trésor» du gang des postiches – des lingots d'or –, puis la tue. Fourniret achète alors un petit château à Donchery dans les Ardennes avec l'argent. Hellegouarch, sorti de prison, demande des éclaircissements sur la disparition de sa compagne et sur celle de l'argent. Fourniret parvient à manipuler son ancien codétenu. Il prend peur et s'installe dans un logement insalubre de Sedan. Fourniret revend le château en 1991 alors que Hellegouarch apprend par la police que la demeure appartenait à son ancien ami. Fourniret est mis en examen pour une affaire de faux papiers, puis il part s'installer en Belgique avec Monique Olivier et leur fils. En 1999, Hellegouarch, alors emprisonné de nouveau, portera plainte contre Fourniret pour la disparition de son épouse, en vain.

Un couple machiavélique et tueur

Le couple donne l'impression de vivre une vie paisible, alors que Fourniret vit de plusieurs petits métiers, à quelques kilomètres de la frontière franco-belge. Mais derrière cette apparence tranquille, le couple poursuit ses méfaits. En 2003, Marie-Ascension, âgée de treize ans, est enlevée par Fourniret en camionnette alors qu'elle se rend à l'école, mais elle parvient à s'échapper et est secourue par une automobiliste qui a noté les numéros de la plaque d'immatriculation du véhicule du tueur en série. Fourniret est alors arrêté par la police belge.

Pendant les années 1990, Fourniret a commis sans doute des dizaines de crimes et de viols sur des fillettes, seul cette fois-ci, se passant de l'aide de Monique Olivier.

Nombre de disparitions non résolues sont observées par les policiers belges. Pour en savoir plus, le couple diabolique et manipulateur est interrogé pendant près d'un an par les enquêteurs, mais ils semblent avoir préparé les interrogatoires lors de leurs rencontres au parloir de la prison de Michel Fourniret, et ils refusent de parler. Monique Olivier est encore libre. Mais alors que Fourniret est sur le point d'être libéré, son épouse craque après plus de cent interrogatoires, en juin 2004. Elle avoue une partie du périple criminel de son époux et est arrêtée. Elle est extradée de la Belgique vers la France en 2005, et son époux aussi l'année suivante après avoir reconnu six assassinats.

Et la liste des crimes de Fourniret ne cesse de s'allonger ; il a commis des assassinats attribués un temps au tueur en série belge Marc Dutroux. Des dizaines d'enquêtes sur des disparitions de jeunes filles et de jeunes femmes sont rouvertes en France et en Belgique. Les noms des victimes s'égrènent au fil de l'enquête : Marie-Angèle Domèce, dix-neuf ans ; Fabienne Leroy, vingt ans ; Jeanne-Marie Desramault, vingt-deux ans ; Elisabeth Brichet, douze ans ; Joanna Parrish, vingt ans ; Natacha Danais, treize ans ; Tanja Groen, dix-huit ans ; Céline Saison, dix-huit ans ; Mananya Thumpong, treize ans ; et enfin, Estelle Mouzin, neuf ans, dont les Français ont vu le portrait affiché partout pendant des années. Cette dernière a disparu en janvier 2003 à Guermantes (Seine-et-Marne) alors qu'elle rentrait de l'école. Face à l'opiniâtreté de ses parents, Monique Olivier et Michel Fourniret avouent le 6 mars 2020 être les auteurs de l'enlèvement et du meurtre d'Estelle Mouzin. Son corps est depuis recherché activement dans les Ardennes grâce aux indices donnés par Monique Olivier, mais il n'a toujours pas été retrouvé. Il faudrait ajouter le meurtre de la jeune fille au pair de Bruxelles recrutée par les Fourniret à l'été 1993, jamais retrouvée et dont le nom demeure inconnu.

Plusieurs des victimes de Fourniret ont été enlevées sur des parkings de supermarché avec l'aide de Monique Olivier pour convaincre leurs proies de les suivre. Si Fourniret a pu commettre ses crimes et vols sans être inquiété, c'est que pendant près de dix-sept ans, personne n'a lié toutes les affaires auxquelles il a participé. Le fait que le couple ait agi dans deux pays complexifie les rapports entre les différentes enquêtes. Les modes opératoires ont également été différents, et Fourniret sait aussi attirer la confiance des voisins et des autorités : en Belgique, il a même obtenu un poste de surveillant dans une école peu de temps avant son arrestation. Certaines affaires ont conduit à la mise en examen du tueur, suivie de non-lieu, faute de preuves. Fourniret a eu beaucoup de chance et a pu profiter parfois de certains dysfonctionnements judiciaires.

À de nombreuses reprises, Fourniret a refusé de reconnaître un crime qu'il finira par avouer quelques années plus tard. Par ailleurs, même s'il se dit être le maître sordide d'un jeu de cache-cache avec les policiers et les juges, Monique Olivier, par ses aveux, a contraint Fourniret à faire les siens. Cependant, un certain nombre de crimes de celui que la presse surnomme « le tueur des Ardennes », « le forestier des Ardennes » ou encore « le monstre des Ardennes » n'ont toujours pas été élucidés en France et en Belgique, mais seraient imputables à Fourniret seul ou avec la complicité de son épouse. Sans preuves et sans aveux, les enquêteurs piétinent, même si des avancées considérables ont été opérées dans les années 2010.

De mars à mai 2008, le « procès Fourniret » a lieu à la cour d'assises de Charleville-Mézières, afin de juger le couple pour plusieurs assassinats et viols. Monique Olivier et Michel Fourniret comparaissent ensemble. Fourniret est condamné à la « perpétuité réelle » ; c'est le troisième condamné à cette sentence depuis sa mise en place en 1994. Quant à Monique Olivier, elle écope de la réclusion criminelle à perpétuité assortie d'une peine de sûreté de vingt-huit ans ; c'est la seule dans ce cas dans les prisons françaises à ce jour. D'autres procès d'assises les attendent encore.

Michel Fourniret, malade, décède le 10 mai 2021. Les enquêtes continuent et le macabre parcours du tueur qui se décrivait lui-même comme « un être mauvais et dénué de tout sentiment humain » n'est toujours pas connu dans sa totalité.

Sources imprimées et bibliographie sommaire

Sources

CAILLAUX, Joseph, *Mes mémoires, tome III : Clairvoyance et force d'âme dans les épreuves 1912-1930*, Paris, Plon, 1947.

FLORIOT, René, *Deux femmes en cour d'assises : Madame Steinhell et Madame Caillaux*, Paris, Hachette, 1966.

GIDE, André, *La séquestrée de Poitiers*, Paris, Gallimard, coll. «Folio», 2003.

Bibliographie sommaire

ADLER, Laure, *L'amour à l'arsenic : histoire de Marie Lafarge*, Paris, Denoël, 1986.

AUGUSTIN, Jean-Marie, *Les grandes affaires criminelles de Poitiers*, La Crèche, Geste, 1995.

AUGUSTIN, Jean-Marie, *L'histoire véridique de la séquestrée de Poitiers*, Paris, Fayard, 2001.

BADINTER, Robert, *La prison républicaine*, Paris, Fayard, 1992.

BERLIÈRE, Jean-Marc, *Les grandes affaires criminelles du Moyen Âge à nos jours*, Perrin, 2020.

BON, Denis, *L'affaire Stavisky*, Bussière, De Vecchi, coll. «Grands procès de l'histoire», 2006.

BOIZEAU, Léandre, *Thiennot, l'homme qui hurlait d'innocence*, Châteauroux, Bouinotte, 2004.

BOURGOUIN, Stéphane, *L'ogre des Ardennes : les derniers secrets de Michel Fourniret*, Grasset, 2018.

BREDIN, Jean-Denis, *Joseph Caillaux*, Paris, Hachette, 1980.

CHENU, Charles-Maurice, *Le procès de Madame Caillaux*, Paris, Fayard, 1960.

DELARUE, Jacques, *Le métier de bourreau : du Moyen Âge à aujourd'hui*, Paris, Fayard, 1979.

DEMARTINI, Anne-Emmanuelle, *L'affaire Lacenaire*, Paris, Aubier, 2001.

DEREY, Jacques, *Les enfants du brouillard*, Paris, Phébus, 2002.

DONET-VINCENT, Danielle, *La fin du bagne*, Rennes, Ouest-France, 1992.

DRACHLINE, Pierre, PETIT-CASTELLI, Claude, *Casque d'or et les Apaches*, Paris, Renaudot et Cie, 1990.

FAVREAU-COLOMBIER, Jacqueline, *Marie Besnard : la force de l'innocence*, Toulouse, Privat, 1999.

FITÈRE, Jean-Marie, *L'affaire Stavisky : scandale dans la République*, Paris, Acropole, 2000.

FOUCART, François, *Lacenaire : l'assassin démythifié*, Paris, Perrin, 1995.

GAUVIN, Gilles, *Michel Debré et l'île de la Réunion : une certaine idée de la plus grande France*, Liège, Presses universitaires du Septentrion, 2006.

GOUDEAU, Olivier, *Les grandes affaires criminelles en Deux-Sèvres*, La Crèche, Geste, 2005.

HARISMENDY, Patrick, *Sadi Carnot : l'ingénieur de la République*, Paris, Perrin, 1995.

HÉRICOTTE, René, *Marie Besnard ou la justice empoisonnée*, Paris, J. A., 1980.

JAEGER, Gérard A., *L'homme qui trancha 400 têtes*, Paris, Félin, 2001.

JAEGER, Gérard A., *Landru : bourreau des cœurs*, Paris, L'Archipel, 2005.

JANKOWSKI, Paul, *Cette vilaine affaire Stavisky : histoire d'un scandale politique*, Paris, Fayard, 2000.

JEAN-PIERRE, Thierry, *Vergès et Vergès : de l'autre côté du miroir*, Paris, JC Lattès, 2000.

KALIFA, Dominique, *L'encre et le sang : récits de crimes et société à la Belle Époque*, Paris, Fayard, 1995.

MAITRON, Jean, *Ravachol et les anarchistes*, Paris, Julliard, coll. «Archives», 1964.

PERROT, Michèle, *Les ombres de l'histoire : crimes et châtiments au XIXe siècle*, Paris, Flammarion, 2001.

PETIT DE LA RHODIÈRE, Victor, *La vérité sur l'affaire Sitarane*, chez l'Auteur, 1977.

REGNAULT, Élias, *L'ordre psychiatrique*, Paris, Éditions de Minuit, 1978.

ROUSSE, Eugène, *Qui a tué Alexis de Villeneuve ?*, La Réunion, Les Deux mondes, 2000.

SAGNIER, Christine, *L'affaire Landru*, Paris, De Vecchi, 2006.

SARNE, Daniel, *Le crime des puissants : l'affaire Mis et Thiennot*, Paris, JC Lattès, 1995.

Sitarane : réalités et légendes, Saint-Denis (La Réunion), CNH, coll. «Les Cahiers de notre histoire» n° 20, 1991.

TRUCHE, Pierre, *L'anarchiste et son juge : à propos de l'assassinat de Sadi Carnot*, Paris, Fayard, 1994.

VARAUT, Jean-Marc, *L'abominable docteur Petiot*, Paris, Balland, 1974.

VAXELAIRE, Daniel, *Le grand livre de l'histoire de la Réunion*, La Réunion, Orphie, tome 2, 1999.

VERGÈS, Jacques, *Les erreurs judiciaires*, Paris, PUF, coll. «Que sais-je ?», 2002.

Les auteurs

Éric Alary : docteur en histoire de l'IEP de Paris, agrégé d'histoire, professeur de chaire supérieure en classes préparatoires littéraires aux grandes écoles au lycée Descartes de Tours ; a enseigné l'histoire contemporaine à l'IEP de Paris de 1996 à 2008 ; ancien assistant de René Rémond de l'Académie française ; auteur de plusieurs ouvrages, notamment de *Un procès sous l'Occupation au Palais-Bourbon : mars 1942*, éditions de l'Assemblée nationale, 2000 (préface de Jean-Pierre Azéma) ; *Histoire de la gendarmerie*, Calmann-Lévy, 2000 (préface de René Rémond) ; *La ligne de démarcation*, Perrin, 2003 ; *Les Résistants*, Larousse, 2003 ; *Les Français au quotidien*, Perrin, 2006, *Nouvelle histoire de l'Occupation*, Perrin, 2019.

Jean-Marie Augustin : agrégé des facultés de droit, professeur émérite à l'université de Poitiers ; auteur de nombreux ouvrages dont *L'histoire véridique de la séquestrée de Poitiers*, Fayard, 2001 ; *Les grandes affaires criminelles de Poitiers*, Geste, 2005 ; *Femmes, mode et pouvoir politique*, Geste, 2019.

Jean-Paul Bouchon : ancien avocat à la cour d'appel de Poitiers ; auteur de plusieurs ouvrages dont *Aventuriers extraordinaires de l'Ouest*, Geste, 2007, et d'articles dans des revues spécialisées ; coauteur avec son frère Alain Bouchon de nombreux livres tels que *La bête de Poitiers*,

Geste, 2017 ; *Sherlock Holmes : le mystère des bonnes de Poitiers*, Geste, 2020.

Lise Burnol : agrégée d'histoire, elle enseigne actuellement à Sciences Po (cycle ibéro-américain à Poitiers).

Patrick Brunet : agrégé d'histoire, il enseigne en classes préparatoires aux grandes écoles, en filière économique et commerciale, l'« économie, sociologie et histoire » au lycée Aliénor d'Aquitaine, à Poitiers.

David Canard : auteur de nombreux ouvrages sur l'île de Ré ; coordinateur de l'ouvrage *Partir au bagne*, Geste, 2005, pour lequel il a obtenu le prix des Mouettes du conseil général de Charente-Maritime.

Véronique de Folin : avocate, spécialiste de l'histoire de l'Europe contemporaine ; diplômée de Sciences Po Paris, des universités Harvard et Columbia, ancienne assistante de René Rémond de l'Académie française.

Gilles Gauvin : docteur en histoire de l'IEP de Paris et enseignant à La Réunion ; auteur de *Michel Debré et l'île de la Réunion : une certaine idée de la plus grande France*, Presses universitaires du Septentrion, 2006 ; *L'esclavage*, Le Cavalier bleu, 2010, ainsi que d'articles dans des revues d'histoire savantes ou de vulgarisation ; a participé à l'élaboration du rapport confié au Comité pour la mémoire de l'esclavage publié en 2005 sous le titre *Mémoires de la traite négrière, de l'esclavage et de leurs abolitions*, La Découverte, ainsi qu'à un certain nombre d'ouvrages et de bandes dessinées d'histoire.

Olivier Goudeau : professeur d'histoire, titulaire d'un DEA d'histoire contemporaine ; chroniqueur de la rubrique judiciaire du quotidien *La Nouvelle République* ; auteur des *Grandes affaires criminelles en Deux-Sèvres (1811-1939)*, Geste, 2005 ; *Les grandes affaires criminelles de la Touraine*, Geste, 2012 ; parallèlement, il multiplie les travaux de recherche pour le conseil général des Deux-Sèvres.

Jérôme Grévy : docteur de l'IEP de Paris, agrégé d'histoire ; professeur des universités en histoire contemporaine et chercheur associé au Centre d'histoire de Sciences Po à l'université de Poitiers, et membre titulaire du Centre de recherche interdisciplinaire en histoire, histoire de l'art et musicologie (Criham) ; a participé à l'écriture de nombreux ouvrages, dont *Sortir de crise : les mécanismes de résolution de crises politiques (XVIe-XXe siècle)*, Presses universitaires de Rennes, 2010 ; *Vert et orange : deux couleurs à travers l'histoire*, Presses universitaires de Limoges, 2014 ; *Reliques politiques*, Presses universitaires de Rennes, 2020.

Benoît Haberbusch : docteur en histoire, a soutenu en 2003 à la faculté des lettres de Sorbonne Université une thèse consacrée à la gendarmerie en Algérie de 1939 à 1945 ; commandant de gendarmerie, il dirige le pôle histoire et faits contemporains au Centre de recherches de l'école des officiers de la gendarmerie nationale (CREOGN) à Melun ; membre du comité de rédaction de la revue *Force publique* et consultant historique au musée de la gendarmerie ; a participé à la rédaction de nombreux ouvrages, d'articles d'histoire, ainsi que de bandes dessinées sur la gendarmerie, et est rédacteur en chef de la revue *Histoire et patrimoine des gendarmes*.

Pierrick Hervé : docteur en histoire contemporaine, agrégé d'histoire, professeur en classes préparatoires aux grandes écoles de lettres et de sciences sociales au lycée Guist'hau de Nantes, et spécialiste de la Première Guerre mondiale ; a participé à la rédaction d'un album franco-allemand, *La Grande Guerre vue d'en face*, Albin Michel, 2016.

Table des matières

D'une guerre à l'autre

L'après-Seconde Guerre mondiale

Les affaires criminelles de fin de siècle

Dans la collection Chronos

- Pierre Abramovici, *Szkolnikoff, le plus grand trafiquant de l'Occupation*
- Sébastien Albertelli, *Les Services secrets de la France libre*
- David Alvarez, *Espionnage au Vatican, de Napoléon à la Shoah*
- Robert Arnaut, *La Course à la bombe. Comment les scientifiques français ont empêché Hitler d'avoir la bombe*
- Iman Bassalah, *La Vie sexuelle des écrivains*
- Jean-Pierre Bat, *La Fabrique des barbouzes*
- Jean-Pierre Bat, *Les Réseaux Foccart, L'homme des affaires secrètes*
- Napoléon Bonaparte, *Précis des guerres de César*
- Eugène Bossard, *Gilles de Rais*
- Guillaume Bourgeois, *La Véritable Histoire de l'Orchestre rouge*
- Jacob Burckhardt, *La Civilisation de la Renaissance en Italie*
- Édouard Calic, *Heydrich, l'homme clé de IIIe Reich*
- François de Callières, *L'Art de négocier sous Louis XIV*
- Fabrizio Calvi, *OSS, la guerre secrète en France*
- Collectif, *Avec de Gaulle (témoignages). La Guerre et la Libération*
- Jean de la Cosa, *Dans l'ombre de Christophe Colomb. Journal de bord*
- Émile Dard, *L'Entourage de Napoléon*
- François Delpla, *Hitler et Pétain. Histoire d'une manipulation*
- Christian Delporte (dir.), *Médias, culture et pouvoirs depuis 1945*
- Christian Delporte et Isabelle Veyrat-Masson (dir.), *La Puissance des images, du Moyen Âge à nos jours*
- Éric Denécé, *Histoire secrète des forces spéciales, de 1939 à nos jours*
- Yvonnick Denoël, *1979, guerres secrètes au Moyen-Orient*
- Yvonnick Denoël (dir.), *Les Dossiers noirs de Donald Trump*
- Yvonnick Denoël, *Mémoires d'espions en guerre*
- Yvonnick Denoël, *Le Livre noir de la CIA*, édition revue et augmentée
- Dominique Desanti, *La Banquière des Années folles : Marthe Hanau*
- Jean Deuve, *Stratagèmes. Duperies, tromperies, intoxications pendant la Seconde Guerre mondiale*
- Frederick Douglass, *Vie d'un esclave américain*
- Hervé Drévillon, Bertrand Fonck et Michel Roucaud (dir.), *Guerres et armées napoléoniennes*
- Johann Gustav Droysen, *Alexandre le Grand*
- A. O. Exmelin, *Histoire des Frères de la Côte*
- Jean Garrigues, *Les Scandales de la République, de Panama à l'affaire Benalla*

- Edmond et Jules de Goncourt, *La Femme au XVIIIe siècle*
- Jean Haechler, *Les Insoumises, 18 portraits de femmes exceptionnelles, de l'Antiquité à nos jours*
- Olivier Hanne, *Jeanne d'Arc*
- Henri Hauser, *Richelieu, l'argent et le pouvoir*
- Adolf Hitler, *Propos intimes et politiques, 1941-1942*
- Adolf Hitler, *Propos intimes et politiques, 1942-1944*
- Peter Jackson, *La France et la menace nazie*
- Alex Jordanov, *Les Guerres de l'ombre de la DGSI*
- Dominique Kalifa, *Histoire des détectives privés en France, 1832-1942*
- Łukasz Kamieński, *Les Drogues et la guerre, de l'Antiquité à nos jours*
- Boris Laurent, *La Guerre totale à l'Est*
- Thierry Lentz, *L'Assassinat de John F. Kennedy, histoire d'un mystère d'État*
- Dominique Lormier, *Les Opérations commandos de la Seconde Guerre mondiale*
- Karl Marx, *Le 18 Brumaire de Louis Bonaparte*
- Henri Pirenne, *Les Villes du Moyen Âge*
- Georges Poisson, *Françoise de Maintenon*
- Georges Poisson, *Monsieur de Saint-Simon*
- Liane de Pougy, *Mémoires d'une grande horizontale*
- René Prédal, *Histoire du cinéma français, des origines à nos jours*
- William H. Prescott, *Histoire de la conquête du Mexique. Tome 1 : La découverte de l'empire aztèque*
- William H. Prescott, *Histoire de la conquête du Mexique Tome 2 : La chute de l'empire aztèque*
- Erwin Rommel, *La Guerre sans haine, carnets*
- Philip Short, *François Mitterrand, portrait d'un ambigu*
- Otto Skorzeny, *Mes missions secrètes, Mémoires du plus audacieux des commandos d'Hitler*
- Alfred Sternbeck, *Histoire des flibustiers*
- Gordon Thomas, *Histoire des services secrets britanniques*
- Gordon Thomas, Max Morgan-Witts, *Dans les coulisses du krach de 1929*
- Régine Torrent, *La France à l'heure américaine*
- Régine Torrent, *Jacqueline Kennedy, une icône américaine*
- Philippe Valode, *Hitler et les sociétés secrètes*
- Eugène-François Vidocq, *Mémoires*
- Charles Virmaître, *Paris du vice et du crime*
- Dennis Wainstock et Robert L. Miller, *Indochine et Vietnam. 35 années de guerre : 1940-1975*
- Émile Zola, *La Commune, 1871*

À paraître

- René Duguay-Trouin, *Mémoires* (juillet 2021)
- Moshe Dayan, *Journal de la campagne du Sinaï* (septembre 2021)
- Roger Faligot, *Les Services secrets chinois, de Mao à Xi Jinping* (septembre 2021)